Oleg Nashchubskiy
Traducteur - E. Borovkova

Intimidation. Comment cesser d'être une victime.

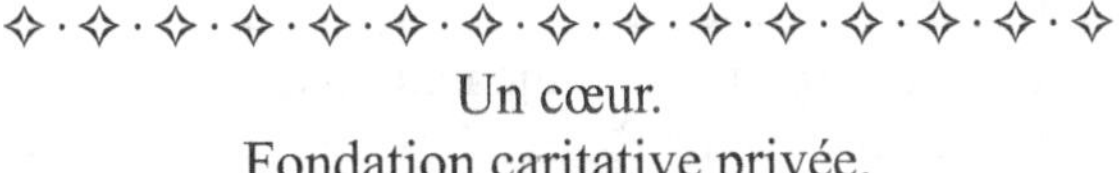

Un cœur.
Fondation caritative privée.

Les orphelinats qui s'occupent des enfants touchés par la guerre entre la Russie et l'Ukraine reçoivent 50 % des bénéfices de la vente de ce livre.

✧ Ce livre est sur Amazon . com a été publié simultanément en sept langues : anglais, espagnol, allemand, français , portugais, italien et ukrainien.

✧ Le livre est déjà en vente au format imprimé, sur du papier de haute qualité avec une couverture rigide, qui garantit une plus grande stabilité et durabilité.

✧ Le livre est également vendu au format couverture souple imprimée, ce qui le rend plus pratique à emporter avec vous.

✧ Bien sûr, vous pouvez acheter ce livre en version numérique, ce qui est beaucoup moins cher et vous permet de lire le livre sur n'importe quel gadget moderne.

Tous mes livres, dans le prolongement de cette série de livres sur l'éducation psychologique des enfants, ainsi que tous les livres supplémentaires contenant du matériel pratique et théorique, peuvent être trouvés sur Amazon en entrant mon nom de famille dans la recherche : Nashchubskiy

✧ ✧ ✧ ✧ ✧ ✧ ✧ ✧ ✧ ✧ ✧ ✧ ✧ ✧ ✧

Introduction.

Vous lisez ce livre parce que, très probablement, vous ou vos proches avez été, ou même êtes actuellement, victime de harcèlement. Mais cela peut être résolu, je vous l'assure.

Regardez à l'intérieur de vous-même, là où votre cœur recule devant les paroles et les actions, où chaque nouvelle menace devient un lourd fardeau. Où même les plus petits mots ressemblent à des massues géantes tombant sur votre âme, la brisant en minuscules fragments.

L'intimidation entraîne de la douleur et de la souffrance, comme une vague sans fin qui vous frappe encore et encore. Il pénètre dans votre être, laissant des égratignures et des cicatrices difficiles à cicatriser.

Je sais à quel point il est difficile de supporter ce fardeau. J'ai vu comment il a détruit la confiance, comment il l'a coupé du monde qui l'entourait, comment il a fait de chaque jour un combat pour la survie. Mais je sais aussi qu'il existe un chemin vers la libération de ces ténèbres, vers la lumière et l'espoir. Ce livre n'est pas seulement un recueil de conseils ou un ensemble de règles. Ceci est un guide pour changer votre destin. Elle vous apprendra comment cesser d'être une victime, comment dépasser l'intimidation et devenir plus fort. Elle vous donnera les outils pour surmonter la peur et le doute qui vous ont laissé sous son emprise.

Oui, le chemin peut être difficile et la route sinueuse. Mais vous n'êtes pas seul. Ensemble, nous parcourrons ce chemin, étape par étape, jusqu'à ce que vous acquériez la force et la confiance nécessaires pour dire « stop » à l'intimidation. Montrons ensemble que l'intimidation ne peut vaincre notre valeur et notre force intérieure. Travaillons ensemble pour créer un monde où chacun peut se sentir en sécurité et respecté.

En utilisant les conseils fournis dans ce livre, vous pouvez cesser d'être une victime. Cependant, ne vous attendez pas à un miracle instantané. Cela demande des efforts et un travail sur soi. Mais croyez-moi, tout le monde en est capable.

Les conseils rassemblés dans ce livre ne sont pas que des recommandations théoriques. Ils ont été essayés et testés par d'autres personnes comme vous. Et les résultats ont été étonnants. Ces conseils ont changé la vie des gens. Ils leur ont donné la force et la motivation nécessaires pour surmonter les défis et devenir de meilleures versions d'eux-mêmes. Alors ne restez pas stagnant. Commencez dès maintenant votre voyage vers la liberté contre l'intimidation. Vous avez toute l'opportunité de changer votre vie, de cesser d'être une victime et de devenir un gagnant de votre agresseur.

Bienvenue dans ce voyage. Commençons.

Partie 1. Considération du problème du harcèlement.

Chapitre 1.
Introduction à la problématique du harcèlement.

L'intimidation est le recours systématique et délibéré à la violence ou à l'oppression physique, verbale, émotionnelle ou numérique contre une autre personne ou un groupe de personnes. Ce phénomène se caractérise par des incidents répétés au cours desquels un ou plusieurs individus, appelés intimidateurs, utilisent leur pouvoir, leur autorité ou leur statut pour humilier, harceler ou opprimer autrui. Parce que l'intimidation est un processus répétitif et continu, elle laisse presque toujours de profondes cicatrices psychologiques et émotionnelles sur la victime.

Les personnes qui se livrent à l'intimidation sont souvent qualifiées d'« agresseurs » ou d'« initiateurs de l'intimidation ». Dans certaines sources, ils peuvent également être appelés « bullers » ou « taureaux ». Cependant, il est important de rappeler que ces termes peuvent varier selon le contexte et la culture. Les victimes d'intimidation sont communément appelées « victimes d'intimidation » ou simplement « victimes ». Ils peuvent également être appelés « intimidateurs ». Il s'agit de personnes qui subissent un harcèlement systématique et ciblé de la part d'un ou plusieurs individus.

Le harcèlement n'est pas seulement un problème pour les individus, mais aussi pour la société dans son ensemble. Cela détruit les liens sociaux, sape la confiance et favorise les stéréotypes et préjugés négatifs. Dans un environnement scolaire, l'intimidation peut entraîner de mauvais résultats scolaires, de l'absentéisme et parfois des pensées ou des actes suicidaires. Sur le lieu de travail, cela peut entraîner du stress, de la dépression, une diminution de la productivité et même une perte d'emploi.

Pour une personne victime d'intimidation, c'est extrêmement critique. Cela peut entraîner une perte d'estime de soi, de confiance en soi et d'un sentiment de sécurité. Les victimes d'intimidation peuvent ressentir un stress, une anxiété et une peur constants face à de futures attaques. L'intimidation a un impact dévastateur sur le bien-être psychologique et émotionnel d'une personne, laissant de profondes cicatrices tout au long de sa vie.

Ainsi, le harcèlement n'est pas seulement un phénomène désagréable qui peut être pardonné ou ignoré. Il s'agit d'un problème social grave qui nécessite une intervention immédiate et des mesures de prévention de la part de la société, des établissements d'enseignement, des lieux de travail et des agences gouvernementales.

L'intimidation peut survenir dans divers domaines de la vie, notamment en milieu scolaire, social, professionnel, familial et en ligne. Elle peut prendre différentes formes et se manifester à travers différentes méthodes et moyens de communication.

Nous n'examinerons pas les raisons pour lesquelles les gens deviennent des intimidateurs ou des agresseurs, mais nous nous concentrerons uniquement sur les raisons pour lesquelles une personne peut devenir victime d'intimidation. Malheureusement, il existe un grand nombre de raisons, nous ne considérerons donc que quelques-unes des raisons pour lesquelles une personne peut devenir victime dans différents domaines de la vie :

Le harcèlement dans les écoles et autres milieux éducatifs est un problème grave qui peut avoir des conséquences considérables pour la victime, l'intimidateur et l'ensemble de l'établissement d'enseignement dans son ensemble. Ce type de harcèlement peut prendre différentes formes et avoir différentes causes, mais il est important de reconnaître ses impacts négatifs et de développer des méthodes efficaces pour le combattre.

L'une des formes de harcèlement les plus courantes à l'école est le harcèlement verbal. Cela peut inclure des insultes, des menaces, des commentaires désobligeants ou même des calomnies qui nuisent gravement au bien-être émotionnel de la victime. Les intimidateurs peuvent également recourir à l'intimidation sociale en excluant la victime du groupe, en répandant des ragots ou en en faisant la cible du ridicule. L'intimidation physique peut également se produire à l'école, notamment en frappant, en bousculant, en donnant des coups de pied ou même en menaçant de violence.

La cyberintimidation est un type de harcèlement particulièrement dangereux en milieu scolaire. Cela signifie utiliser Internet, les téléphones portables ou d'autres plateformes numériques pour opprimer ou humilier les autres. La cyberintimidation peut se produire via les réseaux sociaux, le courrier électronique, la messagerie instantanée et d'autres plateformes en ligne, ce qui la rend particulièrement difficile à identifier et à arrêter.

L'intimidation à l'école peut avoir de graves conséquences pour la victime, notamment une faible estime de soi, de la dépression, de l'anxiété et même des pensées suicidaires. Cela peut également conduire à de mauvais résultats scolaires, à l'absentéisme scolaire et à l'isolement social. Le harcèlement se caractérise également par une violation de l'ordre public et de la sécurité dans un établissement d'enseignement, pouvant conduire à une exacerbation des conflits interpersonnels et à une détérioration du climat moral général à l'école.

La lutte contre le harcèlement en milieu scolaire nécessite une approche globale. Cela comprend la création d'un environnement scolaire sûr et favorable, la formation des élèves et des enseignants à la sensibilisation et aux techniques de lutte contre l'intimidation, ainsi que l'intervention proactive des administrateurs et des parents. Il est de la responsabilité de chaque membre de la communauté éducative d'assurer la sécurité et le bien-être de tous les participants au processus d'apprentissage.

Les principales raisons pour lesquelles un enfant peut être victime de harcèlement à l'école ou dans d'autres établissements d'enseignement comprennent :

1. Différences d'apparence ou de caractéristiques physiques : L'apparence peut être un facteur d'intimidation, car les enfants peuvent être pointés du doigt en raison de leur poids, de leur taille, de leurs caractéristiques physiques, etc.

2. Isolement social ou différence par rapport au groupe : Les enfants qui se sentent rejetés ou qui ne se conforment pas aux normes de leur groupe de pairs peuvent devenir la cible d'intimidation.

3. Capacités ou compétences spécifiques : Les différences de compétences ou d'aptitudes peuvent attirer l'attention des intimidateurs, surtout si l'enfant se démarque par ses réalisations ou son talent.

4. Problèmes familiaux ou personnels : Les problèmes familiaux, notamment le divorce des parents, la violence ou les conflits, ainsi que les problèmes personnels peuvent rendre un enfant vulnérable à l'intimidation.

5. Contraste avec les stéréotypes de genre : Les enfants qui ne se conforment pas au comportement ou aux intérêts attendus peuvent devenir la cible d'intimidation parce qu'ils diffèrent des stéréotypes de genre.

6. Faible estime de soi et insécurité : Les enfants ayant une faible estime de soi ou un sentiment d'infériorité peuvent devenir la cible d'intimidation parce qu'ils semblent plus vulnérables.

7. Environnement social et culturel : L'environnement dans lequel un enfant apprend peut être propice au harcèlement s'il crée un climat dans lequel un tel comportement est accepté.

Bien sûr, voici quelques autres raisons uniques pour lesquelles un enfant scolarisé à l'école ou dans d'autres établissements d'enseignement peut être victime d'intimidation :

8. Incapacité à répondre aux attentes de la société ou des parents : Les enfants qui ne peuvent ou ne veulent pas répondre aux attentes de la société ou des parents peuvent devenir la cible d'intimidation en raison de cet échec.

9. Manque de soutien de la part des enseignants ou des adultes : Un enfant qui ne reçoit pas le soutien adéquat de la part des enseignants ou d'autres adultes de l'école peut devenir plus vulnérable au harcèlement.

10. Conflits au sein du groupe de pairs : les enfants peuvent devenir la cible d'intimidation en raison de conflits au sein de leur groupe de pairs, qui peuvent impliquer la territorialité, la jalousie ou d'autres aspects de l'interaction sociale.

11. Déviation des normes sociales ou des règles de comportement :

Un enfant qui s'écarte des normes sociales ou des règles de comportement généralement acceptées peut devenir la cible d'intimidation en raison de cet écart.

12. Manque de compétences en gestion des conflits : Les enfants qui manquent de compétences en gestion des conflits ou sont incapables de résoudre les situations de manière pacifique peuvent devenir la cible d'intimidation.

Bien sûr, voici quelques autres raisons uniques pour lesquelles un enfant scolarisé à l'école ou dans d'autres établissements d'enseignement peut être victime d'intimidation :

13. Différences religieuses ou culturelles : Les enfants appartenant à des groupes religieux ou culturels différents peuvent être victimes d'intimidation en raison de leurs croyances, coutumes ou mode de vie.

14. Manque de stabilité émotionnelle ou de contrôle émotionnel : Les enfants qui ont du mal à réguler leurs émotions ou qui connaissent de fréquentes sautes d'humeur peuvent devenir des cibles faciles pour l'intimidation.

15. Caractéristiques physiques ou intellectuelles spécifiques : Un enfant qui présente des caractéristiques physiques ou intellectuelles spécifiques qui le différencient des autres peut être vulnérable au harcèlement en raison de son caractère unique.

16. Statut d'immigrant ou d'étudiant international : les enfants qui déménagent dans un nouveau pays ou fréquentent une école internationale peuvent devenir la cible d'intimidation en raison de leur statut d'immigrant ou de leur manque de compétences linguistiques.

17. Vulnérabilité intellectuelle ou physique : Les enfants ayant une déficience physique ou intellectuelle peuvent devenir la cible d'intimidation en raison de leur vulnérabilité et de leur incapacité à se défendre.

18. Différences d'apparence ou de caractéristiques physiques : Un enfant peut être victime d'intimidation en raison de son apparence, notamment de son poids, de sa taille, des traits de son visage ou de ses vêtements.

19. Isolement social ou différence par rapport au groupe : Les enfants qui sont différents des autres de leur âge en termes de statut social, d'intérêts, de culture ou de passe-temps peuvent être victimes d'intimidation parce qu'ils sont « différents » ou isolés.

20. Capacités ou compétences spécifiques : Un enfant peut être victime d'intimidation en raison de ses compétences ou capacités, telles que l'excellence à l'école, dans le sport ou dans les arts.

21. Problèmes familiaux ou personnels : Les enfants confrontés à des difficultés ou à des conflits au sein de la famille, ainsi que ceux confrontés à des problèmes personnels, peuvent devenir vulnérables au harcèlement.

22. Contraste avec les stéréotypes de genre : Les enfants qui ne se conforment pas aux attentes de genre généralement acceptées en matière de comportement, d'intérêts ou d'expression de la personnalité peuvent être victimes d'intimidation parce qu'ils sont « différents ».

23. Environnement social et culturel : Les caractéristiques de l'environnement social et culturel d'une école ou d'une salle de classe peuvent contribuer à la formation d'un climat dans lequel le harcèlement peut être répandu et l'enfant peut être plus vulnérable à ses effets.

24. Faible estime de soi et manque de confiance en soi : Un enfant ayant une faible estime de soi ou des sentiments d'infériorité peut attirer l'attention des intimidateurs car il peut sembler plus vulnérable à l'agression.

Ces raisons peuvent être importantes pour comprendre pourquoi les enfants deviennent la cible d'intimidation et aider à élaborer des stratégies pour prévenir et se protéger contre ce phénomène négatif.

L'intimidation sur le lieu de travail , également connue sous le nom de harcèlement moral ou comportement d'intimidation, est une forme de comportement agressif dans lequel un ou plusieurs employés insultent, humilient, menacent ou nuisent systématiquement à un autre employé. Ce phénomène peut avoir de graves conséquences sur la santé et le bien-être du salarié, ainsi que sur l'efficacité du travail et l'ambiance de travail.

Les principales caractéristiques du harcèlement au travail comprennent :

1. Caractère répétitif : L'intimidation sur le lieu de travail se produit généralement de manière systématique et répétée, plutôt que dans des cas isolés. Il peut s'agir d'insultes constantes, d'humiliation, d'intimidation ou d'autres formes d'agression.

2. Inégalités de pouvoir ou de statut : Souvent, l'intimidation au travail se produit dans des situations où un employé a plus de pouvoir, de statut ou d'autorité sur les autres. Il peut s'agir d'un patron, d'un chef de service ou simplement d'un employé plus influent ou plus expérimenté.

3. Déséquilibre psychologique : L'intimidation au travail provoque souvent une pression psychologique, de l'anxiété, du stress ou de la dépression chez la victime. Cela peut avoir de graves conséquences sur la santé et le bien-être d'un travailleur, ainsi que sur sa productivité et sa satisfaction au travail.

4. Manque de soutien de la part des collègues et de la direction : Les victimes d'intimidation au travail se sentent souvent isolées et impuissantes en raison du manque de soutien de la part de leurs collègues et de la direction. Cela pourrait aggraver encore leur situation.

5. Impact négatif sur l'organisation : L'intimidation sur le lieu de travail peut entraîner des employés insatisfaits, des démissions, une baisse de productivité et une augmentation du roulement de personnel. Cela peut

avoir un impact négatif sur la réputation et les performances de l'organisation.

La lutte contre l'intimidation sur le lieu de travail nécessite une implication active de la direction, l'élaboration de politiques et de procédures de prévention et de réponse, ainsi qu'un soutien et une formation des employés sur les questions d'éthique et de relations interpersonnelles.

Une personne peut être victime d'intimidation sur son lieu de travail pour un grand nombre de raisons, mais nous examinerons seulement quelques-unes des principales raisons :

1. Différences d'opinions ou d'approches de travail : Lorsqu'un employé se démarque par ses opinions ou ses approches de travail qui ne sont pas conformes aux normes généralement acceptées ou souhaitées au sein de l'équipe, d'autres peuvent commencer à le harceler à cause de cela.

2. Manque de confiance ou d'autorité : Un employé qui manque de confiance en lui ou d'autorité peut devenir la cible d'intimidation parce qu'il semble plus vulnérable au comportement agressif de ses collègues.

3. Conflits d'intérêts ou concurrence : Si un employé est compétitif ou place ses propres intérêts avant ceux des autres, cela peut entraîner des tensions et des conflits, qui à leur tour peuvent provoquer du harcèlement.

4. Isolement social ou différenciation : Un employé qui se sent isolé ou qui ne s'intègre pas peut être victime d'intimidation parce qu'il est différent.

5. Problèmes d'interaction avec les collègues ou la direction : Si un employé a des problèmes de communication interpersonnelle ou de relations avec ses collègues ou la direction, cela peut provoquer un comportement agressif de la part des autres.

6. Différences religieuses, raciales ou culturelles : Les employés appartenant à des groupes religieux, raciaux ou culturels différents peuvent être victimes d'intimidation en raison de leurs croyances, coutumes ou mode de vie.

7. Réussite professionnelle ou personnelle : Lorsqu'un employé démontre une grande réussite professionnelle ou personnelle, cela peut susciter l'envie et la jalousie parmi ses collègues, ce qui peut conduire à l'intimidation.

8. Incapacité à s'adapter au changement : si un employé a des difficultés à s'adapter aux changements dans les processus de travail, les politiques ou la structure de l'entreprise, cela peut conduire à des conflits et, finalement, à du harcèlement.

9. Gestion inefficace des conflits : lorsqu'un employé n'a pas de compétences en gestion de conflits ou est incapable de résoudre les situations de manière pacifique, cela peut aggraver la situation et conduire à l'intimidation.

10. Préoccupations en matière de sécurité d'emploi : Les employés

qui s'inquiètent pour leur sécurité d'emploi en raison de changements économiques ou organisationnels peuvent devenir agressifs ou adopter un comportement d'intimidation envers ceux qu'ils perçoivent comme une menace pour leur propre emploi.

11. Problèmes dans la vie personnelle : Si un employé rencontre des problèmes dans sa vie personnelle, comme un divorce, des conflits familiaux ou des problèmes de santé, cela peut affecter son état émotionnel et devenir un facteur de risque de harcèlement.

12. Peurs et complexes : Un employé souffrant de peurs, de complexes d'infériorité ou d'insécurité peut devenir la cible d'intimidation en raison de sa vulnérabilité et de son incapacité à se défendre.

13. Exigences spécifiques au poste ou normes professionnelles : Lorsqu'un employé ne répond pas aux exigences spécifiques au poste ou aux normes professionnelles, cela peut provoquer un mécontentement parmi ses collègues et devenir une source de conflit et d'intimidation.

14. Violation de la culture ou des valeurs de l'entreprise : si un employé viole la culture ou les valeurs d'une entreprise, cela peut déclencher une réaction de la part des autres employés sous forme d'intimidation, surtout si une telle violation est perçue comme une menace pour le bien-être général de l'équipe. .

15. Préjugés ou discrimination : un employé peut être victime d'intimidation fondée sur des préjugés ou une discrimination liés à son sexe, son âge, sa race, son orientation sexuelle, son handicap ou d'autres caractéristiques.

16. Incapacité à entretenir des relations de travail : lorsqu'un employé est incapable d'entretenir des relations de travail saines avec ses collègues ou sa direction en raison de sa personnalité, de son comportement ou de ses compétences en communication, cela peut entraîner des conflits et du harcèlement.

17. Facteurs économiques ou organisationnels : par exemple, les licenciements, la restructuration d'entreprise ou d'autres changements économiques et organisationnels peuvent créer un environnement de travail tendu pouvant conduire à l'intimidation.

18. Incohérence dans l'application des règles et réglementations : lorsque les règles et réglementations sont appliquées de manière incohérente ou subjective, cela peut créer une situation dans laquelle certains employés deviennent la cible d'intimidation en raison de préférences personnelles ou de préjugés de la part de la direction ou de collègues.

19. Culture d'entreprise qui encourage la concurrence et les conflits : Dans les organisations où la concurrence et les conflits sont normalisés, voire encouragés, les employés peuvent devenir la cible d'intimidation dans le but de dominer ou d'éliminer les concurrents.

20. Manque de feedback ou de réponse à l'intimidation : Si la

direction ne répond pas aux incidents d'intimidation ou ne fournit pas un système de feedback efficace, les employés peuvent se sentir sans défense et plus susceptibles d'être agressés par leurs collègues.

21. Pouvoir toxique et structures de contrôle : lorsque des structures de pouvoir et de contrôle toxiques existent dans une organisation, y compris un comportement tyrannique de la part de la haute direction ou la suppression des opinions et des initiatives des employés, cela peut créer des conditions propices à l'intimidation.

22. Utiliser les réseaux sociaux et professionnels pour humilier : Les employés peuvent devenir victimes d'intimidation si leurs collègues ou leur direction utilisent leurs réseaux sociaux ou professionnels pour humilier ou limiter leurs opportunités sur le lieu de travail.

23. Faiblesses cachées ou traits de personnalité : Certains employés peuvent devenir la cible d'intimidation en raison de leurs faiblesses cachées ou de leurs traits de personnalité qui peuvent provoquer du ressentiment ou même de l'agressivité chez les autres, comme la timidité, l'introversion, l'indécision, etc.

24. Comportement non professionnel ou compétences en communication : Les employés qui n'ont pas de compétences en communication efficaces ou qui font preuve d'un comportement non professionnel sur le lieu de travail peuvent être la cible d'intimidation de la part de leurs collègues ou de la direction.

25. Vulnérabilité ou sensibilité émotionnelle : les personnes présentant une vulnérabilité ou une sensibilité émotionnelle élevée peuvent être plus susceptibles d'être victimes d'intimidation en raison de leur tendance à vivre et à réagir à des situations négatives.

26. Manque d'estime de soi ou d'estime de soi : Les employés qui ont une faible estime de soi ou une faible estime de soi peuvent être victimes d'intimidation sur le lieu de travail, car ils peuvent être moins disposés à faire valoir leurs droits ou à se défendre contre l'agression des autres.

27. Peur du conflit ou du retrait de l'agressivité : Certains employés peuvent devenir la cible d'intimidation en raison de leur peur du conflit ou du retrait de l'agressivité, ce qui les rend plus vulnérables au comportement agressif de leurs collègues.

28. Stigmatisation ou préjugés : les personnes victimes de tout type de stigmatisation ou de préjugés sur le lieu de travail (par exemple, en raison d'un handicap, d'une orientation sexuelle ou de l'appartenance à un groupe particulier) peuvent être victimes d'intimidation en raison d'attitudes préjudiciables ou de discrimination.

Ces raisons supplémentaires aident à mieux comprendre les facteurs qui peuvent déclencher le harcèlement au travail.

L'intimidation familiale est une forme de violence ou d'oppression qui se produit au sein d'une cellule familiale entre les membres d'une famille. Cela peut prendre de nombreuses formes, notamment la violence émotionnelle, verbale, physique et même économique. L'intimidation dans un environnement familial peut avoir de graves conséquences sur la santé physique et mentale des membres de la famille, ainsi que sur leurs relations entre eux.

Voici des exemples d'intimidation dans la vie familiale :

1. Violence psychologique : cela peut inclure des menaces, des humiliations, des insultes, des sentiments dévalorisants et une détresse psychologique persistante. La violence psychologique peut se manifester sous la forme de critiques et de menaces constantes, d'ignorance, d'isolement des autres membres de la famille ou de création d'une atmosphère de peur et d'anxiété constantes.

2. Abus verbal : Cela comprend les insultes, les menaces, les gros mots, les cris et autres formes de discours négatifs. La violence verbale peut viser à humilier, dominer ou contrôler d'autres membres de la famille.

3. Violence physique : Il s'agit de la forme la plus évidente d'intimidation à la maison et comprend l'agression physique, les agressions, les coups, les gifles, l'étouffement et d'autres formes de manipulation physique ou de violence.

4. Abus économique : Il s'agit d'une forme d'oppression dans laquelle un partenaire ou un membre de la famille contrôle les finances ou les ressources en limitant l'accès à l'argent, au travail ou à d'autres biens matériels.

5. Violence sexuelle : Cela comprend le harcèlement sexuel, le viol, la violence sexuelle dans le mariage et d'autres formes d'agression sexuelle entre membres de la famille.

L'intimidation dans la vie familiale peut entraîner de graves conséquences sur la santé et le bien-être des membres de la famille, notamment la dépression, les troubles anxieux, le trouble de stress post-traumatique, des problèmes d'estime de soi, des problèmes de comportement, l'alcool et les drogues et la détérioration des relations familiales. Il est important d'apporter soutien et assistance aux personnes victimes d'intimidation familiale et de prendre des mesures pour protéger leur sécurité et leur bien-être.

Bien sûr, il existe un grand nombre de raisons de harcèlement dans la famille, mais nous ne considérerons que quelques-unes des principales raisons pour lesquelles une personne peut devenir victime de harcèlement dans la vie de famille, tant chez les hommes que chez les femmes :

1. Dépendance émotionnelle ou psychologique : Une personne peut devenir victime d'intimidation dans la vie familiale en raison de sa dépendance émotionnelle ou psychologique envers les autres membres de sa famille, ce qui la rend plus vulnérable à l'agression et à la manipulation.

2. Pression ou contrôle social : les membres de la famille peuvent

utiliser la pression ou le contrôle social pour soumettre d'autres membres de la famille et affirmer leur pouvoir, ce qui peut conduire à l'intimidation dans la relation.

3. Violation des limites et des espaces personnels : L'intimidation dans la vie familiale peut survenir en raison de la violation des limites et des espaces personnels des autres membres de la famille, ce qui comprend une ingérence intrusive dans la vie privée, le contrôle des actions et des décisions et la violence.

4. Violence émotionnelle ou verbale : La violence émotionnelle ou verbale de la part d'autres membres de la famille, telle que l'humiliation, les insultes, les menaces ou la manipulation, peut constituer une forme d'intimidation dans l'environnement familial.

5. Contrôle financier ou abus économique : les membres de la famille peuvent recourir au contrôle financier ou à l'abus économique pour affirmer leur pouvoir et leur contrôle sur les autres membres de la famille, ce qui peut également constituer une forme d'intimidation.

6. Conflits et malentendus familiaux : Les conflits et les malentendus au sein de la famille peuvent créer une atmosphère tendue dans laquelle les membres de la famille peuvent devenir la cible d'intimidation en raison d'un excès d'agressivité et de mécontentement.

7. Agression sexuelle et violence domestique : L'agression sexuelle et la violence domestique sont des formes extrêmes d'intimidation dans un environnement familial qui peuvent avoir de graves conséquences pour la victime.

8. Compétition ou jalousie : Une personne peut être victime d'intimidation en raison de la jalousie ou de la concurrence des autres, surtout si elle fait en sorte que les autres se sentent menacés ou compétitifs.

Les enfants peuvent devenir la cible d'intimidation dans la vie familiale pour les raisons suivantes :

1. Manque de compréhension de leurs droits et de leurs limites : Les enfants peuvent devenir la cible d'intimidation s'ils ne comprennent pas leurs droits et leurs limites et s'ils ne savent pas comment se protéger de l'agression ou du ridicule de la part de leurs frères et sœurs ou d'autres membres de la famille.

2. Compétition entre enfants : Dans les cas où il existe une compétition ou une jalousie entre les enfants d'une famille, l'un d'eux peut devenir la cible d'intimidation de la part d'autres enfants, surtout s'ils sont plus âgés ou s'ils ont des caractéristiques de personnalité plus fortes.

3. Imiter le comportement des adultes : les enfants peuvent imiter le comportement agressif ou moqueur qu'ils voient chez les adultes de la famille et l'appliquer à leurs frères et sœurs ou à d'autres enfants de la famille.

4. Répartition inégale de l'attention ou des ressources : S'il existe une répartition inégale de l'attention, de l'amour ou des ressources de la part des

parents d'une famille, cela peut conduire à du harcèlement entre les enfants lorsque l'un d'eux se sent sous-évalué ou pas assez aimé.

5. Tutelle et comportement protecteur : Les enfants plus âgés ou physiquement plus forts peuvent utiliser leur position dans la famille pour contrôler ou dominer leurs frères et sœurs plus jeunes ou plus faibles, ce qui peut conduire à l'intimidation.

6. Manque de compétences en résolution de conflits : Les enfants peuvent devenir la cible d'intimidation au sein de la famille s'ils ne possèdent pas suffisamment de compétences en résolution de conflits et ne savent pas comment résoudre efficacement les conflits avec leurs frères et sœurs ou leurs parents.

Les femmes peuvent devenir la cible d'intimidation dans la vie familiale pour les raisons suivantes :

1. Stéréotypes patriarcaux et attentes en matière de rôles : dans les familles où prédominent les stéréotypes patriarcaux et les attentes en matière de rôles, les femmes peuvent être victimes d'intimidation de la part d'hommes ou d'autres membres de la famille qui croient que les femmes doivent obéir et remplir certains rôles.

2. Violence émotionnelle ou physique : Les femmes peuvent devenir victimes d'intimidation domestique en raison de violences émotionnelles ou physiques de la part d'un partenaire, de leurs parents ou d'autres membres de la famille.

3. Dépendance économique ou contrôle financier : Les femmes qui dépendent du soutien financier ou du contrôle d'un partenaire ou d'autres membres de la famille peuvent devenir la cible d'intimidation en raison de leur vulnérabilité économique.

4. Suppression de la voix et de l'opinion : Dans certaines familles, les femmes peuvent devenir la cible d'intimidation en raison de la suppression de leur voix et de leur opinion, lorsque leurs idées ou leurs besoins ne sont pas respectés ou ignorés.

5. Maternité et responsabilités familiales : Les femmes peuvent devenir la cible d'intimidation en raison des responsabilités imposées par la surcharge de responsabilités maternelles et familiales.

6. Discrimination structurelle ou systémique : Les femmes peuvent être victimes d'intimidation dans leur vie familiale en raison d'une discrimination systémique ou structurelle, basée sur les inégalités entre les sexes et les préjugés de la société.

7. Réification des stéréotypes des rôles féminins : Les femmes peuvent devenir victimes d'intimidation en raison de la réification des stéréotypes des rôles féminins, qui peuvent inclure l'attente d'accomplir certaines responsabilités ménagères ou familiales sans soutien ou respect adéquats.

8. Manque de soutien et de soins émotionnels : Les femmes peuvent devenir la cible d'intimidation si elles se voient refuser le soutien, les soins

émotionnels ou la compréhension, en particulier de la part de leurs proches ou d'un partenaire.

9. Relations intrusives ou contrôlantes : Les relations intrusives ou contrôlantes de la part d'un partenaire ou d'autres membres de la famille peuvent conduire à l'intimidation lorsqu'une femme se sent limitée dans ses actions et ses décisions.

10. Comportement menaçant physique ou psychologique : Les femmes peuvent devenir victimes d'intimidation dans la vie familiale en raison du comportement menaçant physique ou psychologique de la part d'un partenaire ou d'autres membres de la famille, ce qui crée une atmosphère de peur et d'incertitude.

Voici quelques raisons pour lesquelles les hommes peuvent devenir la cible d'intimidation dans la vie de famille :

1. Normes de masculinité : Les hommes peuvent être victimes d'intimidation s'ils ne se conforment pas aux normes de masculinité généralement acceptées, comme montrer des émotions ou des signes de vulnérabilité, et sont ridiculisés ou critiqués par leur partenaire, leurs enfants ou d'autres membres de la famille.

2. Dépendance économique : Les hommes qui dépendent du soutien financier ou du contrôle d'un partenaire ou d'autres membres de la famille peuvent devenir la cible d'intimidation en raison de leur vulnérabilité économique.

3. Violence dans les relations : Les hommes peuvent devenir victimes d'intimidation dans leur vie familiale en raison de violences émotionnelles, physiques ou sexuelles de la part d'un partenaire ou d'autres membres de la famille.

4. Manque de soutien ou de respect : Les hommes peuvent devenir la cible d'intimidation s'ils se voient refuser le soutien, le respect ou la reconnaissance de leurs sentiments et de leurs besoins au sein de la famille.

5. Discrimination structurelle ou systémique : Les hommes peuvent être victimes d'intimidation dans leur vie familiale en raison d'une discrimination systémique ou structurelle, basée sur des stéréotypes de genre et des préjugés dans la société.

6. Peurs et insécurités : Les hommes peuvent devenir la cible d'intimidation en raison de leurs peurs ou de leur insécurité, comme la peur d'être inférieurs ou de ne pas réussir suffisamment dans leurs rôles familiaux ou professionnels.

7. Déni des sentiments et vulnérabilité émotionnelle : Dans les familles où la croyance dominante est que les hommes doivent être forts et ne pas exprimer leurs émotions ou leurs sentiments, les hommes peuvent devenir la cible d'intimidation s'ils tentent d'être plus ouverts ou vulnérables émotionnellement.

8. Utilisation de stéréotypes et d'insultes : Les hommes peuvent être victimes d'intimidation au sein de la famille en utilisant des stéréotypes ou

des insultes basés sur leur sexe, par exemple, ils peuvent se moquer de leur apparence, de leur masculinité ou de leur orientation sexuelle.

9. Manque de participation à la prise de décision : Si un homme ne reçoit pas suffisamment d'attention dans les décisions familiales ou si son opinion est ignorée, cela peut également conduire au harcèlement lorsque ses sentiments et ses préférences ne sont pas pris en compte.

10. Violence physique ou menaces : Les hommes peuvent devenir victimes d'intimidation dans la vie familiale par le biais de violences physiques ou de menaces de la part d'un partenaire ou d'autres membres de la famille, ce qui crée une atmosphère de peur et d'incertitude.

11. Manipulation matérielle ou financière : Les hommes peuvent être victimes d'intimidation au sein de la famille par le biais de manipulations matérielles ou financières lorsque leurs ressources financières sont contrôlées ou lorsqu'ils sont soumis à des abus économiques.

Le problème du harcèlement familial pose de sérieux défis pour la santé et le bien-être des membres de la famille. Il arrive une situation où la maison devrait être un lieu de confort, de soutien et de sécurité, mais elle devient au contraire une source de souffrance et de peur. Voici quelques aspects clés de ce problème :

1. Cycle de violence : L'intimidation familiale a souvent une nature cyclique, où les victimes peuvent devenir l'agresseur ou reproduire un comportement similaire dans leurs propres relations. Ce cycle de violence peut se transmettre de génération en génération, créant des comportements destructeurs au sein de la famille.

2. Cacher le problème : L'intimidation familiale peut rester cachée aux regards indiscrets, car les victimes et les agresseurs tentent souvent de cacher leurs problèmes par peur ou par honte. Cela peut rendre le problème invisible et indisponible pour obtenir de l'aide.

3. Effets psychologiques : L'intimidation au sein de la famille peut avoir de graves conséquences sur la santé mentale des membres de la famille. Les traumatismes émotionnels, les troubles anxieux, la dépression et le trouble de stress post-traumatique ne sont que quelques-unes des conséquences possibles qui peuvent affecter les membres de la famille victimes de violence.

4. Destruction des relations : L'intimidation familiale peut détruire les relations au sein d'une famille, créant une atmosphère tendue et hostile. Cela peut entraîner une rupture des liens entre les membres de la famille, une mauvaise communication et une diminution du niveau de confiance.

5. Cycle d'impuissance : Les membres de la famille victimes d'intimidation peuvent se retrouver dans un cycle d'impuissance où ils ont l'impression de n'avoir aucun moyen de sortir de la situation. Cela peut conduire à l'isolement, au désespoir et à un manque de ressources pour faire face au problème.

6. Impact négatif sur les enfants : L'intimidation familiale peut avoir

de graves conséquences sur les enfants, qu'ils soient témoins ou victimes de violence. Cela peut entraîner des problèmes de comportement, d'apprentissage, d'adaptation sociale et de santé mentale des enfants.

Lutter contre l'intimidation familiale nécessite une approche globale qui comprend la sensibilisation au problème, le soutien aux victimes, l'accès à de l'aide et des conseils, ainsi que le développement de stratégies saines de communication et de résolution des conflits au sein de la famille.

L'intimidation en ligne , souvent appelée cyberintimidation, est une forme de violence ou d'oppression qui utilise Internet et les médias sociaux pour harceler, insulter, menacer ou agir négativement contre une autre personne. La cyberintimidation peut se produire via diverses plateformes en ligne telles que les réseaux sociaux, les forums, les salons de discussion, les messageries instantanées, les jeux en ligne et même le courrier électronique. Voici quelques aspects clés de ce problème :

1. Anonymat et facilité de diffusion : le harcèlement en ligne peut être commis de manière anonyme, ce qui permet aux intimidateurs de cacher leur identité et d'éviter toute responsabilité pour leurs actes. De plus, les messages ou contenus peuvent être facilement partagés et atteindre un large public en quelques secondes.

2. Présence permanente et complexité de la gestion de l'information : Internet offre une plateforme où les messages et les documents peuvent rester accessibles pendant une longue période, même après avoir été supprimés ou masqués. Cela crée une situation dans laquelle les victimes peuvent continuellement revenir sur des commentaires ou des documents négatifs, ce qui augmente leur impact psychologique.

3. Public potentiellement anonyme : en ligne, les messages et les commentaires peuvent être lus et consultés par des milliers, voire des millions de personnes, augmentant ainsi le sentiment de vulnérabilité de la victime et augmentant les effets négatifs de l'intimidation.

4. Variété de formes et de méthodes : La cyberintimidation peut prendre diverses formes, notamment les insultes, les menaces, le ridicule, la divulgation de renseignements personnels, le photoshopping ou la diffusion de matériel incriminant, ce qui la rend plus difficile à identifier et à combattre.

5. Effets psychologiques : La cyberintimidation peut avoir de graves conséquences sur la santé mentale des victimes, notamment la dépression, les troubles anxieux, une faible estime de soi, le trouble de stress post-traumatique et même des pensées suicidaires.

6. Large tranche d'âge : La cyberintimidation peut toucher des personnes de tout âge, mais elle est particulièrement fréquente chez les enfants et les adolescents, dont les connaissances numériques et la participation aux médias sociaux sont élevées.

La lutte contre la cyberintimidation nécessite des efforts de la part des individus et de la société, notamment des programmes éducatifs, des mesures juridiques, des politiques de sécurité en ligne et un soutien aux victimes. La création d'un environnement en ligne sûr et convivial est un aspect clé de la lutte contre ce problème.

Une personne peut devenir la cible de cyberintimidation pour plusieurs raisons, notamment :

1. Caractéristiques personnelles : Certaines personnes peuvent être victimes de cyberintimidation en raison de leurs caractéristiques personnelles, telles que leur apparence, leur poids, la couleur de leur peau, leur orientation sexuelle ou leur handicap. Sur la base de ces caractéristiques, les agresseurs peuvent cibler leurs victimes pour les humilier et les maltraiter en ligne.

2. Statut social : Les personnes peuvent devenir la cible de cyberintimidation en raison de leur statut social ou de leur popularité sur les réseaux sociaux. Par exemple, une personne peut devenir victime en raison de sa renommée, de son faible nombre de followers ou de sa participation à des discussions controversées.

3. Conflits ou malentendus : Parfois, la cyberintimidation commence en raison de conflits ou de malentendus entre utilisateurs. Par exemple, une dispute ou un désaccord dans les commentaires d'un message peut dépasser le cadre de la discussion et se transformer en un incident d'insultes et de menaces.

4. Jalousie et envie : les gens peuvent devenir la cible de cyberintimidation en raison de la jalousie ou de l'envie des autres utilisateurs. Par exemple, la réussite professionnelle, l'attrait physique ou les relations peuvent déclencher des émotions négatives chez certaines personnes, qui peuvent alors se manifester par de la cyberintimidation.

5. Accidentel : Parfois, des personnes peuvent être victimes de cyberintimidation par accident, par exemple en raison d'un commentaire ou d'un message qui a attiré l'attention de l'intimidateur en raison de circonstances aléatoires.

6. Harcèlement ciblé : dans certains cas, la cyberintimidation peut être ciblée, lorsque les agresseurs ciblent une personne spécifique et commencent à la harceler et à l'opprimer systématiquement en ligne.

7. Personnalité ou comportement : Les personnes peuvent devenir la cible de cyberintimidation en raison de leur caractère ou de leur comportement qui ne répond pas aux normes ou aux attentes de certains utilisateurs. Par exemple, un comportement excentrique ou inhabituel, des opinions dissidentes ou le fait de s'engager dans des sujets controversés peuvent attirer l'attention en ligne.

8. Motivations psychologiques des agresseurs : Certains agresseurs peuvent cibler leurs victimes pour des raisons psychologiques, telles que la gratification de l'ego, un désir de contrôle ou un désir de nuire aux autres. Cela peut se manifester sous la forme d'un harcèlement et d'humiliations

systématiques en ligne.

9. Renommée ou influence sur Internet : les personnes ayant une renommée ou une influence sur Internet peuvent devenir la cible de cyberintimidation en raison de leur influence sur d'autres utilisateurs ou parce que leurs opinions contredisent celles de l' intimidateur . Ceci est particulièrement fréquent chez les blogueurs, les personnalités publiques ou les hommes politiques.

10. Finalités de la cyberintimidation : La cyberintimidation peut avoir diverses finalités telles que l'insulte, l'humiliation, le préjudice ou même l'intimidation de la victime. Par exemple, les agresseurs peuvent recourir à la cyberintimidation pour forcer la victime à changer de comportement ou d'opinion, à se conformer à leurs demandes ou simplement à tirer satisfaction de sa domination.

En général, les raisons du cyberharcèlement peuvent être variées et dépendre de la situation spécifique et des caractéristiques de la victime. Ces facteurs, ainsi que d'autres, peuvent conduire certaines personnes à être victimes de cyberintimidation en ligne. Il est important de prendre des mesures pour prévenir la cyberintimidation et protéger les victimes des impacts négatifs en ligne.

Chapitre 2.
Types d' intimidation .

l'intimidation personnelle est un comportement dans lequel une personne cause intentionnellement et de manière répétée du mal ou de l'inconfort à une autre personne. Le harcèlement peut prendre de nombreuses formes, notamment la violence physique, la violence verbale, l'exclusion sociale, la pression psychologique et la cyberintimidation. Voici une liste de différents types d'intimidation :

1. L'intimidation physique est une forme de violence dans laquelle l'intimidateur utilise la force physique ou la menace de violence physique pour humilier, blesser ou contrôler une autre personne. Ce type d'intimidation peut prendre différentes formes et avoir différentes causes, mais le désir de l'intimidateur d'affirmer son pouvoir sur les autres et de provoquer la peur ou la souffrance chez ses victimes est essentiel.

L'intimidation physique peut survenir dans divers environnements, tels que les écoles, les lieux de travail, les lieux publics ou l'environnement familial. Elle peut être dirigée contre un individu ou un groupe et peut prendre la forme de coups, de coups de pied, de poussée, de saisie, de frappe ou même d'utilisation d'une arme. Les agresseurs peuvent recourir à la force physique pour menacer, extorquer, contrôler ou blesser physiquement leurs victimes.

Cela inclut le recours à la force physique et à l'agression pour nuire ou intimider la victime. Cela peut inclure des coups, des coups de pied, des poussées, des pincements et d'autres formes de préjudice physique.

Les principales causes de harcèlement physique peuvent inclure :

- Recherche de pouvoir et de domination : Les agresseurs peuvent tirer une certaine satisfaction du fait d'établir leur pouvoir sur les autres par la violence physique. Ils peuvent recourir à la menace ou à la violence pour montrer leur force et leur domination sur leurs victimes.

Les agresseurs peuvent recourir à la violence physique pour prendre le contrôle de leurs victimes. Ils cherchent à réprimer la résistance et à contrôler le comportement de la victime, démontrant ainsi leur force et leur autorité.

L'établissement du contrôle est l'une des principales motivations du recours à la violence physique dans le contexte du harcèlement.

Les agresseurs cherchent à dominer leurs victimes et à réprimer leur résistance, en utilisant la force physique comme outil pour établir leur autorité et leur contrôle. Les agresseurs cherchent à forcer leurs victimes à se soumettre et à accepter leur pouvoir. Ils recourent à la violence physique pour réprimer la résistance et forcer les victimes à se soumettre. Cela peut inclure des menaces, des attaques ou des agressions physiques pour montrer aux victimes qui contrôle la situation.

La violence physique peut également être utilisée pour susciter la peur et la menace parmi les victimes. Et les oppresseurs démontrent leur force et leur agressivité afin que leurs victimes se sentent impuissantes et effrayées. Cela renforce le contrôle sur la situation et rend les victimes plus vulnérables et sensibles à l'influence de l'agresseur.

Les agresseurs peuvent recourir à la violence physique comme moyen de manipulation et de menace de punition. Ils avertissent leurs victimes des conséquences possibles d'une désobéissance ou d'une résistance, qui les amène à obéir et à se conformer pour éviter toute douleur ou blessure.

Le recours à la violence physique peut être un moyen pour les intimidateurs de démontrer leur pouvoir et leur autorité aux autres. Ils cherchent à convaincre les autres de leur capacité à contrôler la situation et à dominer leurs victimes, ce qui renforce leur statut et leur influence dans la société.

En général, exercer un contrôle par la violence physique est un moyen pour les agresseurs d'affirmer leur pouvoir et leur domination sur les autres. Cela crée un rapport de force inégal et rend les victimes vulnérables aux agresseurs. Il est donc important de prendre des mesures pour prévenir et combattre toute manifestation de harcèlement physique et assurer la sécurité de tous les membres de la société.

- Maintenir son statut : Pour certains intimidateurs , il est important de maintenir leur statut et leur respect au sein du groupe ou de la communauté. Ils peuvent recourir à la violence physique pour souligner leur pouvoir et prévenir les menaces contre leur autorité.

Le maintien de son statut est l'un des motifs qui incitent les agresseurs à recourir à la violence physique. Pour certaines personnes, il est extrêmement important de conserver leur statut et leur respect au sein du groupe ou de la communauté dans laquelle elles se trouvent. Ils utilisent la violence physique pour souligner leur pouvoir et prévenir les menaces contre leur autorité.

Certains agresseurs peuvent recourir à la violence physique pour confirmer et renforcer leur place dans la hiérarchie d'un groupe ou d'une communauté. Ils peuvent essayer de conserver leurs privilèges et leur position en utilisant la violence comme moyen de démontrer leur force et leur pouvoir aux autres.

Pour certains intimidateurs , il est important de maintenir leur autorité et le respect des autres. Ils peuvent recourir à la violence physique pour renforcer leur image de membre fort et puissant du groupe qui doit être craintif et obéissant.

Les agresseurs peuvent recourir à la violence pour réprimer toute résistance ou menace de la part de concurrents ou d'opposants potentiels. Ils cherchent à éliminer toute menace potentielle à leur statut et à leur autorité en utilisant la force physique comme moyen de protéger leur position.

Pour certains intimidateurs, il est important de démontrer leur rôle de leader au sein d'un groupe ou d'une communauté. Ils peuvent recourir à la violence physique pour convaincre les autres de leur capacité à contrôler les situations et à prendre des décisions, soulignant ainsi leur valeur et leur importance dans la société.

En général, maintenir son statut par la violence physique est un moyen pour certains intimidateurs de renforcer leur pouvoir et leur domination au sein d'un groupe ou d'une communauté. Ils utilisent la violence comme un outil pour affirmer leur autorité et prévenir les menaces contre leur statut, ce qui les rend plus vulnérables et dangereux pour les autres.

- Affirmation de soi : Certains agresseurs peuvent éprouver une faible estime de soi ou un sentiment d'infériorité et tenter de compenser en exerçant un contrôle sur les autres. Ils utilisent la violence physique pour s'affirmer et affirmer leur pouvoir devant les autres.

L'affirmation de soi par la violence physique est l'un des motifs qui poussent les agresseurs à se comporter de manière agressive. Pour certaines personnes, une faible estime de soi ou un sentiment d'infériorité peuvent être une source d'insécurité, et elles peuvent chercher à compenser en exerçant un contrôle sur les autres par la force physique.

Certains intimidateurs peuvent ressentir un sentiment d'inadéquation ou une faible estime de soi en raison de diverses circonstances de la vie, telles que des relations négatives, des échecs ou des traumatismes passés. Ils peuvent essayer de compenser ce sentiment en démontrant leur force et leur agressivité dans leurs relations avec les autres afin de s'affirmer et d'affirmer leur statut.

Pour certains intimidateurs , il est important d'obtenir la reconnaissance et le respect des autres. Ils peuvent croire que le recours à la force physique leur permettra d'acquérir le respect et le statut au sein d'un groupe ou d'une communauté, ce qui les aidera à surmonter leurs sentiments d'infériorité.

Pour certains intimidateurs , un comportement agressif est une façon de démontrer leur force et leur pouvoir aux autres. Ils s'efforcent de démontrer leur capacité à contrôler les situations et à contrôler les autres afin d'affirmer leur statut et leur domination.

Le recours à la violence physique peut être pour certaines personnes un moyen d'accroître leur estime de soi et leur importance. Ils peuvent croire qu'en manipulant et en contrôlant les autres par la force physique, ils se donneront plus de pouvoir et de confiance.

En général, s'affirmer par la violence physique est une tentative pour certains agresseurs de surmonter leurs sentiments de faible estime de soi et d'infériorité. Ils espèrent qu'exercer un contrôle sur les autres et démontrer leur pouvoir les aidera à gagner l'acceptation et le respect des autres, ce qui renforcera leur estime de soi.

- Partenariat intime ou dynamique familiale : Dans certains cas, l'intimidation physique peut survenir dans le cadre de partenariats intimes ou de dynamiques familiales. Les agresseurs peuvent recourir à la violence pour contrôler un partenaire ou des membres de leur famille, exprimant ainsi leur pouvoir et leur domination dans la relation.

L'intimidation dans les partenariats intimes ou au sein de la dynamique familiale constitue un problème grave lorsque la violence physique est utilisée pour contrôler et dominer un partenaire ou des membres de la famille.

Les agresseurs dans le cadre d'un partenariat intime ou d'une famille peuvent recourir à la violence physique pour affirmer leur pouvoir et leur contrôle sur leur partenaire ou les membres de leur famille. Ils s'efforcent de supprimer la résistance et de manipuler le comportement de leur partenaire, démontrant ainsi leur force et leur autorité.

Pour les agresseurs en milieu familial, la violence physique peut devenir un moyen d'exprimer son agressivité et sa domination. Ils peuvent recourir à la violence pour montrer leur force et leur pouvoir aux autres membres de la famille, soulignant ainsi leur domination dans la relation.

Les agresseurs peuvent recourir à la violence physique pour réprimer et humilier leur partenaire ou d'autres membres de leur famille. Ils peuvent infliger des blessures physiques ou menacer de violence pour que leur partenaire ou les membres de leur famille se sentent impuissants et sans défense.

La violence physique dans les relations intimes ou familiales peut créer un environnement de peur et d'assujettissement. Les agresseurs peuvent recourir à des menaces ou à des actes de violence pour forcer un partenaire ou des membres de la famille à se conformer à leurs demandes et à céder à leur volonté.

Pour les agresseurs , la violence physique peut être un moyen d'accroître leur pouvoir et leur contrôle dans une relation. Ils peuvent recourir à la violence pour affirmer leur pouvoir et contrôler le comportement d'un partenaire ou d'un membre de leur famille, démontrant ainsi leur force et leur domination.

L'intimidation dans les partenariats intimes ou dans la famille crée une dynamique toxique et dangereuse où la violence physique est utilisée comme moyen de contrôle et de domination. Cela entraîne de graves conséquences pour les victimes, telles que des blessures, des problèmes psychologiques et des problèmes de santé, et nécessite une intervention et un soutien immédiats.

- Mécanismes de défense psychologique : Pour certains agresseurs , le recours à la violence physique peut être un moyen de faire face à leurs propres conflits internes et à leur stress. Ils peuvent recourir à la violence pour canaliser leurs émotions et satisfaire leurs besoins. Les mécanismes de défense psychologique jouent un rôle important dans la compréhension de la dynamique du harcèlement, en particulier lorsque la violence physique est utilisée.

Pour certains agresseurs , la violence physique devient un moyen de faire face à leurs conflits internes, à leur stress et à leurs émotions négatives. Ils peuvent éprouver diverses difficultés psychologiques, comme la dépression, l'anxiété ou la colère, et recourir à la violence pour réagir et faire face à ces émotions.

Pour certains agresseurs , la violence physique devient un moyen d'exprimer leur agressivité et leur négativité. Ils peuvent ressentir des tensions et des irritations internes et utiliser la violence pour canaliser leurs émotions et leurs sentiments, en les exprimant par des actions physiques.

Certains agresseurs peuvent recourir à la violence physique pour satisfaire leurs propres besoins et désirs. Ils peuvent éprouver des sentiments d'insatisfaction ou de manque d'attention et recourir à la violence pour attirer l'attention ou pour satisfaire leurs besoins de contrôle et de pouvoir.

Pour certains agresseurs , recourir à la violence physique peut être un moyen de protéger et de renforcer leur propre ego. Ils peuvent éprouver des sentiments de vulnérabilité ou d'insécurité et recourir à la violence pour se protéger ou pour affirmer leur force et leur pouvoir sur les autres.

Pour certains intimidateurs , le recours à la violence physique peut être un moyen de soulager les tensions et l'agressivité. Ils peuvent ressentir des tensions ou des irritations internes et utiliser la violence pour libérer ces sentiments et rediriger leur énergie.

En général, les mécanismes de défense psychologique jouent un rôle important dans la compréhension des motivations des agresseurs qui recourent à la violence physique. Ils aident certaines personnes à faire face aux conflits internes, à exprimer leurs émotions et leurs besoins et à protéger leur ego des menaces extérieures et des influences négatives.

En général, la recherche de pouvoir et de domination est l'un des principaux motifs du harcèlement physique. Les agresseurs cherchent à établir leur pouvoir sur les autres en exerçant leur pouvoir et en contrôlant le comportement et les actions de leurs victimes. Ce type de harcèlement peut avoir de graves conséquences pour les victimes, notamment des préjudices physiques et psychologiques, et il est donc important de prévenir et de traiter toute manifestation de violence physique dans la société.

- Faire preuve d'agressivité et de colère : certains intimidateurs peuvent utiliser la violence physique pour exprimer leur colère ou leur agressivité. Ils peuvent attaquer d'autres personnes en raison de leurs propres problèmes ou des situations stressantes qu'ils vivent.

Montrer de l'agressivité et de la colère par la violence physique est l'un des aspects les plus courants du harcèlement.

Pour certains agresseurs , la violence physique devient un moyen d'exprimer et de libérer des émotions négatives telles que la colère, l'irritation, le ressentiment ou la rage. Ils peuvent ressentir des tensions et des pressions internes et recourir à la violence pour rediriger ces émotions vers d'autres personnes, souvent de manière inconsidérée et sans contrôle.

Exprimer des émotions négatives par la violence physique est l'un des aspects les plus destructeurs du harcèlement. Voici un aperçu plus détaillé de ce phénomène :

Certains agresseurs éprouvent de la colère et de l'irritation pour diverses raisons, telles que des problèmes personnels, le stress, l'échec ou l'insatisfaction. Ils peuvent utiliser la violence physique pour canaliser ces émotions négatives sur les autres, exprimant leur colère par un comportement agressif.

De plus, certains intimidateurs peuvent ressentir du ressentiment ou de la jalousie envers leurs victimes en raison de situations réelles ou imaginaires. Ils peuvent réagir à ces sentiments par la violence physique pour infliger de la douleur ou punir leurs victimes pour des violations perçues ou réelles.

- Stress et tension : Certains agresseurs peuvent ressentir des tensions et du stress internes, qu'ils tentent de soulager par la violence physique. Cela peut être dû à des problèmes personnels, à des conflits familiaux, à des pressions professionnelles ou à d'autres situations stressantes, et ils utilisent la violence comme moyen de relâcher cette tension.

La violence physique comme moyen de faire face au stress et à la tension peut avoir de graves conséquences et nécessite une compréhension approfondie.

Certains agresseurs peuvent rencontrer divers problèmes personnels, tels que des problèmes d'estime de soi, de dépression, d'anxiété ou d'émotions refoulées. Ces problèmes peuvent conduire à des sentiments d'impuissance ou d'impuissance, et la violence physique peut être un moyen d'exprimer une douleur intérieure ou une tentative de reprendre le contrôle.

Des relations familiales difficiles, des conflits familiaux ou des violences domestiques peuvent laisser de profondes blessures émotionnelles à l'agresseur . Ils peuvent projeter leurs émotions négatives et leur agressivité sur d'autres personnes, y compris leurs victimes, dans le but de redistribuer leurs souffrances ou de dominer la relation.

Certaines personnes peuvent ressentir du stress et de la pression au travail en raison des exigences, de la concurrence ou de problèmes de carrière. La violence physique peut être un moyen de faire face à ces situations stressantes ou d'exprimer sa frustration et sa déception face à l'environnement de travail.

De plus, d'autres situations stressantes, telles que des problèmes financiers, de santé, scolaires ou de pression sociale, peuvent être associées au recours à la violence physique comme moyen de faire face à un inconfort émotionnel ou d'exprimer des émotions négatives.

Certaines personnes peuvent avoir des capacités de régulation émotionnelle et des stratégies de gestion du stress limitées. Ils ne savent peut-être pas comment gérer efficacement leurs émotions ou trouver des moyens constructifs de résoudre les problèmes, ils recourent donc à la violence physique pour relâcher les tensions.

En général, recourir à la violence physique pour faire face au stress et à la tension constitue une approche destructrice et contre-productive de la résolution de problèmes. Ce comportement nécessite une intervention et un soutien attentifs afin que l'intimidateur puisse apprendre des façons saines de gérer ses émotions et ses conflits et d'éviter de blesser les autres.

- Incapacité à gérer efficacement ses émotions : Certains agresseurs peuvent avoir des capacités limitées de régulation émotionnelle et une incapacité à gérer efficacement leurs émotions. Ils ne sont peut-être pas capables de verbaliser leurs sentiments ou de trouver des moyens constructifs de résoudre les conflits, ils recourent donc à la violence physique pour se défouler.

L'incapacité à gérer efficacement ses émotions joue un rôle important dans les cas d'intimidation physique. Certains agresseurs n'ont pas les compétences nécessaires pour reconnaître ou réguler leurs émotions. Cela peut être dû à une formation insuffisante dans l'enfance pour gérer les émotions ou à des expériences négatives qui les ont rendus incapables de réagir de manière appropriée à leurs sentiments.

Certains intimidateurs peuvent avoir des ressources limitées et manquer de stratégies alternatives pour résoudre les conflits ou exprimer leurs émotions. Ils peuvent considérer la violence physique comme le seul moyen de communiquer ou comme un moyen de protéger leur ego.

La violence physique peut également être considérée par certains agresseurs comme un moyen de « se défouler » ou de se débarrasser des tensions accumulées. Cela peut être particulièrement vrai pour les personnes qui subissent des niveaux élevés de stress ou de pression et qui ne savent pas comment gérer efficacement ces émotions.

Certaines personnes peuvent avoir des difficultés à exprimer leurs émotions avec des mots en raison d'une faible estime de soi, de la peur d'être incomprises ou rejetées, ou simplement d'un manque de compétences en communication. En conséquence, ils peuvent recourir à la violence physique pour exprimer leurs sentiments.

Les expériences personnelles d'abus ou de comportements inappropriés appris pendant l'enfance peuvent affecter la capacité d'une personne à gérer efficacement ses émotions. Si une personne n'avait pas de modèles de régulation émotionnelle lorsqu'elle était enfant, elle peut avoir des difficultés à développer ces compétences à l'âge adulte.

En général, l'incapacité à gérer efficacement ses émotions peut conduire à la violence, et pour résoudre ce problème, il faut une formation en intelligence émotionnelle et le développement de stratégies adéquates de gestion du stress et des conflits.

- Comportement d'imitation : certains agresseurs peuvent imiter ou répéter un comportement agressif qu'ils ont observé dans leur environnement, comme la famille, les amis ou les médias. Ils peuvent croire que la violence physique est une manière normale ou acceptable de réagir à des conflits ou à des situations stressantes.

L'imitation d'un comportement joue un rôle important dans la propagation du harcèlement physique. Les agresseurs peuvent être exposés à des comportements agressifs qu'ils ont vus ou vécus dans leur environnement, notamment dans leur famille, leurs amis ou même dans des communautés virtuelles via les médias. Cela peut créer un modèle, surtout si un comportement agressif a été approuvé ou non puni.

Pour certains intimidateurs, la violence physique peut être perçue comme un comportement normal ou acceptable dans certaines situations. S'ils ont vu l'agression utilisée avec succès pour obtenir les résultats souhaités ou résoudre des conflits dans le passé, ils peuvent répéter ce comportement dans leur vie.

Certains agresseurs peuvent modeler leur comportement sur des modèles présentés dans les médias ou sur leurs expériences personnelles.

Les films, émissions de télévision, jeux vidéo et autres formes de divertissement décrivent souvent des comportements agressifs sans conséquences, ce qui peut renforcer l'idée selon laquelle la violence est un moyen efficace de résoudre les problèmes.

Certains agresseurs peuvent ne pas voir ou avoir accès à des modèles de comportement alternatifs dans des situations de conflit. S'ils ne disposent pas d'un modèle de régulation émotionnelle ou de résolution de conflits sans violence, ils peuvent s'engager dans des méthodes agressives.

Imiter un comportement agressif peut aussi être une réaction à des situations stressantes. Les agresseurs peuvent recourir à la violence en réponse à leurs propres expériences stressantes, y voyant un moyen de soulager les tensions ou de contrôler la situation.

En général, l'imitation d'un comportement agressif peut s'enraciner dans divers aspects de la vie de l'agresseur et façonner sa croyance selon laquelle la violence physique est une manière appropriée de répondre aux conflits et au stress. Ce processus met l'accent sur l'importance de l'éducation et des environnements qui encouragent des stratégies alternatives et non violentes de résolution de problèmes.

En général, l'expression d'émotions négatives par la violence physique peut être associée à divers facteurs, tels que des problèmes personnels, le stress, le manque de régulation émotionnelle et l'environnement social. Cela constitue une menace sérieuse pour le bien-être et la sécurité d'autrui et nécessite une intervention et un soutien prudents pour prévenir les préjudices et lutter contre l'intimidation.

- Un moyen de faire face au stress et aux problèmes : Pour certains agresseurs , la violence physique constitue un moyen de faire face à leurs propres problèmes et situations stressantes. Ils peuvent éprouver des émotions négatives à la suite de problèmes personnels ou professionnels et recourir à la violence pour améliorer leur état et soulager les tensions internes.

Pour certains agresseurs , la violence physique devient un moyen d'établir un contrôle et une domination sur autrui. Ils peuvent avoir besoin de pouvoir et d'autorité et recourir à la violence pour démontrer leur pouvoir et établir leur domination sur leurs victimes.

Le besoin de contrôle et de domination est l'une des principales motivations qui motivent les agresseurs à se livrer à la violence physique.

Certains intimidateurs ont un fort désir de contrôler et de dominer les autres. Ils aspirent au pouvoir et à l'autorité et considèrent la violence physique comme un moyen d'atteindre cet objectif. Pour eux, gérer les autres est la principale source de satisfaction et d'affirmation de soi.

Les agresseurs peuvent recourir à la violence pour affirmer leur statut social et leur position au sein d'un groupe ou d'une communauté. Ils cherchent à maintenir leur domination et leurs privilèges et utilisent la violence physique pour démontrer leur force et leur confiance.

Pour certains agresseurs , la cruauté devient un moyen de compenser leurs propres défauts et leur faible estime de soi. Ils peuvent recourir à la violence physique pour accroître leur estime de soi et leur estime de soi, démontrant ainsi leur force et leur pouvoir sur les autres.

Pour certains agresseurs , dominer les autres est un objectif en soi. Ils cherchent des moyens d'établir leur domination sur les autres et considèrent la violence physique comme un moyen d'atteindre cet objectif.

Les agresseurs peuvent recourir à la violence physique pour contrôler le comportement et les actions des autres dans leur environnement. Ils cherchent à réprimer la résistance et à établir leur pouvoir sur les victimes afin de garantir leur propre position confortable.

Ces facteurs interagissent pour créer chez les intimidateurs un fort besoin de contrôle et de domination sur les autres. Ils voient la violence physique comme un moyen d'atteindre ces objectifs et l'utilisent pour souligner leur force, leur pouvoir et leur autorité.

- Réponse aux stimuli externes : Certains agresseurs peuvent réagir par une violence physique à des stimuli externes, tels que des critiques, des insultes ou des situations conflictuelles. Ils peuvent considérer un comportement agressif comme un moyen de protéger leur ego et de répondre à une menace ou à une insulte perçue.

La réponse aux stimuli externes joue un rôle important dans les mécanismes de violence physique, notamment chez certains agresseurs .

Certains agresseurs répondent aux critiques, aux humiliations ou aux insultes par la violence physique. Ils peuvent percevoir de telles situations comme une menace pour leur estime de soi et leur dignité, et considérer la violence physique comme un moyen de protéger leur ego. Pour eux, un comportement agressif devient une réponse à une menace perçue et une tentative de restaurer leur estime de soi.

Les situations de conflit peuvent être un catalyseur de violence physique entre agresseurs . Lorsqu'ils rencontrent des contradictions ou des disputes, ils peuvent percevoir cela comme un défi et réagir par l'agressivité et la violence. Pour eux, le recours à la force physique devient un moyen de résoudre les conflits et de démontrer leur domination.

Certains agresseurs ont recours à la violence physique pour protéger leur statut social et leur autorité. Lorsqu'ils sentent que leur statut ou leur influence est menacé, ils peuvent recourir à la violence pour défendre leur position et asseoir leur pouvoir.

Dans certains cas, la violence physique peut être une réaction à des situations stressantes ou à une tension émotionnelle. Lorsque les agresseurs se sentent sous pression ou ressentent un inconfort interne, ils peuvent recourir à la violence pour relâcher cette tension et apporter un soulagement.

Certaines personnes ont tendance à se comporter de manière agressive en réponse à divers stimuli. Ils peuvent avoir un seuil d'excitabilité bas et devenir facilement colériques ou agressifs à la moindre provocation. Pour ces personnes, la violence physique peut devenir une manière naturelle de répondre aux stimuli externes.

En général, les réponses aux stimuli externes jouent un rôle important pour motiver les agresseurs à se livrer à la violence physique. Ils y voient un moyen de protéger leur ego, une réaction au conflit et un moyen de confirmer leur statut et leur pouvoir.

- Manque d'empathie et de contrôle sur ses actions : Pour certains intimidateurs , la violence physique peut résulter d'un manque d'empathie et de contrôle sur ses actions. Ils peuvent ignorer les conséquences de leurs actes et ne pas tenir compte des sentiments ou du bien-être des autres, utilisant la violence comme moyen d'atteindre leurs objectifs ou de satisfaire leurs besoins.

En général, l'expression de l'agressivité et de la colère par la violence physique est souvent associée à des conflits internes, au stress et au besoin de contrôle et de domination. Il s'agit d'un processus psychologique complexe qui peut être provoqué par de nombreux facteurs et qui nécessite une étude minutieuse pour être compris et contrecarré efficacement.

- Imitation ou émulation : Certains agresseurs peuvent copier ou imiter un comportement qu'ils ont observé chez d'autres personnes, surtout si ce comportement a été reconnu comme puissant ou efficace d'une manière ou d'une autre.

L'imitation ou l'émulation dans le contexte de l'intimidation peut jouer un rôle important dans le développement d'un comportement agressif chez certains intimidateurs .

Certains agresseurs peuvent observer d'autres personnes, en particulier celles qui sont agressives ou qui utilisent la violence physique pour atteindre leurs objectifs. S'ils constatent qu'un comportement similaire produit les résultats souhaités ou est reconnu par les autres comme puissant ou efficace, ils peuvent imiter ce comportement dans l'espoir d'obtenir les mêmes résultats.

Pour de nombreux intimidateurs , le comportement modèle peut provenir de leur famille, de leur communauté ou des médias. S'ils constatent un comportement agressif ou violent dans leur environnement, surtout si ce comportement procure des avantages ou de l'attention, ils peuvent le répéter dans leurs propres actions.

Certains agresseurs peuvent considérer un comportement agressif comme un moyen d'obtenir l'acceptation ou le leadership d'un groupe. S'ils voient un leader ou une figure dominante dans leur environnement social utiliser la violence physique pour affirmer leur autorité, ils peuvent chercher à répéter ce comportement afin d'obtenir également la reconnaissance ou le respect des autres.

Parfois, les agresseurs peuvent imiter un comportement agressif sans s'en rendre compte. Ils peuvent être influencés par des normes culturelles ou des stéréotypes sociaux qui encouragent l'agression ou la violence comme moyen de résoudre les conflits ou d'atteindre des objectifs.

En général, l'imitation ou l'imitation peut jouer un rôle important dans le développement d'un comportement agressif chez certains agresseurs , surtout s'ils considèrent ce comportement comme un moyen d'atteindre leurs objectifs ou de se faire accepter dans leur environnement social.

- Manque d'empathie ou de compassion : Certains agresseurs peuvent ressentir un manque d'empathie ou de compassion envers leurs victimes et ne pas être conscients du tort qu'ils causent aux autres.

Le manque d'empathie ou de compassion est un aspect majeur du profil psychologique de certains intimidateurs et peut influencer considérablement leur comportement. Certains agresseurs n'ont pas la capacité de ressentir des émotions ou d'éprouver de la compassion pour leurs victimes. Ils peuvent considérer leurs victimes comme des objets dépourvus de leurs propres sentiments et besoins, et donc ne ressentir aucun regret ni culpabilité pour leurs actes.

Certains agresseurs peuvent être indifférents à la souffrance des autres et ignorer les conséquences physiques ou émotionnelles de leurs actes. Ils peuvent se préoccuper uniquement de leurs propres besoins et désirs, sans prêter attention à la façon dont leur comportement affecte les autres.

Certains agresseurs peuvent nier le préjudice qu'ils causent à leurs victimes ou justifier leurs actes de diverses manières. Ils peuvent croire que leurs victimes méritent un tel traitement ou que la violence physique est une manière normale ou acceptable de résoudre les conflits.

Certains intimidateurs peuvent être émotionnellement insensibles ou apathiques, ce qui les rend moins capables de comprendre les sentiments et les émotions des autres. Cela peut les amener à ne ressentir aucune compassion ou sympathie pour leurs victimes, même s'ils voient que leurs actes leur font souffrir.

Certains intimidateurs peuvent avoir des traits de personnalité psychopathiques, comme un manque de culpabilité ou de remords, une agressivité accrue et une indifférence à l'égard des sentiments des autres. Ces caractéristiques peuvent conduire à un comportement plus impitoyable et impitoyable envers les victimes.

En général, le manque d'empathie ou de compassion est un aspect sérieux du profil psychologique de certains intimidateurs et peut être associé à leur capacité à adopter un comportement agressif et violent sans sentiments de culpabilité ou de remords.

- Problèmes au sein de la famille ou de la communauté : L'intimidation physique peut également être liée aux problèmes que l'intimidateur vit dans sa famille, sa communauté ou son école. Par exemple, les agresseurs peuvent être victimes de violence domestique ou de conflits familiaux qui peuvent les amener à recourir à la violence physique contre d'autres personnes. Les problèmes au sein de la famille ou de la communauté peuvent avoir un impact significatif sur le comportement des intimidateurs et contribuer à la manifestation d'intimidation physique.

Les agresseurs qui sont victimes de violence dans leur propre famille peuvent répéter ce type de comportement dans leurs relations avec les autres. Ils peuvent considérer la violence physique comme la norme ou comme le seul moyen de résoudre les conflits, car elle était courante dans leur enfance.

Les agresseurs peuvent vivre du stress ou des conflits au sein de leur famille ou de leur communauté, ce qui peut affecter leur capacité à gérer efficacement leurs émotions et leur comportement. Ils peuvent transférer leurs tensions internes et leur agressivité sur d'autres personnes par le biais de violences physiques.

Les agresseurs qui se sentent incompris ou sans soutien dans leur communauté peuvent recourir à la violence physique pour attirer l'attention ou exprimer leur pouvoir. Ils peuvent chercher des moyens de contrôler les autres pour compenser leurs propres expériences de névrose ou d'impuissance.

Les agresseurs peuvent être influencés par des groupes sociaux ou des environnements qui favorisent l'agression et la violence comme moyen de résoudre des problèmes ou de démontrer leur pouvoir. Ils peuvent percevoir la violence physique comme un comportement socialement acceptable en raison de leur environnement.

Certains agresseurs peuvent ne pas avoir de modèles de comportement adéquats ou ne pas recevoir suffisamment d'attention et de soutien pour développer des moyens sains de résoudre les conflits. Ils peuvent plutôt recourir à la violence physique pour atteindre leurs objectifs ou contrôler les autres.

- La violence physique, telle que pousser, frapper, gifler, pincer ou autres formes de coercition physique. L'intimidation physique est une forme de violence qui implique le recours à la force physique ou la menace de violence physique pour harceler, humilier ou contrôler une autre personne.

Cela inclut le fait de causer du mal ou de la douleur à une autre personne par des actions physiques telles que frapper, gifler, étouffer, donner des coups de pied, pousser, etc. La violence physique peut être directe ou indirecte. Ce type implique une attaque physique directe contre la victime. Les attaques peuvent être spontanées ou planifiées et impliquer des actions individuelles ou collectives.

Dans ce cas, les agresseurs peuvent utiliser des objets ou des moyens pour blesser ou humilier la victime, comme lui lancer un objet, lui verser de l'eau chaude ou utiliser d'autres méthodes qui ne nécessitent pas de contact direct.

Outre la violence réelle, les menaces de violence physique peuvent être utilisées comme moyen d'intimidation et de contrôle sur la victime. Les agresseurs peuvent menacer de frapper, de blesser ou même de tuer la victime. L'intimidation physique peut survenir dans divers endroits, notamment les écoles, les lieux de travail, les foyers, les espaces publics et les espaces en ligne.

Les victimes d'intimidation physique peuvent subir divers effets physiques et psychologiques, notamment des blessures, des maladies, du stress, de l'anxiété, de la dépression et une perte d'estime de soi.

La prévention du harcèlement physique comprend des programmes éducatifs, la sensibilisation, une réponse efficace aux incidents de violence, le soutien aux victimes et la punition des intimidateurs . L'intimidation physique est un problème grave qui nécessite une intervention et un soutien immédiats pour garantir la sécurité et le bien-être de toutes les personnes impliquées.

- Être forcé de faire quelque chose qui provoque un inconfort ou un préjudice physique. L'intimidation physique, qui consiste à forcer quelqu'un à faire quelque chose qui peut causer un inconfort physique ou un préjudice, est une forme grave de violence. Les agresseurs peuvent forcer la victime à accomplir certaines actions sous la menace de violence physique. Cela peut inclure de forcer la victime à faire quelque chose contre sa volonté ou ses intérêts.

Certains agresseurs peuvent forcer la victime à se faire du mal à son propre corps, par exemple en la forçant à se faire plaisir, à s'automutiler ou à utiliser des substances nocives.

Les agresseurs peuvent forcer la victime à s'engager dans des confrontations physiques, des bagarres ou des bagarres avec d'autres personnes, ce qui peut constituer une menace pour la sécurité et le bien-être de la victime.

Certains agresseurs peuvent forcer la victime à faire du mal ou à harceler d'autres personnes, par exemple en la forçant à attaquer autrui ou à participer à des actes de violence contre autrui.

L'intimidation physique peut également impliquer de forcer la victime à se soumettre et à servir l'agresseur, exprimée par la violence physique ou la menace de celle-ci.

Le fait d'être contraint d'accomplir des actions qui provoquent un inconfort physique ou un préjudice peut avoir de graves effets psychologiques sur la victime, notamment des sentiments d'impuissance, de peur et d'anxiété.

Être contraint d'accomplir des actes susceptibles de causer un inconfort physique ou un préjudice constitue une violation grave des droits et de la sécurité de la victime et nécessite une intervention et un soutien immédiats.

- Dommages matériels : Il s'agit d'une forme de harcèlement physique qui comprend des actions qui provoquent des dommages physiques sans contact direct, par exemple poser un bouton sur une chaise ou casser délibérément les freins d'un vélo.

Les dommages matériels sont une forme d'intimidation physique dans laquelle l'intimidateur endommage les biens de la victime dans le but de lui causer du tort ou de l'inconfort. Ce type d'agression peut se manifester de diverses manières, par exemple par le bris, l'endommagement ou l'endommagement volontaire d'un bien.

Les dommages matériels peuvent être causés directement ou indirectement. L'agression directe peut inclure la destruction intentionnelle d'objets appartenant à la victime, comme le bris de verre ou la destruction d'effets personnels. Les actions indirectes peuvent inclure des méthodes secrètes de falsification, comme mettre quelque chose dans une boisson ou de la nourriture, endommager un véhicule ou altérer délibérément un équipement.

Les dommages matériels peuvent avoir de graves conséquences pour la victime, tant physiques qu'émotionnelles. Cela peut entraîner des dommages matériels, des coûts financiers pour réparer ou remplacer les articles endommagés et un sentiment de violation de l'espace personnel et de la sécurité.

Les dommages matériels sont souvent effectués dans le but d'humilier ou d'intimider la victime. L'agresseur peut délibérément endommager ou détruire les effets personnels de la victime pour montrer son pouvoir et son contrôle sur la victime, augmentant ainsi sa domination et son atteinte à la victime.

Les dommages matériels constituent une violation grave de l'intégrité personnelle et peuvent laisser des cicatrices émotionnelles durables sur la victime. Il est donc important de prêter attention à ce type d'agression et de prendre des mesures pour la prévenir et la punir.

- L'intimidation physique peut avoir de graves conséquences pour les victimes , notamment des dommages physiques, des traumatismes psychologiques, une perte d'estime de soi, l'isolement social et même la mort. Il est donc important de prendre des mesures pour prévenir l'intimidation physique, assurer la sécurité de tous les membres de la communauté et créer un environnement convivial et solidaire pour chacun.

Le harcèlement physique peut entraîner diverses conséquences graves, tant pour les victimes que pour la société dans son ensemble. Les conséquences les plus évidentes du harcèlement physique sont des blessures immédiates telles que des contusions, des fractures, des écorchures et des contusions. Ces blessures peuvent varier de mineures à graves, selon la nature de l'attaque.

Le harcèlement physique peut également laisser de profondes

marques psychologiques sur les victimes. Ils peuvent souffrir de peur, d'anxiété, de dépression, de troubles de stress post-traumatique et d'autres problèmes psychologiques pouvant avoir un impact négatif sur leur bien-être émotionnel et mental. Les attaques et humiliations constantes peuvent réduire considérablement l'estime de soi de la victime. Ils peuvent commencer à croire les déclarations négatives qui leur ont été faites à leur sujet et se sentir indignes, impuissants et sans valeur.

Les victimes de harcèlement physique peuvent souffrir d'isolement social et d'aliénation. Ils peuvent avoir l'impression qu'ils ne sont en sécurité nulle part et éviter tout contact avec d'autres personnes de peur d'être attaqués.

Dans les cas les plus extrêmes, le harcèlement physique peut entraîner des blessures graves, voire la mort de la victime. Cela peut se produire en raison d'un traumatisme grave, d'un suicide dû à une souffrance psychologique ou d'autres conséquences mortelles d'attaques.

Pour prévenir le harcèlement physique, il est important de proposer des programmes éducatifs, de promouvoir une culture de respect et de tolérance, et de fournir des réponses efficaces à la violence et à la protection des victimes. Créer un environnement sûr et accueillant pour tous les membres de la société est une étape clé vers la prévention du harcèlement physique et la promotion du bien-être de toutes les personnes impliquées.

2 . L'intimidation verbale , également connue sous le nom de violence verbale, est l'une des formes courantes d'intimidation dans laquelle l'intimidateur utilise des attaques verbales ou des menaces pour causer du tort ou des dommages à la victime. Ce type d'intimidation peut se manifester de diverses manières, notamment des insultes, des menaces, des réprimandes, des humiliations, des propos désobligeants, des propos méprisants et la diffusion de rumeurs ou de calomnies.

Les principales caractéristiques de l'intimidation verbale sont les suivantes : Elle implique des insultes, des humiliations, des moqueries, des menaces et d'autres formes de communication verbale destinées à causer un préjudice émotionnel. Peut également inclure la diffusion de ragots ou de fausses informations sur la victime.

- Attaques verbales : L'agresseur peut utiliser un langage insultant ou désobligeant pour blesser ou humilier la victime. Cela peut viser son apparence, son intelligence, son statut social, ses relations familiales ou d'autres caractéristiques personnelles.

- Menaces : L'agresseur peut menacer la victime de violence physique, d'isolement émotionnel ou social, de chantage ou d'autres formes d'influence négative. Cela peut créer des sentiments de peur, d'anxiété et d'inquiétude quant à la sécurité de la victime.

- Abus et humiliation : L'agresseur peut ridiculiser la victime, critiquer ses actions ou ses réussites, évoquer des sujets moqueurs ou faire des commentaires qui lui causent une douleur psychologique et une humiliation.

- Diffusion de rumeurs et de calomnies : L'agresseur peut diffuser des informations fausses ou négatives sur la victime afin de porter atteinte à sa réputation et à son statut social.

L'intimidation verbale peut avoir de graves conséquences pour la victime, notamment une faible estime de soi, de l'anxiété, de la dépression, de l'isolement social, des problèmes de comportement et de réussite scolaire, ainsi que le risque de développer des problèmes psychologiques plus graves. Par conséquent, il est important de prendre des mesures pour prévenir l'intimidation verbale, assurer la sécurité et le soutien de la victime, et condamner et punir l'intimidateur pour ses actes.

De plus, il convient de noter que l'intimidation verbale peut survenir dans divers contextes, notamment en milieu scolaire, sur le lieu de travail, dans les relations familiales, sur les plateformes en ligne et dans les lieux publics. Cela signifie que les victimes peuvent être confrontées à des menaces et à des abus non seulement à l'école ou dans un établissement d'enseignement, mais également dans d'autres aspects de leur vie.

L'intimidation sous forme d'attaques verbales peut être particulièrement préjudiciable à la victime en raison de son caractère direct et publicitaire. Parce que les mots peuvent pénétrer l'esprit et provoquer des réactions émotionnelles, l'intimidation verbale peut laisser de profondes blessures sur le plan psychologique. De plus, ce type de harcèlement peut avoir un large public, notamment dans le cas d'œuvres en ligne telles que des publications sur les réseaux sociaux ou des commentaires sur des forums en ligne, ce qui augmente la vulnérabilité de la victime.

Pour lutter contre l'intimidation verbale, il est important de promouvoir une culture de respect et de tolérance, dans laquelle les attitudes négatives envers autrui ne sont ni accueillies ni tolérées. Enseigner l'empathie, les compétences en communication et la gestion des conflits peut également contribuer à prévenir l'intimidation verbale et à créer un environnement plus favorable à tous les membres de la société.

3 . Le harcèlement social ou relationnel vise à détruire ou à porter atteinte aux relations sociales et à la réputation de la victime. Cela inclut l'exclusion du groupe, la propagation de rumeurs, l'humiliation publique et la création de situations dans lesquelles la victime se sent seule ou rejetée.

Le harcèlement social ou relationnel est une forme d'agression visant à détruire ou à porter atteinte aux relations sociales et à la réputation de la victime. Ce type de harcèlement n'implique souvent pas d'actes physiques, mais peut avoir de graves conséquences psychologiques pour la victime.

L'une des principales stratégies d'intimidation sociale est l'exclusion du groupe. Les agresseurs peuvent « isoler » la victime en ignorant sa présence, en ignorant ses opinions ou en ne l'incluant pas délibérément dans des activités ou des interactions. Cela crée un sentiment d'aliénation et de solitude chez la victime, ce qui peut sérieusement affecter son bien-être émotionnel et son estime de soi.

Une autre technique courante d'intimidation sociale consiste à répandre des rumeurs et des commérages sur la victime. Les agresseurs peuvent diffuser activement des informations fausses ou offensantes sur la victime, ce qui peut entraîner son discrédit et une détérioration des relations avec d'autres personnes. Cela crée une atmosphère de méfiance et d'hostilité autour de la victime, ce qui peut la rendre vulnérable à d'autres formes d'agression.

L'humiliation publique est une autre stratégie courante d'intimidation sociale. Cela inclut les insultes, le ridicule, l'intimidation et d'autres formes d'humiliation publique devant autrui. Le but est de susciter la honte et la peur chez la victime, de l'humilier aux yeux des autres et d'asseoir l'agresseur dans le rôle de dominant.

Le harcèlement social peut également se manifester par la création de situations dans lesquelles la victime se sent seule ou rejetée. Les agresseurs peuvent organiser des événements ou des fonctions spécialement organisés auxquels ils invitent tout le monde sauf la victime, ou créer un environnement dans lequel la victime se sent isolée du reste du groupe.

En général, le harcèlement social ou relationnel peut avoir de graves conséquences psychologiques pour la victime, notamment une mauvaise santé mentale, la dépression, l'anxiété, l'isolement social et des problèmes scolaires ou professionnels. Ce type d'intimidation nécessite une attention et une action sérieuses de la part de la société, y compris des programmes éducatifs visant à créer une culture de respect et de tolérance, ainsi que des mesures pour soutenir les victimes et lutter contre les comportements agressifs.

Le harcèlement social ou relationnel repose souvent sur les tentatives de l'intimidateur de renforcer sa position dans un groupe ou une société en détruisant ou en portant atteinte à la réputation sociale de la victime. Ce type de harcèlement se produit souvent chez les adolescents et les jeunes adultes lorsque les relations sociales deviennent particulièrement importantes et que la vulnérabilité à la pression des pairs augmente. Elle peut se manifester dans divers domaines de la vie, notamment à l'école, sur le lieu de travail, dans les espaces en ligne, dans les relations familiales et lors d'événements sociaux.

De plus, le harcèlement social implique souvent l'usage du pouvoir et du contrôle. Les agresseurs peuvent chercher à s'imposer dans un rôle dominant dans un groupe en contrôlant le comportement et les décisions des autres. Cela peut être une tentative de compenser sa faible estime de soi ou son sentiment d'infériorité, ainsi qu'un moyen de renforcer son statut et son influence.

En outre, le harcèlement social peut également avoir des conséquences indirectes pour la victime, telles qu'une détérioration des relations avec les autres, une perte de confiance envers les autres, une augmentation de l'anxiété et de la dépression. Cela peut avoir des conséquences négatives non seulement sur le bien-être et la santé mentale de la victime, mais aussi sur son adaptation sociale et sa réussite dans divers domaines de la vie.

La lutte contre le harcèlement social nécessite des mesures globales qui incluent non seulement la punition des intimidateurs, mais également l'enseignement de l'empathie, du respect et de la tolérance, ainsi que la création d'un environnement favorable et sûr pour tous les membres de la société. Cela peut inclure le développement de programmes de lutte contre l'intimidation, un soutien psychologique aux victimes et aux intimidateurs, ainsi que des efforts d'éducation et de sensibilisation.

4 . L'intimidation psychologique comprend la manipulation, les menaces, l'intimidation et d'autres actions visant à provoquer la peur ou une faible estime de soi chez la victime. Peut également inclure des menaces de préjudice envers elle-même ou envers autrui si la victime ne se conforme pas à certaines exigences.

Le harcèlement psychologique est une forme de violence qui peut être cachée et difficile à détecter, mais qui peut en même temps avoir de graves conséquences pour la victime. Ce type d'intimidation se caractérise par le recours à la manipulation, aux menaces, à l'intimidation et à d'autres techniques psychologiques pour provoquer de la peur, de l'anxiété, une faible estime de soi et un sentiment d'impuissance chez la victime. L'intimidation psychologique peut survenir dans divers domaines de la vie, comme l'école, la famille, le lieu de travail et même en ligne.

L'une des caractéristiques du harcèlement psychologique est qu'il peut être invisible pour les autres, car les manipulations et les menaces se produisent souvent en dehors de la perception directe des autres. Cela peut rendre difficile la reconnaissance et l'arrêt. Les agresseurs peuvent recourir à diverses tactiques telles que l'isolement, l'humiliation, le chantage, la négligence et de fausses accusations pour réprimer la victime et prendre le contrôle de son comportement et de ses pensées.

L'intimidation psychologique peut également inclure des menaces de préjudice envers soi-même ou contre autrui si la victime n'accepte pas les demandes de l'intimidateur. Cela peut laisser la victime se sentir coupable, craintive et inquiète pour sa propre sécurité ou celle des autres. Dans certains cas, les agresseurs peuvent recourir à des menaces d'automutilation ou de suicide pour manipuler la victime et l'amener à faire ce qu'elle veut.

Les conséquences de l'intimidation psychologique peuvent être graves et inclure des niveaux accrus de stress, d'anxiété et de dépression chez la victime, ainsi qu'une diminution de l'estime de soi et du sentiment d'estime de soi. Cela peut entraîner un isolement social, des problèmes relationnels et parfois le développement de troubles mentaux.

La prévention du harcèlement psychologique nécessite des mesures globales qui incluent non seulement l'enseignement de l'empathie et du respect, mais également l'enseignement des compétences interpersonnelles, le développement de la réflexion et de la conscience de soi et la création d'un environnement convivial et solidaire dans lequel chacun se sent en sécurité et respecté.

De plus, il est important de noter que l'intimidation psychologique peut survenir aussi bien dans le monde réel que dans un environnement virtuel. En ligne, les intimidateurs peuvent utiliser des outils tels que les réseaux sociaux, la messagerie, les forums et les salons de discussion pour démontrer leur pouvoir et leur domination sur leurs victimes. Cela peut inclure des insultes, des menaces, des moqueries, des humiliations publiques et la propagation de rumeurs sur les victimes.

De plus, l'intimidation psychologique peut être un processus chronique et à long terme qui se poursuit sur une longue période. Cela peut créer un sentiment constant de tension, d'inquiétude et d'anxiété chez la victime, ainsi qu'affaiblir sa stabilité psychologique et sa capacité à faire face efficacement à la situation.

Il est important de rappeler que le harcèlement psychologique est une forme de violence et qu'il n'est pas moins grave que le harcèlement physique ou verbal. Elle peut avoir des effets dévastateurs sur la santé mentale et le bien-être de la victime, il est donc important de prendre des mesures pour la prévenir et la contrôler. Cela inclut l'apprentissage de la communication et de l'empathie, la création d'un environnement sûr et favorable et l'adoption d'une tolérance zéro pour toute forme de violence et de discrimination.

5 . La cyberintimidation se produit via des plateformes numériques telles que les réseaux sociaux, les SMS, les e-mails et les sites Web. Comprend les insultes et menaces sur Internet, la diffusion d'informations fausses ou compromettantes et la création de groupes ou de pages humiliantes sur les réseaux sociaux.

La cyberintimidation est une forme d'intimidation qui se produit via les plateformes numériques telles que les réseaux sociaux, les SMS, les e-mails et les sites Web. Ce type d'intimidation se caractérise par l'utilisation de la technologie pour perturber, humilier, intimider ou autrement nuire à autrui. La cyberintimidation peut prendre de nombreuses formes et manifestations, notamment les suivantes :

- Abus et menaces en ligne : cela inclut l'envoi d'insultes, de menaces et de messages haineux via les réseaux sociaux, les forums ou d'autres plateformes en ligne. Cela peut s'adresser à une personne spécifique ou à des groupes de personnes.

- Diffusion d'informations fausses ou préjudiciables : La cyberintimidation peut également impliquer la publication en ligne d'informations fausses ou désobligeantes sur une personne. Il peut s'agir de diffusion de rumeurs, de fausses photos ou de vidéos dont le but est de nuire à la réputation de la victime.

- Création de groupes ou de pages humiliantes sur les réseaux sociaux : Il s'agit du moment où un groupe de personnes se rassemble sur les réseaux sociaux pour insulter, humilier ou se moquer de certains individus ou groupes. Ces groupes peuvent être anonymes ou ouverts, mais leur objectif reste le même : détruire la réputation ou causer un préjudice émotionnel à leurs victimes.

- Trolling : Il s'agit d'une forme de cyberintimidation qui consiste à tenter délibérément de provoquer des émotions négatives chez les autres internautes par le biais de provocations, d'insultes ou de ridicule.

- Harcèlement en ligne : c'est lorsqu'un cyberintimidateur prend des mesures pour s'imposer en ligne à la victime, par exemple par le biais de messages intrusifs, d'appels indésirables ou d'espionnage d'activités en ligne.

- Usurpation d'identité : c'est lorsqu'un attaquant crée de faux profils ou d'autres faux comptes en ligne dans le but de nuire ou de discréditer l'identité d'une autre personne.

- Ridicule et harcèlement : cela inclut le harcèlement en ligne, qui peut viser l'apparence, l'intelligence, le statut social ou d'autres caractéristiques de la personnalité.

La cyberintimidation peut avoir de graves conséquences sur la santé mentale, le bien-être émotionnel et l'adaptation sociale de la victime. Cela peut conduire à la dépression, à l'anxiété, à l'isolement social et, dans certains cas, même au suicide.

De plus, la cyberintimidation peut avoir des conséquences plus immédiates. Par exemple, cela peut conduire à des violations de la vie privée, au vol d'informations personnelles ou même au cyberharcèlement dans le monde réel. Les victimes de cyberintimidation peuvent être confrontées à un stress et à une anxiété à long terme, surtout si elles sont constamment ciblées en ligne.

L'une des caractéristiques de la cyberintimidation est son anonymat potentiel. L'attaquant peut cacher son identité derrière de faux profils ou des comptes anonymes, ce qui rend difficile l'identification et la punition des auteurs. Cela augmente également le niveau de peur et d'impuissance des victimes, qui peuvent se sentir incapables de se défendre contre des attaques injustes.

La cyberintimidation peut également avoir un impact négatif sur l'environnement éducatif. Cela peut entraîner une diminution des performances scolaires en raison du stress et de la distraction causés par les attaques constantes en ligne. En outre, cela peut créer un environnement de classe défavorable, érodant la confiance et la coopération entre les étudiants.

La lutte contre la cyberintimidation nécessite des mesures globales, notamment une éducation au comportement éthique en ligne, la création de politiques de sécurité en ligne plus strictes et la fourniture d'un soutien et d'une assistance psychologiques aux victimes. Il est également important d'encourager l'ouverture et la confiance afin que les victimes se sentent en confiance pour demander de l'aide.

6 . Boycotter. Il apparaît sous deux formes, dans des environnements réels et virtuels. Il s'agit d'une forme mixte de harcèlement psychologique et de cyberharcèlement, qui se manifeste par le fait que la victime est exclue de tous les cercles de communication de la vie sociale ou sur Internet. Groupes, chats, pages publiques – toute plateforme où ont lieu des communications de groupe ou des réunions.

Le boycott comprend une forme de harcèlement psychologique et de cyberharcèlement, qui se caractérise par l'exclusion de la victime des cercles sociaux, que ce soit dans la vie réelle ou dans un environnement virtuel. Ce phénomène implique un refus d'inclure la victime dans divers groupes, chats, communautés ou lieux publics où ont lieu l'interaction et la communication collectives.

Dans la vraie vie, un boycott peut se manifester par le fait d'ignorer ouvertement la victime, en l'excluant des événements généraux, des jeux, des activités de groupe ou des rencontres entre amis. Cela peut laisser la victime se sentir isolée, invisible et aliénée, ce qui a de graves conséquences sur son bien-être mental et émotionnel.

Dans le monde virtuel, un boycott peut se manifester par l'exclusion de la victime des groupes en ligne, des chats, des forums ou des réseaux sociaux. Par exemple, les participants peuvent refuser d'inviter la victime à des jeux en ligne, l'exclure des discussions ou même créer des communautés spéciales destinées à l'isoler et à l'humilier.

Le boycott est un puissant outil de pression psychologique, car il vise à créer chez la victime un sentiment d'indésirabilité, de solitude et de rejet. Cela peut entraîner de graves conséquences négatives sur la santé mentale, telles que la dépression, l'anxiété, une faible estime de soi et un risque accru de développer des problèmes sociaux et psychologiques à l'avenir.

Lutter contre un boycott nécessite une surveillance et une intervention étroites de la part des parents, des enseignants, des administrateurs de plateformes en ligne et de la communauté dans son ensemble. Il est important de créer des environnements sûrs et solidaires où chacun se sent inclus et respecté, et de proposer des programmes de formation sur la tolérance, l'empathie et le respect d'autrui.

Dans le contexte d'un boycott, il est également important de comprendre qu'il ne s'agit pas seulement d'une forme d'influence psychologique et sociale sur la victime, mais aussi d'un outil de contrôle et de manipulation de la part des agresseurs. De telles actions peuvent être utilisées pour établir le pouvoir et la domination sur les autres, ainsi que pour maintenir la dynamique de groupe et la hiérarchie dans l'environnement social.

Un boycott peut être basé sur divers motifs, notamment des conflits personnels, l'envie, le désir de dominer ou de montrer sa supériorité, le refus d'accepter une certaine personne dans la communauté en raison de ses caractéristiques ou de ses principes, etc. Quelle que soit la motivation, un boycott laisse une empreinte profonde sur le psychisme de la victime et peut avoir de graves conséquences sur son bien-être émotionnel et social.

Il est important de noter qu'un boycott peut être extrêmement traumatisant pour la victime, surtout si elle se sent rejetée par son entourage. Cela peut entraîner une perte de confiance envers les autres, une diminution de l'estime de soi et le développement de divers problèmes psychologiques, notamment la dépression et la phobie sociale.

Les mesures préventives visent à créer un environnement inclusif et convivial où chaque membre de la communauté se sent accepté et respecté. Cela comprend l'éducation et la formation des membres de la communauté sur les dangers du boycott, ainsi que l'enseignement de compétences en matière d'intelligence émotionnelle qui aident à gérer efficacement les conflits et les situations de tension interpersonnelle.

7 . L'intimidation et le harcèlement sexuels comprennent les remarques, blagues, gestes ou actions physiques à caractère sexuel non désirés qui peuvent être perçus comme du harcèlement sexuel . Peut également inclure le partage de rumeurs sexuelles ou de photographies ou de vidéos compromettantes sans consentement. Les deepfakes à thème sexuel entrent également dans cette catégorie.

L'intimidation et le harcèlement sexuels sont une forme d'agression qui implique des remarques, des blagues, des gestes ou des actions physiques à caractère sexuel non désirés qui peuvent être perçus comme du harcèlement sexuel ou un comportement indécent. Ce type d'intimidation peut avoir de graves conséquences négatives pour la victime, notamment un traumatisme psychologique, une perte d'estime de soi, de la peur et une dépression.

L'intimidation sexuelle peut survenir dans divers domaines de la vie, notamment en milieu scolaire, sur le lieu de travail, dans les groupes sociaux ou sur les plateformes en ligne. Elle peut se manifester soit ouvertement, lorsque l'agresseur affiche délibérément son comportement indécent devant d'autres personnes, soit sous une forme cachée, lorsque la victime est confrontée à des actes ou à des commentaires sexuels non désirés qui peuvent être moins évidents pour les autres.

De plus, l'intimidation sexuelle peut impliquer la propagation de rumeurs sexuelles ou de documents préjudiciables sur la victime sans son consentement. Cela peut entraîner des sentiments de honte, d'humiliation et d'isolement social de la part de la victime.

Un autre aspect de l'intimidation sexuelle concerne les deepfakes à thème sexuel. Les deepfakes sont de fausses vidéos ou images créées à l'aide de techniques de deepfake qui peuvent être utilisées pour ternir ou humilier une victime.

Il est important de comprendre que l'intimidation et le harcèlement sexuels sont des formes de violation des limites personnelles et du droit de chacun à protéger sa sphère intime. La prévention et la lutte contre ce type de harcèlement impliquent la formation et l'éducation, ainsi que l'élaboration de règles et de politiques strictes visant à prévenir et punir de tels comportements.

L'intimidation et le harcèlement sexuels peuvent avoir de graves conséquences pour la victime. Premièrement, être exposé à des commentaires, des blagues ou des actions à caractère sexuel non désiré peut provoquer chez la victime un sentiment de peur, d'inquiétude et d'anxiété. Cela peut entraîner une aggravation des problèmes de santé mentale, notamment la dépression et les troubles anxieux.

De plus, l'intimidation sexuelle peut nuire à l'estime de soi et à la détérioration des relations avec les autres, car la victime peut se sentir vulnérable et inférieure en raison des commentaires et des actions négatives reçues.

La diffusion de rumeurs sexuelles ou de matériel préjudiciable à l'égard d'une victime peut avoir de graves conséquences sur sa réputation et sa vie sociale. La victime peut être confrontée au jugement des autres, ainsi qu'à l'isolement social et au rejet.

Dans les cas où l'intimidation sexuelle se transforme en harcèlement physique ou en harcèlement, la victime peut être confrontée à des dommages physiques, voire à un danger pour sa vie.

Il est donc important de considérer le harcèlement sexuel comme une violation grave des droits et de la dignité individuels, nécessitant une intervention et un soutien immédiats à la fois pour la victime et pour prévenir des incidents similaires à l'avenir. Cela comprend l'éducation et l'éducation de la communauté sur la question de l'intimidation sexuelle, la création d'un environnement sûr et favorable et la punition sévère de ce type de comportement.

8 . Le harcèlement discriminatoire repose sur la discrimination d'une victime fondée sur la race, la nationalité, le sexe, l'orientation sexuelle, la religion, les capacités physiques ou mentales. Comprend les actions ou déclarations qui dénigrent ou excluent des personnes en fonction de leur identité.

L'intimidation discriminatoire est une forme de comportement négatif fondé sur la discrimination et la dépréciation des personnes en raison de leur identité, comme la race, la nationalité, le sexe, l'orientation sexuelle, la religion ou les capacités physiques ou mentales. Cette forme d'intimidation peut survenir dans divers contextes, notamment dans les établissements d'enseignement, sur les lieux de travail, dans les espaces publics et même dans le cadre familial ou en ligne.

L'intimidation discriminatoire peut inclure un large éventail d'actions ou de déclarations visant à rabaisser ou à exclure la victime en raison de ses caractéristiques. Cela peut inclure des commentaires désobligeants, des insultes, des moqueries, des menaces, de l'isolement ou même des violences physiques. Par exemple, une personne peut faire l'objet de propos discriminatoires au travail en raison de sa race ou de son orientation sexuelle, ou encore des enfants peuvent être victimes de discrimination à l'école en raison de leur condition physique ou mentale.

Les conséquences d'un harcèlement discriminatoire peuvent être extrêmement graves pour la victime. Cela peut entraîner des problèmes psychologiques tels que la dépression, les troubles anxieux, une faible estime de soi et l'isolement social. Dans les cas où la discrimination se traduit par des violences physiques, la victime peut être exposée à des blessures, voire à un danger de mort.

Pour prévenir le harcèlement discriminatoire, il est nécessaire d'éduquer et d'éduquer la société sur l'importance de l'égalité et du respect des différences, ainsi que sur les conséquences des comportements discriminatoires. Il est important de créer des environnements sûrs et inclusifs, tant dans les écoles, sur les lieux de travail que dans les lieux publics, où chacun se sent en sécurité et respecté, quelle que soit son identité. En outre, des lois et des politiques doivent être élaborées et mises en œuvre pour protéger les droits et la dignité de tous les citoyens et pour punir sévèrement les actes ou discours discriminatoires.

L'intimidation discriminatoire crée un large éventail de conséquences négatives pour la victime. En voici quelques uns:

1. Conséquences psychologiques : Les victimes d'intimidation discriminatoire peuvent être confrontées à des problèmes psychologiques tels que la dépression, des troubles anxieux, une faible estime de soi et un moins bon bien-être mental en général.

Les effets psychologiques de l'intimidation discriminatoire peuvent être importants et avoir de graves conséquences sur la santé mentale de la victime. Voici une description plus détaillée de ces conséquences :

- Dépression : Une discrimination persistante peut provoquer ou aggraver les symptômes de dépression chez la victime. Cela peut se manifester par des sentiments de vide, un manque de joie de vivre, une perte d'intérêt pour les activités normales et un isolement social.

- Troubles anxieux : Les victimes de harcèlement discriminatoire peuvent souffrir de troubles anxieux tels qu'une anxiété généralisée, une phobie sociale ou des crises de panique. Cela peut se manifester par une anxiété excessive, une inquiétude quant à l'avenir et une peur des situations sociales.

- Faible estime de soi : une discrimination constante peut affaiblir l'estime de soi de la victime et conduire à des sentiments d'infériorité, d'indignité et à une image de soi négative. Cela peut entraver leur capacité à s'adapter et à prendre des décisions efficaces.

- Détérioration du bien-être mental global : la discrimination peut aggraver d'autres problèmes de santé mentale et entraîner une détérioration globale du bien-être. Les victimes peuvent éprouver des difficultés à établir des relations saines, une qualité de vie réduite et même un risque accru de développer des troubles mentaux plus graves.

Ces conséquences psychologiques peuvent avoir de graves conséquences sur la qualité de vie de la victime et nécessitent une intervention prudente, notamment le soutien de psychologues, de psychiatres ou d'autres professionnels de la santé mentale. Reconnaître et reconnaître ces conséquences constitue une étape importante dans la lutte contre la discrimination et la création d'un environnement plus favorable et inclusif pour tous.

2. Isolement social : les victimes peuvent se sentir isolées de la société en raison de la peur ou de la honte causée par un comportement discriminatoire. Ils peuvent éviter de socialiser avec les autres, d'éviter les événements sociaux ou les situations où ils pourraient être victimes de discrimination.

L'isolement social est l'une des conséquences les plus courantes du harcèlement discriminatoire. Cela signifie que les victimes se sentent éloignées de la société et évitent tout contact avec les autres en raison de la peur, de la honte ou de la douleur causée par un comportement discriminatoire. Voici une description plus détaillée de ce phénomène :

- Sentiments de peur et de honte : les victimes de discrimination peuvent ressentir de la peur ou de la honte à l'idée d'être ciblées en raison de leur identité ou de leurs caractéristiques. Ils peuvent hésiter à rencontrer de nouvelles personnes en raison d'une éventuelle discrimination ou de réactions négatives à l'égard de leur personnalité.

- Évitement social : les victimes peuvent éviter de communiquer avec les autres pour éviter d'éventuelles situations de discrimination ou de harcèlement. Cela peut inclure d'éviter les événements sociaux, les activités scolaires ou les réunions de travail où ils pourraient être victimes de discrimination.

- Aliénation : L'isolement peut conduire à un sentiment d'aliénation par rapport à la société et au groupe social. Les victimes peuvent se sentir incapables d'interagir avec les autres ou d'être acceptées dans la communauté en raison de leur identité ou de leur statut.

- Conséquences psychologiques : L'isolement social peut entraîner une augmentation des problèmes psychologiques tels que la dépression, les troubles anxieux et une faible estime de soi. Le manque de soutien et de liens sociaux peut rendre ces problèmes encore plus aigus et difficiles à contrôler.

- Qualité de vie altérée : L'isolement peut avoir un impact considérable sur la qualité de vie de la victime, interférant avec son adaptation sociale, son développement relationnel et sa réalisation personnelle. Cela peut conduire à des sentiments de solitude, d'impuissance et de perte d'espoir.

L'isolement social est une conséquence grave et courante du harcèlement discriminatoire et nécessite de l'empathie, de la compréhension et du soutien de la part des autres pour aider les victimes à faire face et à retrouver leur lien social.

3. Conséquences physiques : Dans les cas où la discrimination entraîne des violences physiques, les victimes peuvent subir diverses blessures, y compris des blessures graves pouvant nécessiter des soins médicaux et une rééducation.

Les conséquences physiques de la discrimination peuvent être graves et inclure un large éventail de blessures pouvant avoir un impact significatif sur la santé et le bien-être des victimes. Voici une description plus détaillée :

- Blessures et dommages : les victimes de discrimination peuvent subir divers types de blessures, notamment des contusions, des fractures, des écorchures, des blessures, etc. La violence physique peut entraîner des blessures physiques graves telles que des fractures, des commotions cérébrales, des lésions des organes internes, etc. d.

- Besoin médical : les victimes peuvent avoir besoin de soins et de traitements médicaux pour soigner leurs blessures et leurs dommages. Cela peut inclure des visites chez le médecin, une hospitalisation, une intervention chirurgicale, des médicaments et une thérapie physique.

- Effets psychologiques : La violence physique peut provoquer des effets psychologiques graves tels que le trouble de stress post-traumatique (SSPT), la dépression, les troubles anxieux et d'autres problèmes psychologiques. Les victimes peuvent ressentir de la peur, de l'anxiété et des souvenirs douloureux de l'incident.

- Atteinte à la santé : La violence physique peut avoir un impact négatif sur la santé globale et le bien-être de la victime. Cela peut entraîner des douleurs chroniques, un handicap, une mauvaise fonction physique et d'autres problèmes de santé graves.

- Réadaptation et rétablissement : les victimes peuvent avoir besoin d'une récupération et d'une réadaptation approfondies suite à des violences physiques. Cela peut inclure une thérapie physique, un soutien psychologique, le soutien d'un travailleur social et d'autres mesures pour les aider à faire face aux effets du traumatisme.

Les conséquences physiques de la discrimination peuvent être graves et nécessitent une approche globale du traitement et du soutien aux victimes pour les aider à faire face aux dégâts et à reprendre une vie normale.

4. Traumatisme émotionnel et psychologique : L'intimidation fondée sur la discrimination peut causer des dommages importants au bien-être émotionnel de la victime, provoquant des sentiments de peur, d'anxiété, de rage, d'humiliation et d'impuissance.

Le traumatisme émotionnel et psychologique provoqué par le harcèlement discriminatoire peut avoir de profondes conséquences pour la victime. Voici des informations complémentaires et des conséquences pour la victime exposée :

- Aggravation de l'état émotionnel : Les victimes peuvent vivre des expériences émotionnelles intenses telles que la peur, l'anxiété, la rage, l'humiliation et l'impuissance. Ces émotions peuvent être si fortes qu'elles affectent la vie quotidienne et la capacité de fonctionner en société.

- Problèmes psychologiques : L'intimidation discriminatoire peut déclencher le développement de problèmes psychologiques tels que la dépression, les troubles anxieux, le trouble de stress post-traumatique (SSPT), les troubles de l'estime de soi et d'autres troubles mentaux.

- Isolement social : les victimes peuvent se sentir isolées de la société en raison de leurs expériences de discrimination. Ils peuvent essayer d'éviter tout contact avec les autres, et l'isolement peut entraîner une détérioration des relations avec leurs amis, leur famille et leurs collègues.

- Dommages à l'estime de soi : le harcèlement discriminatoire peut entraîner une grave détérioration de l'estime de soi et un sentiment d'infériorité chez la victime. Ils peuvent commencer à croire aux déclarations négatives et aux stéréotypes qui leur sont adressés, ce qui peut affecter leur confiance et leur estime de soi.

- Souvenirs traumatiques : les victimes peuvent éprouver des souvenirs traumatisants répétés de l'incident, qui peuvent apparaître sous la forme de cauchemars, de flashbacks ou de réactions émotionnelles intenses lorsqu'elles sont confrontées à des situations qui leur rappellent l'intimidation.

- Menace de vie et suicide : dans des cas extrêmes, l'intimidation discriminatoire peut mettre la vie de la victime en danger. Ils peuvent se sentir rejetés et impuissants, ce qui conduit à des pensées ou à des tentatives de suicide.

Comprendre ces conséquences est important pour élaborer des stratégies efficaces visant à soutenir et à protéger les victimes d'intimidation discriminatoire et à prévenir leur apparition.

5. Mauvais résultats scolaires et professionnels : l'intimidation discriminatoire peut entraîner une diminution des résultats scolaires ou de mauvais résultats professionnels en raison du stress, de la dépression et d'autres états émotionnels négatifs.

Les mauvais résultats scolaires et professionnels sont une conséquence grave du harcèlement discriminatoire et peuvent avoir un impact significatif sur la victime. Voici des informations complémentaires et des conséquences pour la victime exposée :

- Diminution des notes et des résultats scolaires : l'intimidation discriminatoire peut provoquer du stress, de l'anxiété et de la dépression chez la victime, ce qui affecte négativement sa capacité à étudier et à terminer ses devoirs. La victime peut éprouver des difficultés de concentration, de mémoire et de motivation, ce qui entraîne une baisse des notes et des résultats scolaires.

- Perte d'intérêt pour l'apprentissage : La présence constante d'intimidations discriminatoires peut amener la victime à perdre tout intérêt pour l'apprentissage et l'apprentissage. Elle peut ne pas se sentir sûre de ses capacités ou avoir le sentiment que ses efforts sont vains en raison des attitudes négatives constantes de ses agresseurs.

- Limitation des opportunités de carrière : Le harcèlement discriminatoire sur le lieu de travail peut entraver l'avancement et le développement de carrière de la victime. Elle peut avoir des difficultés à établir des contacts professionnels, à obtenir des promotions ou à accéder à de nouvelles opportunités en raison de la discrimination de la part de ses collègues ou de ses supérieurs.

- Problèmes psychologiques : La détérioration des performances scolaires et professionnelles peut aggraver les problèmes psychologiques de la victime, tels que la dépression, les troubles anxieux et la diminution de l'estime de soi. Cela crée un cercle vicieux dans lequel les émotions négatives sont renforcées par des résultats insatisfaisants, et les résultats insatisfaisants renforcent les émotions négatives.

- Prendre du retard sur ses collègues et ses pairs : les victimes d'intimidation discriminatoire peuvent prendre du retard sur leurs collègues ou leurs pairs en raison du stress constant et de l'impact négatif de la discrimination sur elles. Cela peut entraîner une diminution de l'estime de soi et de la confiance en soi, ainsi qu'un isolement social.

6. Perte de confiance en soi : Une exposition constante à la discrimination peut conduire à une perte de confiance en soi, ainsi qu'en ses propres capacités et capacités, ce qui peut entraver le développement personnel et la réalisation de soi.

La perte de confiance en soi est l'une des conséquences les plus graves et les plus dommageables du harcèlement discriminatoire. Les informations supplémentaires et les conséquences pour la victime exposée peuvent inclure :

- Diminution de la motivation et de l'ambition : Une victime qui a perdu confiance en elle à cause de la discrimination peut perdre sa motivation et son ambition pour atteindre ses objectifs. Elle peut commencer à se sentir incapable de réussir à cause des expériences négatives qu'elle vit.

- Manque d'initiative : La perte de confiance en soi peut entraîner un manque d'initiative chez la victime. Elle peut devenir passive et éviter de nouveaux défis ou opportunités en raison de la peur de l'échec ou d'une image de soi négative.

- Perte de sens à la vie : Une discrimination à long terme peut entraîner une perte de sens dans la vie de la victime. Elle peut commencer à douter de sa propre valeur, ce qui peut conduire à la dépression et au désespoir.

- Isolement social : La perte de confiance en soi peut également conduire à l'isolement social. La victime peut se sentir incapable d'entretenir des relations avec d'autres personnes en raison de son image négative d'elle-même et de sa peur du rejet.

- Épuisement physique et psychologique : Le fait de subir constamment une discrimination peut entraîner un épuisement physique et psychologique chez la victime. Elle peut ressentir un stress et des tensions constants, ce qui nuit à sa santé physique et mentale.

7. Perte de confiance dans la société : les expériences de discrimination à long terme peuvent conduire à une perte de confiance dans la société environnante, ainsi que dans les relations interpersonnelles, ce qui peut conduire à l'isolement social et à la perte de liens.

La perte de confiance dans la société est une autre conséquence importante du harcèlement discriminatoire. Les informations supplémentaires et les conséquences pour la victime exposée peuvent inclure :

- Distance interpersonnelle : Une victime qui a perdu confiance dans la société peut commencer à garder ses distances avec les autres. Elle peut éviter tout contact avec des étrangers et même avec des amis proches et des parents par crainte de subir à nouveau la discrimination.

- Manque de soutien : La perte de confiance dans la société peut amener la victime à ne pas rechercher le soutien des autres en période de stress ou de détresse. Elle peut avoir l'impression que personne ne peut comprendre ou soutenir sa situation, ce qui peut aggraver son état émotionnel.

- Participation réduite à la vie sociale : La victime peut se sentir indésirable ou non désirée dans la société et donc réduire sa participation à la vie sociale. Cela peut entraîner une perte d'opportunités de développement personnel et de renforcement des liens sociaux.

- Cynisme et aliénation : Une expérience à long terme de discrimination peut conduire au développement du cynisme et de l'aliénation envers la société. La victime peut commencer à considérer les autres comme des nuisibles potentiels ou des sources d'expériences négatives, ce qui peut accroître son sentiment d'isolement et de solitude.

- Perte d'espoir de changement : La perte de confiance dans la société peut entraîner une perte d'espoir que la situation change à l'avenir. La victime peut commencer à croire que la discrimination est une partie inévitable et immuable de sa vie, ce qui peut conduire à des sentiments d'impuissance et de désespoir.

De telles conséquences peuvent avoir des effets profonds et à long terme sur la vie d'une personne et nécessitent une attention et un soutien sérieux pour rétablir son bien-être psychologique et émotionnel.

9 . L'intimidation économique comprend des actions visant à restreindre l'accès d'une victime à des ressources telles que de l'argent, de la nourriture ou des vêtements, souvent en volant, en extorquant ou en la forçant à dépenser des fonds contre son gré, ainsi qu'en détruisant intentionnellement les biens personnels de la victime.

Le harcèlement économique peut avoir de graves conséquences pour la victime. Les informations supplémentaires et les conséquences pour la victime exposée peuvent inclure :

1. Perte financière : La victime de harcèlement économique peut subir un préjudice sous forme de perte financière. Par exemple, si la victime est obligée d'acheter des choses contre son gré, ou si son argent ou ses objets de valeur sont volés, cela peut entraîner de graves difficultés financières.

Les pertes financières causées par le harcèlement économique peuvent prendre de nombreuses formes et avoir de graves conséquences pour la victime. Voici une description plus détaillée de ce sujet :

- Coercition à dépenser : les agresseurs peuvent forcer la victime à dépenser de l'argent pour diverses choses ou services contre sa volonté. Par exemple, ils peuvent insister pour que la victime paie ses dépenses ou fasse des achats avec elle, menaçant de lui nuire ou de lui causer d'autres conséquences négatives. Cela peut entraîner des dépenses inutiles et une forte pression financière sur la victime.

- Vol d'argent ou d'objets de valeur : Une autre forme d'intimidation économique consiste à voler de l'argent ou des objets de valeur à la victime. Il peut s'agir soit d'un vol ouvert, soit de méthodes cachées, par exemple le vol d'argent dans le portefeuille de la victime ou dans sa chambre. En plus de la perte financière, cela peut également donner à la victime le sentiment que sa vie privée et sa sécurité ont été violées.

- Extorsion : les agresseurs peuvent extorquer de l'argent ou d'autres ressources à la victime en la menaçant de douleur physique, d'isolement social ou d'autres conséquences négatives. Cela peut être une source de stress et d'anxiété pour la victime, car elle peut se sentir obligée de céder aux demandes de l'intimidateur par peur.

-Dommages aux biens personnels : L'intimidation économique peut également impliquer la destruction ou l'endommagement intentionnel des biens personnels de la victime. Par exemple, les agresseurs peuvent endommager ou casser des objets appartenant à la victime, ce qui entraîne des pertes matérielles et un sentiment d'impuissance face au délinquant.

Les pertes financières causées par l'intimidation économique peuvent avoir de graves conséquences sur le bien-être financier, le bien-être psychologique et la qualité de vie globale de la victime. Cela peut entraîner une instabilité financière, du stress et même une perturbation de ses relations sociales et professionnelles.

2. Stress et anxiété : La perte d'accès aux ressources ou la menace constante de dommages économiques peuvent provoquer du stress et de l'anxiété chez la victime. Ils peuvent constamment s'inquiéter de leur situation financière et de la manière d'avoir suffisamment d'argent pour répondre à leurs besoins fondamentaux.

Le stress et l'anxiété provoqués par l'intimidation économique peuvent avoir de graves conséquences sur la victime. Voici une description plus détaillée de ce sujet :

- Anxiété constante : les victimes d'intimidation économique peuvent se sentir constamment anxieuses quant à leur situation financière. Ils peuvent s'inquiéter de la façon de payer leurs factures, de couvrir les dépenses de base telles que la nourriture et le logement, et de savoir comment maintenir leur bien-être financier face à la pression constante d'un agresseur.

- Incapacité à se détendre : les victimes peuvent ressentir une tension et une anxiété constantes, ce qui les empêche de se détendre et de profiter de la vie. Cela peut entraîner des troubles du sommeil, une augmentation du niveau de stress et même des symptômes physiques tels que des maux de tête, des tensions musculaires et des problèmes digestifs.

- Peur de l'avenir : les victimes peuvent éprouver la peur d'un avenir incertain en raison de l'intimidation économique. Ils peuvent s'inquiéter des conséquences à long terme de leur instabilité financière, notamment la possibilité de perdre leur maison, leur emploi ou même leur santé.

- Perte de concentration et de productivité : Un stress et une anxiété constants peuvent distraire la victime des tâches quotidiennes, ce qui peut entraîner une perte de concentration et une diminution de la productivité au travail ou à l'école. Cela peut aggraver leurs résultats scolaires et professionnels, aggravant leur situation financière et exacerbant encore leur stress.

Le stress et l'anxiété provoqués par le harcèlement économique peuvent avoir de graves conséquences sur le bien-être général de la victime, altérant son bien-être psychologique, ses relations sociales et ses opportunités professionnelles.

3. Violation de la dignité : Lorsqu'une victime est contrainte de dépenser de l'argent contre sa volonté ou risque le vol ou la destruction de ses biens, cela peut conduire à une violation de sa dignité. Ils peuvent se sentir vulnérables et impuissants face à l'agresseur.

La perte de dignité causée par le harcèlement économique a de graves conséquences sur le bien-être psychologique de la victime. Voici une description plus détaillée de ce problème :

- Perte d'estime de soi : Lorsque la victime est obligée de dépenser de l'argent ou est confrontée au vol de ses biens, cela peut entraîner une perte d'estime de soi. Ils peuvent se sentir incapables de protéger leurs intérêts financiers et personnels, ce qui mine leur confiance en eux et leur estime de soi.

- Sentiments d'impuissance : les victimes de harcèlement économique peuvent se sentir impuissantes face à l'intimidateur. Ils peuvent percevoir leur dépendance et leur manque de contrôle sur leur propre situation, ce qui augmente leur sentiment de vulnérabilité et d'impuissance.

- Atteinte à l'estime de soi : La violation de la dignité peut entraîner une atteinte à l'estime de soi. Les victimes peuvent commencer à douter de leurs propres capacités et de leur valeur en tant qu'individus, surtout si elles sont incapables de se protéger contre les abus économiques.

- Se sentir humilié : lorsque les victimes sont victimes d'intimidation économique, elles peuvent se sentir humiliées et rabaissées. Cela peut être particulièrement difficile pour eux si d'autres personnes autour d'eux soutiennent ou justifient les actions de l'intimidateur.

La perte de dignité causée par le harcèlement économique peut avoir de graves conséquences sur le bien-être émotionnel et psychologique de la victime, nuisant à sa confiance en elle et à son estime de soi. Cela peut créer des blessures à long terme et rendre difficile la récupération après de tels événements.

4. Limitation des opportunités : L'intimidation économique peut limiter l'accès de la victime aux ressources nécessaires à son développement personnel et professionnel. Par exemple, la victime peut ne pas être en mesure d'obtenir une éducation ou d'accéder au matériel ou aux services nécessaires en raison de pertes financières.

L'intimidation économique a un impact significatif sur la victime, limitant ses opportunités dans divers domaines de la vie. Voici une description plus détaillée de ce problème :

- Éducation : L'un des principaux aspects affectés par le harcèlement économique est l'accès à l'éducation. La victime peut avoir du mal à payer le matériel d'étude, les livres et les frais de scolarité, de collège ou d'université. Ils peuvent ne pas être en mesure d'accéder à l'enseignement supérieur ou à la formation professionnelle en raison de contraintes financières.

- Développement professionnel : Le harcèlement économique peut également limiter la capacité de la victime à se développer professionnellement. Par exemple, ils peuvent être contraints d'abandonner un emploi prometteur en raison de difficultés financières ou d'une perte de revenus. L'intimidation peut également vous empêcher d'obtenir les ressources professionnelles nécessaires, telles que des cours ou des certifications professionnelles.

- Besoins personnels : L'intimidation économique peut avoir pour conséquence que la victime ait accès à des besoins essentiels tels que la nourriture, les vêtements, le logement et les soins médicaux. Ils peuvent être confrontés à des situations dans lesquelles ils doivent lésiner sur des articles essentiels en raison de contraintes financières, ce qui a un impact négatif sur leur qualité de vie et leur bien-être.

- Opportunités sociales : l'intimidation économique peut limiter l'accès de la victime aux opportunités et activités sociales en raison de problèmes financiers. Par exemple, ils ne pourront peut-être pas participer à des activités, partir en vacances ou même entretenir des liens sociaux en raison de budgets limités. Cela peut conduire à l'isolement social et à la perte de liens, exacerbant encore les effets négatifs du harcèlement.

5. Isolement : Une victime d'intimidation économique peut subir un isolement social en raison de sa situation financière. Ils peuvent se sentir incapables de participer à la vie sociale ou d'établir des relations en raison de la honte ou de la peur, ce qui peut conduire à un isolement accru et à un déclin de leur bien-être.

L'isolement social provoqué par le harcèlement économique est une conséquence grave pour la victime et peut avoir de nombreuses conséquences négatives :

- Aliénation de la société : Une victime de harcèlement économique peut se sentir éloignée de la société en raison de sa situation financière. Ils peuvent avoir le sentiment qu'ils ne peuvent pas participer à la vie sociale de la même manière que les autres en raison de ressources limitées ou par peur d'être jugés pour leur situation.

- Peur d'établir des relations : les victimes peuvent avoir peur d'établir ou de maintenir des relations en raison de leur situation financière. Ils peuvent craindre que leur entourage les juge en fonction de leur situation financière, ce qui les amène à éviter d'interagir avec les autres et de nouer des amitiés ou des relations amoureuses.

- Perte d'estime de soi : L'isolement social peut entraîner une détérioration de l'estime de soi de la victime. Ils peuvent commencer à douter de leur valeur en tant que personne et se sentir moins importants dans la société en raison de ressources ou d'un statut limités.

- Diminution du bien-être mental : l'isolement peut accroître les sentiments de solitude et d'aliénation, ce qui peut aggraver la dépression, l'anxiété et d'autres problèmes de santé mentale chez la victime. Sans soutien ni lien social, la victime peut se sentir impuissante et désespérée.

Ces conséquences soulignent l'importance de lutter contre l'intimidation économique et de créer un environnement favorable dans lequel tous peuvent se sentir respectés et inclus.

10 . Le harcèlement intellectuel consiste à déprécier les capacités intellectuelles, les résultats scolaires ou les passe-temps de la victime. Peut également inclure le ridicule, les stéréotypes et la perte de confiance dans ses capacités académiques ou créatives.

L'intimidation intellectuelle est une forme de discrimination et de dépréciation qui vise les capacités intellectuelles, les résultats scolaires ou les intérêts de la victime. Ce type d'intimidation peut prendre de nombreuses formes, notamment le ridicule, les stéréotypes, les commentaires désobligeants, le sarcasme et même des actes d'agression dirigés contre l'intelligence et les connaissances de la victime. Le harcèlement intellectuel peut sembler moins évident à première vue que la violence physique ou verbale, mais son impact sur la victime peut être assez dévastateur.

Formes de harcèlement intellectuel :

- Ridicule et ironie : Il peut s'agir de commentaires moqueurs ou de plaisanteries visant à l'intelligence ou à l'éducation de la victime. Par exemple, intimider quelqu'un parce qu'il a donné une mauvaise réponse en classe ou pour avoir fait des remarques désobligeantes sur ses connaissances ou ses passe-temps.

- Stéréotypes : le harcèlement intellectuel peut impliquer de stéréotyper des groupes de personnes en fonction de leur intelligence ou de leur niveau d'éducation. Par exemple, la propagation de préjugés sur les étudiants dont les membres font preuve de capacités intellectuelles élevées ou sur l'appartenance à des domaines scientifiques ou créatifs.

- Commentaires désobligeants : Il peut s'agir de propos ou de propos portant atteinte totalement ou partiellement à la confiance dans ses capacités intellectuelles. Par exemple, critique ou jugement concernant des intérêts ou des connaissances inhabituels ou exceptionnels.

- Actes d'agression : Le harcèlement intellectuel peut également inclure des actes d'agression physiques ou psychologiques dirigés contre la victime en raison de ses capacités intellectuelles ou de ses intérêts.

Conséquences pour la victime :

- Diminution de l'estime de soi : le ridicule ou les critiques constantes peuvent entraîner une diminution de la confiance en ses capacités et ses connaissances, ce qui peut affecter l'estime de soi.

- Peur et anxiété : La victime peut commencer à ressentir de l'anxiété ou de la peur en raison d'un éventuel ridicule ou de critiques, ce qui peut entraîner du stress et de l'anxiété.

- Diminution de la motivation : Un sentiment constant d'insatisfaction ou de peur provoque chez la victime une diminution de la motivation pour l'apprentissage et le développement personnel.

- Isolement social : les victimes de harcèlement intellectuel peuvent s'isoler par peur d'être critiquées ou ridiculisées, ce qui peut conduire à une perte de confiance dans les autres et à un isolement social.

Le harcèlement intellectuel est un problème grave qui requiert l'attention et l'action des établissements d'enseignement ainsi que de la société dans son ensemble.

onze . Intimidation culturelle Cela se produit lorsque les victimes sont sélectionnées en fonction de leurs normes culturelles, de leurs valeurs ou de leurs traditions. Comprend les actions qui dégradent ou déforment les identités ou pratiques culturelles.

L'intimidation culturelle est une forme de discrimination dans laquelle les victimes sont sélectionnées en fonction de leurs normes, valeurs ou traditions culturelles. Ce type de harcèlement repose sur le principe de préjugé et de rejet des différences de pratiques ou d'origines culturelles. Le harcèlement culturel peut prendre différentes formes et avoir des conséquences différentes pour la victime.

Formes d'intimidation culturelle :

- Humiliation culturelle : Cela inclut les actions destinées à humilier ou à se moquer des normes culturelles, des coutumes ou des traditions appartenant à une culture particulière. Par exemple, des remarques ridicules ou ironiques sur la langue, la musique, les vêtements ou les pratiques religieuses.

- Fausse représentation culturelle : l'intimidation culturelle peut impliquer une fausse représentation culturelle ou la propagation de stéréotypes qui déprécient ou dénigrent le patrimoine ou les pratiques culturelles.

- Déni du droit à l'identité culturelle : Cela se manifeste par le déni ou la suppression du droit de la victime à exprimer son identité culturelle. Par exemple, une interdiction de porter des vêtements traditionnels ou de participer à des événements culturels.

- Mépris des valeurs culturelles : L'intimidation culturelle peut également impliquer le mépris ou la sous-évaluation des valeurs culturelles considérées comme incorrectes ou moins précieuses que les siennes.

Conséquences pour la victime :

- Problèmes psychologiques : les victimes d'intimidation culturelle peuvent être confrontées à des problèmes psychologiques tels que la dépression, l'anxiété, une faible estime de soi et le trouble de stress post-traumatique.

- Isolement social : être constamment victime de discrimination fondée sur des caractéristiques culturelles peut conduire à l'isolement social et à la perte de confiance envers les autres.

- Perte d'identité culturelle : les victimes d'intimidation culturelle peuvent subir une perte ou une suppression de leur identité culturelle en raison de la peur ou de la honte de l'intimidateur.

- Détérioration de la santé physique et mentale : Une expérience à long terme d'intimidation culturelle peut entraîner une détérioration de la santé physique et mentale de la victime en raison d'un stress et d'un inconfort constants.

12 . Intimidation religieuse c implique de persécuter ou de contraindre des personnes en raison de leurs croyances ou pratiques religieuses. L'intimidation religieuse peut également prendre la forme de moqueries, d'insultes, de menaces ou d'exclusion fondée sur l'appartenance religieuse.

L'intimidation religieuse est une forme de discrimination et de persécution de personnes en raison de leurs croyances ou pratiques religieuses. Ce type de harcèlement repose souvent sur une incompréhension, des préjugés ou un rejet des différences culturelles et religieuses. Le harcèlement religieux peut prendre de nombreuses formes et avoir de graves conséquences négatives pour la victime.

Formes de harcèlement religieux :

- Persécution et coercition : cela inclut les actes de persécution ou de contrainte des personnes à changer ou à renoncer à leurs croyances ou pratiques religieuses. Les exemples incluent les menaces de préjudice physique ou émotionnel, ainsi que la contrainte d'accepter ou d'abandonner une religion.

- Ridicule et insultes : Le harcèlement religieux peut se manifester sous forme de ridicule, d'insultes ou d'humiliation fondées sur l'appartenance religieuse. Cela peut inclure des remarques moqueuses ou désobligeantes sur les rituels, symboles ou pratiques religieux.

- Menaces et attaques : les victimes de harcèlement religieux peuvent faire face à des menaces de violence ou d'agressions physiques en raison de leurs croyances religieuses. Cela peut créer une atmosphère de peur et d'anxiété au sein des communautés religieuses.

- Exclusion et isolement : Le harcèlement religieux peut également se manifester sous la forme d'exclusion ou d'isolement de la victime des sphères publiques ou professionnelles en raison de son appartenance religieuse. Cela peut conduire à l'isolement social et à la perte des liens communautaires.

Conséquences pour la victime :

- Traumatisme émotionnel et psychologique : les victimes de harcèlement religieux peuvent être confrontées à des problèmes émotionnels tels que la dépression, l'anxiété, la peur et un sentiment d'impuissance dus à une persécution ou une humiliation systématique.

- Blessures physiques : Dans certains cas, le harcèlement religieux peut entraîner des blessures physiques ou des blessures par voie d'agression ou de violence.

- Perte de confiance et de sécurité : les victimes d'intimidation religieuse peuvent perdre confiance dans la communauté environnante et se sentir en insécurité en raison de menaces ou de discrimination constantes.

- Perte d'estime de soi : Faire constamment face à l'intimidation religieuse peut entraîner une perte d'estime de soi et un sentiment de vulnérabilité chez la victime, ce qui peut avoir un impact négatif sur son bien-être psychologique et émotionnel.

13 . Intimidation basée sur l'apparence s se concentre sur la critique ou le ridicule de l'apparence de la victime, y compris, mais sans s'y limiter, son poids, sa taille, ses vêtements, son acné ou d'autres caractéristiques physiques. Maladie ou handicap humain. Peut entraîner de graves problèmes d'estime de soi et des troubles psychologiques.

Le harcèlement basé sur l'apparence est une forme de violence psychologique dans laquelle la victime est critiquée, insultée ou ridiculisée en raison de son apparence physique ou de ses caractéristiques physiques. Ce type de harcèlement peut avoir de graves conséquences sur le bien-être psychologique et émotionnel de la victime, provoquant des problèmes d'estime de soi, voire des troubles psychologiques.

Formes d'intimidation fondées sur l'apparence :

- Critique d'apparence : La victime fait l'objet de critiques constantes sur son apparence, notamment sur son poids, sa taille, ses caractéristiques physiques, ses vêtements, etc. Cela peut inclure des commentaires désobligeants ou des insultes sur son apparence.

- Ridicule et harcèlement : Le harcèlement basé sur l'apparence peut se manifester par le ridicule, le ridicule ou des plaisanteries ciblant les caractéristiques physiques ou les défauts de la victime.

-Provocations et humiliations : les victimes peuvent être ridiculisées et humiliées en raison de leur apparence ou de leurs caractéristiques physiques.

- Discrimination fondée sur la maladie ou le handicap : dans certains cas, le harcèlement fondé sur l'apparence peut être dirigé contre des personnes souffrant d'une maladie physique ou d'un handicap, entraînant ainsi un stress et des souffrances supplémentaires.

Conséquences pour la victime :

- Problèmes d'estime de soi : des critiques et des moqueries constantes peuvent conduire à une faible estime de soi et à un sentiment d'incapacité chez la victime.

- Troubles psychologiques : les victimes d'intimidation fondée sur l'apparence peuvent être confrontées à divers problèmes psychologiques, notamment la dépression, l'anxiété, l'isolement social et même le trouble de stress post-traumatique.

- Qualité de vie réduite : Ce type de harcèlement peut réduire considérablement la qualité de vie de la victime, affectant ses relations sociales, sa vie professionnelle et son bien-être général.

- Conséquences physiques : Certaines victimes peuvent subir des conséquences physiques du harcèlement basé sur l'apparence, telles que des troubles digestifs, des troubles du sommeil, des maux de tête et d'autres problèmes physiologiques.

14 . Intimidation à cause de passe-temps ou d'intérêts p se produit lorsqu'une personne en intimide ou en rabaisse une autre à cause de ses passe-temps, de ses intérêts ou de sa passion pour une activité particulière. Souvent destiné à ceux qui s'intéressent à des activités moins populaires ou socialement méconnues.

L'intimidation par passe-temps ou par intérêt est une forme de violence psychologique dans laquelle la victime est victime d'intimidation ou rabaissée en raison de ses passe-temps, de ses intérêts ou de sa passion pour certaines activités. Ce type d'intimidation peut être dirigé contre ceux qui se livrent à des activités moins populaires ou socialement méconnues, ce qui crée un impact négatif sur l'état émotionnel et psychologique de la victime.

Formes d'intimidation dues à des passe-temps ou à des intérêts :

1. Intimidation et ridicule : La victime peut être confrontée à l'intimidation, au ridicule ou aux insultes en raison de ses passe-temps ou de ses intérêts. Cela peut inclure des commentaires désobligeants ou des blagues laissant entendre que le passe-temps est impopulaire ou bizarre.

L'intimidation par passe-temps ou par intérêt est une forme d'intimidation dans laquelle la victime est soumise à des moqueries, des insultes ou des commentaires désobligeants en raison de ses passe-temps ou de ses intérêts. Cela crée une atmosphère négative pour la victime et peut sérieusement affecter son bien-être émotionnel et psychologique.

Caractéristiques de l'intimidation et du ridicule :

- Commentaires désobligeants : La victime peut subir des remarques désobligeantes ou des commentaires témoignant de dédain ou de mépris pour ses loisirs. Cela peut s'exprimer par des moqueries verbales ou des plaisanteries.

- Attaques personnelles : Le harcèlement peut viser la personnalité de la victime liée à ses loisirs. Par exemple, le ridicule peut être lié à des défauts perçus ou à des bizarreries associées à un passe-temps.

- Promotion de la honte : le but de l'intimidation et du ridicule peut être de faire en sorte que la victime se sente honteuse ou embarrassée par rapport à ses intérêts ou ses passe-temps. Cela peut rendre la victime vulnérable ou isolée.

Conséquences pour la victime :

- Détérioration de l'estime de soi : Le ridicule constant peut entraîner une diminution de l'estime de soi et de la confiance en soi de la victime. Elle peut commencer à douter de ses intérêts ou de ses passions, de peur d'être ridiculisée.

- Détresse émotionnelle : L'intimidation peut provoquer du stress, de l'anxiété et de la dépression chez la victime. Ils peuvent se sentir inaptes ou rejetés en raison de leurs passe-temps.

- Isolement : les victimes peuvent éviter d'interagir avec les autres par crainte d'être ridiculisées ou insultées, ce qui peut conduire à l'isolement social et à la solitude.

- Attitude négative envers soi-même : un ridicule constant peut rendre la victime plus critique envers elle-même et ses intérêts, ce qui peut finalement conduire à une perte de joie dans les passe-temps et à une diminution de la qualité de vie.

2. Déprécier les passe-temps : L'intimidation peut également se manifester par la dépréciation et la critique des passe-temps ou des intérêts de la cible, ce qui peut la mettre mal à l'aise ou gênée quant à ses préférences.

La dépréciation des passe-temps est un aspect de l'intimidation dans lequel la victime est soumise à des critiques ou à des commentaires désobligeants en raison de ses passe-temps ou de ses intérêts. Cela témoigne d'un manque de respect pour les préférences personnelles et peut sérieusement affecter l'état émotionnel de la victime.

Caractéristiques des passe-temps dépréciants :

- Critique des passe-temps : Le harcèlement peut s'exprimer par la critique des passe-temps ou des intérêts de la victime. Cela peut prendre la forme de commentaires désobligeants selon lesquels le passe-temps est inutile, stupide ou bizarre.

- Nier la valeur des intérêts : L'intimidation peut inclure des déclarations selon lesquelles les intérêts de la victime n'ont aucune valeur ou ne sont pas dignes de respect. Cela peut amener la victime à se sentir inférieure ou inacceptable.

- Mépris des préférences : Le harcèlement peut également se manifester par le mépris des préférences personnelles de la victime. Cela peut prendre la forme de ne pas reconnaître ou d'ignorer ses passe-temps ou ses intérêts.

Conséquences pour la victime :

- Détérioration de l'estime de soi : Des commentaires critiques constants sur ses passe-temps peuvent entraîner une diminution de l'estime de soi et de la confiance en soi de la victime. Elle peut commencer à douter d'elle-même et de ses intérêts.

- Détresse émotionnelle : minimiser les passe-temps peut provoquer une détresse émotionnelle chez la victime, notamment une dépression, de l'anxiété et des sentiments de désespoir. Ils peuvent se sentir indignes ou rejetés en raison de leurs intérêts.

- Isolement social : les victimes peuvent éviter d'interagir avec d'autres personnes de peur d'être critiquées ou de déprécier leurs passe-temps. Cela peut conduire à un isolement social et à un sentiment accru de solitude.

- Perte de joie liée aux passe-temps : le dénigrement continu des passe-temps peut entraîner une perte de joie liée aux intérêts. La victime peut cesser de profiter de ses passe-temps par peur d'être ridiculisée ou critiquée.

3. Exclusion des groupes : La victime peut être exclue de groupes ou d'événements sociaux en raison de ses passe-temps, ce qui augmente son sentiment d'isolement et de rejet.

L'exclusion d'un groupe est un aspect grave de l'intimidation, surtout lorsqu'elle se produit en raison des passe-temps ou des intérêts de la victime. Cela démontre une attitude négative envers les préférences personnelles et peut grandement affecter l'état psychologique de la victime.

Caractéristiques de l'exclusion d'un groupe :

- Aliénation du groupe : Une victime d'intimidation peut être exclue d'un groupe ou d'une communauté en raison de ses passe-temps ou de ses intérêts. Cela peut se produire en refusant de l'inviter à des événements ou en l'excluant activement de la communication.

- Ignorer lors d'événements sociaux : d'autres membres du groupe peuvent intentionnellement ignorer la victime lors d'événements sociaux ou lors de rassemblements sociaux en raison de ses passe-temps. Cela crée un sentiment d'isolement et de rejet.

- Refus de participer à des activités communes : La victime peut se voir refuser la participation à des activités communes ou être activement exclue d'activités communes en raison de ses passe-temps. Cela peut se produire par le refus de l'inclure dans des projets de groupe ou par le refus d'invitations à des événements.

Conséquences pour la victime :

- Sentiment d'isolement accru : L'exclusion du groupe augmente le sentiment d'isolement et de solitude de la victime. Ils peuvent se sentir rejetés et indésirables en raison de leurs passe-temps, ce qui peut entraîner une baisse de leur bien-être psychologique.

- Perte de confiance dans les autres : La victime peut perdre confiance dans les autres en raison de l'expérience d'être exclue du groupe. Cela peut conduire à des visions négatives de la communication et des relations sociales.

- Altération de l'estime de soi : L'expulsion d'un groupe en raison de passe-temps peut affecter l'estime de soi et le sentiment d'estime de soi de la victime. Ils peuvent commencer à douter d'eux-mêmes et de leurs intérêts, ce qui peut entraîner une détérioration de leur état psychologique.

Conséquences pour la victime :

1. Diminution de l'estime de soi : Le ridicule ou le dénigrement constant peuvent entraîner une diminution de l'estime de soi et de la confiance en soi de la victime.

La diminution de l'estime de soi est l'une des conséquences les plus graves et les plus courantes du harcèlement. Lorsqu'une victime est constamment ridiculisée, rabaissée ou exclue d'un groupe en raison de ses passe-temps, cela peut avoir un effet dévastateur sur son estime de soi et sa confiance en soi.

Apprenez-en davantage sur les conséquences d'une diminution de l'estime de soi :

- Sentiments d'infériorité : l'intimidation ou le ridicule constants peuvent donner à la victime un sentiment d'infériorité ou d'échec. Ils peuvent commencer à douter de leurs capacités et devenir plus autocritiques.

- Manque de confiance en soi : Des insultes ou des dépréciations constantes peuvent miner la confiance en soi de la victime. Ils peuvent commencer à douter de leurs forces et de leurs capacités, ce qui les rend moins disposés à relever de nouveaux défis et à prendre de nouveaux risques.

- Isolement social : une faible estime de soi peut conduire à l'isolement social, car la victime peut éviter d'interagir avec les autres par honte ou par peur. Cela augmente encore les sentiments de solitude et de vulnérabilité.

- Problèmes psychologiques : La diminution de l'estime de soi peut être source de problèmes psychologiques tels que la dépression, l'anxiété et la phobie sociale. La victime peut commencer à ressentir un stress et une anxiété constants en raison d'une image d'elle-même négative.

- Détérioration du bien-être général : La diminution de l'estime de soi a un impact sur le bien-être général de la victime. Ils peuvent ressentir une moindre satisfaction dans la vie et devenir moins motivés pour atteindre leurs objectifs et leurs aspirations.

Dans l'ensemble, une diminution de l'estime de soi a de profondes conséquences sur le bien-être émotionnel et psychologique de la victime, ayant un impact négatif sur sa vie et sa réalisation personnelle.

2. Problèmes psychologiques : L'intimidation en raison de passe-temps ou d'intérêts peut entraîner des problèmes psychologiques tels que la dépression, l'anxiété ou l'isolement social.

Les problèmes psychologiques causés par le harcèlement en raison de passe-temps ou d'intérêts peuvent avoir de graves conséquences pour la victime. Voici une description plus détaillée de ces problèmes :

- Dépression : Le ridicule et le dénigrement constants peuvent conduire au développement d'une dépression chez la victime. Ils peuvent commencer à se sentir désespérés et impuissants, ce qui entraîne une mauvaise humeur et une perte d'intérêt pour l'école, le travail et d'autres activités quotidiennes.

- Anxiété : L'intimidation peut provoquer de l'anxiété et une inquiétude constante chez la victime. Ils peuvent constamment craindre davantage de ridicule ou de dépréciation, ce qui les laisse stressés et épuisés.

- Isolement social : les victimes de harcèlement amateur peuvent subir un isolement social car elles peuvent éviter d'interagir avec les autres par honte ou par peur d'être la cible de davantage de ridicule. Cela augmente les sentiments de solitude et d'aliénation.

- Perte d'intérêts : une dépréciation constante peut conduire à une perte d'intérêt pour les intérêts ou les passe-temps. Les victimes peuvent penser qu'il ne sert à rien de poursuivre leurs intérêts s'ils deviennent la cause du ridicule ou du conflit.

- Faible estime de soi : L'intimidation peut réduire considérablement l'estime de soi de la victime, ce qui est à la base de nombreux autres problèmes psychologiques. Ils peuvent commencer à croire aux évaluations négatives de leur personnalité, ce qui augmente la dépression et l'anxiété.

En général, les problèmes psychologiques causés par le harcèlement en raison de passe-temps ou d'intérêts peuvent affecter gravement le bien-être émotionnel et mental de la victime, ayant un impact négatif sur sa vie quotidienne, son école, son travail et ses relations sociales.

3. Manque de satisfaction : les victimes peuvent perdre tout intérêt pour leurs passe-temps ou leurs passions par peur d'être ridiculisées ou rabaissées.

Le manque de satisfaction dû au harcèlement concernant les passe-temps ou les passions peut avoir de graves conséquences pour la victime. Voici une description plus détaillée de ce problème :

- Perte de joie : les victimes d'intimidation peuvent cesser de profiter de leurs passe-temps ou de leurs passions en raison de la peur constante d'être ridiculisées ou rabaissées. Cela leur fait perdre la joie et la satisfaction des choses qui leur procuraient auparavant du plaisir.

- Diminution de la motivation : le ridicule et les critiques continus peuvent saper la motivation de la victime à poursuivre ses passe-temps ou à développer ses passions. Ils peuvent arrêter d'essayer et de se développer dans ce domaine parce qu'ils ont peur d'être à nouveau soumis à des commentaires désobligeants.

- Perte d'identité : Les passe-temps et les passions font souvent partie de l'identité personnelle d'une personne. L'intimidation peut conduire à une perte de cette identité, car les victimes ont le sentiment que leurs intérêts ne sont pas acceptés ou respectés par les autres.

- Diminution de l'estime de soi : Un ridicule constant peut entraîner une diminution de l'estime de soi chez la victime, la rendant moins confiante dans ses passe-temps et ses passions. Ils peuvent commencer à douter de leurs capacités et de la valeur de leurs intérêts.

- Évitement des activités : les victimes peuvent commencer à éviter leurs passe-temps ou leurs passions par peur d'être victimes d'intimidation. Cela entraîne une perte d'opportunités de développement et de croissance dans le domaine de leur choix, ce qui peut limiter leur potentiel et leurs opportunités de réalisation personnelle.

Dans l'ensemble, le manque de satisfaction dans les passe-temps ou les passions dû au harcèlement peut avoir un impact négatif sur le bien-être émotionnel et mental de la victime, entraînant une perte de joie, de motivation et d'identité.

4. Isolement social : par crainte d'être ridiculisées ou rabaissées, les victimes peuvent éviter d'interagir avec les autres et se retrouver socialement isolées.

L'isolement social causé par le harcèlement dû à des passe-temps ou à des passions peut avoir de graves conséquences pour la victime. Voici une description plus détaillée de ce problème :

- Évitement des situations sociales : les victimes peuvent commencer à éviter toute situation dans laquelle elles pourraient être ridiculisées ou rabaissées en raison de leurs passe-temps. Cela peut inclure le fait de ne pas participer à des événements sociaux, à des réunions entre amis ou à des activités scolaires où leurs intérêts pourraient être ridiculisés.

- Isolement des groupes sociaux : les victimes peuvent se sentir incapables de rejoindre de nouveaux groupes sociaux ou de maintenir des liens avec ceux existants. Ils peuvent se retrouver isolés de leurs pairs et collègues par crainte d'être rejetés ou ridiculisés au nom de leurs intérêts.

- Perte de soutien : En raison de l'isolement social, les victimes peuvent perdre l'accès au soutien social, qui joue un rôle important dans le maintien du bien-être psychologique. Le manque de soutien et de compréhension de la part des autres peut accroître les sentiments de solitude et d'impuissance.

- Détérioration de la santé mentale : L'isolement social peut entraîner une détérioration de la santé mentale de la victime, car elle est incapable de communiquer avec les autres et de leur faire confiance. Cela peut conduire au développement de troubles anxieux, de dépression et d'autres problèmes mentaux.

- Manque de développement des compétences sociales : En raison de l'isolement, les victimes peuvent ne pas être en mesure de développer des compétences sociales et d'apprendre à interagir avec les autres. Cela peut affecter leur capacité à nouer des relations saines et à entretenir des relations à long terme à l'avenir.

En général, l'isolement social causé par le harcèlement dû à des passe-temps ou à des passions pose de sérieux obstacles à l'adaptation sociale et au bien-être psychologique de la victime.

5. Qualité de vie réduite : L'intimidation due aux passe-temps ou aux intérêts peut réduire considérablement la qualité de vie, affectant les relations sociales, le bien-être émotionnel et le bien-être général.

La réduction de la qualité de vie causée par l'intimidation en raison de passe-temps ou d'intérêts peut avoir un impact significatif sur divers aspects de la vie de la victime. Voici une description plus détaillée de ce problème :

- Relations sociales : Le harcèlement peut avoir un impact négatif sur les relations sociales de la victime. Les victimes peuvent se sentir isolées des autres et éviter de socialiser avec leurs amis et collègues de peur d'être ridiculisées ou rabaissées. Cela peut entraîner une perte de confiance envers les autres et une détérioration des relations.

- État émotionnel : Le ridicule et le dénigrement constants peuvent conduire au développement de stress, d'anxiété et de dépression chez la victime. Ils peuvent constamment se sentir mal à l'aise et anxieux à propos de leurs passe-temps ou de leurs intérêts, ce qui a un impact négatif sur leur bien-être émotionnel.

- Bien-être général : le harcèlement peut entraîner une diminution du niveau global de satisfaction de la victime dans la vie. Ils peuvent commencer à se sentir désespérés et impuissants parce qu'ils sont ridiculisés ou rabaissés en raison de leurs intérêts ou de leurs passe-temps.

- Qualité du travail et de l'apprentissage : le harcèlement dû aux passe-temps ou aux intérêts peut affecter la réussite scolaire ou professionnelle. Les victimes peuvent avoir des difficultés à se concentrer, à étudier ou à travailler professionnellement en raison de situations stressantes persistantes et d'une détresse émotionnelle.

- Santé physique : Une expérience prolongée de stress et d'anxiété causée par l'intimidation peut avoir un impact négatif sur la santé physique de la victime. Cela peut entraîner un mauvais sommeil, des problèmes digestifs, des maux de tête et d'autres maux physiques.

Dans l'ensemble, l'intimidation due à des passe-temps ou à des intérêts peut réduire considérablement la qualité de vie de la victime, ayant un impact négatif sur ses relations sociales, son bien-être émotionnel, son bien-être général et sa santé physique.

15 . Intimidation due à des caractéristiques comportementales est basé sur l'intimidation ou l'exclusion de personnes en raison de leurs caractéristiques comportementales, notamment des névroses, des manières ou des réactions qui diffèrent des normes sociales. Peut inclure des victimes présentant des différences neurologiques telles que le trouble du spectre autistique (autisme) ou le trouble déficitaire de l'attention avec hyperactivité (TDAH).

L'intimidation comportementale est une forme de comportement négatif dans lequel des personnes sont intimidées, harcelées ou exclues parce que leur comportement diffère des normes sociales acceptées. Ce type d'intimidation peut toucher des personnes présentant diverses caractéristiques comportementales, notamment des différences neurologiques telles que le trouble du spectre autistique (autisme) ou le trouble déficitaire de l'attention avec hyperactivité (TDAH), ainsi que d'autres formes de différences neurologiques, psychologiques ou émotionnelles.

L'intimidation due à des caractéristiques comportementales est basée sur le rejet et l'incompréhension de la part des autres. Les personnes souffrant de troubles neurologiques ou comportementaux peuvent avoir un comportement qui s'écarte des normes standards, ce qui peut entraîner le ridicule, l'intimidation ou la discrimination. Cela peut inclure un comportement non verbal, des modèles de discours, des modèles de communication ou des réactions à des situations stressantes.

Le harcèlement comportemental **peut être grave et affecter divers aspects de la vie de la victime :**
- Conséquences psychologiques : Les victimes peuvent être confrontées à des problèmes psychologiques tels que des troubles anxieux, une dépression, une faible estime de soi et une diminution du bien-être émotionnel.

- Isolement social : par crainte d'être ridiculisées ou rabaissées, les victimes peuvent éviter d'interagir avec les autres et se retrouver socialement isolées, ce qui peut nuire à leur qualité de vie et limiter leur accès au soutien des autres.

- Diminution de l'estime de soi et de la confiance en soi : le ridicule ou le dénigrement constant peuvent entraîner une diminution de l'estime de soi et de la confiance en soi de la victime, ce qui peut à son tour entraver son développement et sa réussite dans divers domaines de la vie.

- Mauvais résultats scolaires et professionnels : le stress provoqué par le harcèlement peut avoir un impact négatif sur les résultats scolaires ou professionnels, ce qui, à long terme, peut affecter leur carrière et leurs opportunités de croissance personnelle et professionnelle.

- Manque de satisfaction quant aux passe-temps et aux intérêts : les victimes peuvent perdre tout intérêt pour leurs passe-temps par crainte d'être ridiculisées ou rabaissées, ce qui peut les empêcher de profiter d'activités créatives ou de loisirs.

- Risque de développer des troubles mentaux et émotionnels : une exposition à long terme au harcèlement en raison de caractéristiques comportementales peut augmenter le risque de développer des troubles mentaux ou émotionnels chez la victime, ce qui nécessite un soutien et une intervention opportuns de la part de spécialistes.

Le harcèlement comportemental peut avoir de graves conséquences négatives pour la victime, affectant son bien-être émotionnel et psychologique, son adaptation sociale et ses perspectives éducatives et professionnelles.

- Violation des droits et libertés : les victimes de harcèlement en raison de caractéristiques comportementales peuvent subir une violation de leurs droits et libertés, comme le droit d'étudier en toute sécurité ou de travailler dans un environnement convivial sans discrimination.

- Qualité de vie altérée : L'intimidation peut réduire considérablement la qualité de vie de la victime, entraînant un stress excessif, de l'anxiété, de la dépression et d'autres problèmes psychologiques pouvant avoir un impact négatif sur son bien-être général et sa satisfaction dans la vie.

- Besoin de soutien et de protection : Les victimes de harcèlement comportemental ont souvent besoin du soutien de leur famille, de leurs amis, de leurs enseignants, de leurs collègues ou de conseillers psychologiques professionnels pour faire face aux conséquences négatives de l'expérience et rétablir leur équilibre psychologique.

- Conséquences sociales et culturelles : le harcèlement comportemental peut également affecter les relations et interactions sociales, ainsi que les croyances et valeurs culturelles, créant des obstacles à l'intégration de la victime dans la société et au développement de son identité.

Dans l'ensemble, l'intimidation comportementale constitue un problème grave qui nécessite une approche systématique en matière de prévention, de détection et de réponse. Cela comprend des programmes éducatifs qui favorisent le respect de la différence et le développement de l'empathie, ainsi que des politiques et des mesures visant à créer des environnements sociaux ou organisationnels sûrs parmi les étudiants, les travailleurs et les communautés.

Compte tenu des nombreuses formes d'intimidation, il est important de reconnaître que toute action ou parole qui cause de la détresse ou de l'inconfort à une autre personne peut être classée comme de l'intimidation. Chacune de ces catégories présente un large éventail de scénarios et de situations dans lesquels l'intimidation peut survenir, et elles peuvent se chevaucher ou se combiner pour créer des circonstances uniques et difficiles pour les victimes. Bien que le harcèlement puisse prendre de nombreuses formes et manifestations qui peuvent varier en fonction du contexte et de la dynamique sociale, les principales catégories décrites précédemment fournissent une liste complète des formes de harcèlement les plus largement reconnues et étudiées.

Il est important de comprendre que de nouvelles formes et méthodes d'intimidation peuvent émerger au sein de ces catégories, en particulier avec le développement de la technologie et des médias sociaux, ce qui nécessite une mise à jour constante des approches pour prévenir et répondre à l'intimidation. Cependant, pour le moment, la liste présentée couvre les principales formes connues de harcèlement. S'il existe des formes spécifiques d'intimidation qui ne sont pas mentionnées ici, il s'agira probablement de variantes ou d'exemples spécifiques de catégories déjà identifiées.

Ces types d'intimidation peuvent se produire selon diverses combinaisons et se chevauchent souvent, créant un problème complexe à plusieurs niveaux pour les victimes et la société dans son ensemble. La lutte contre le harcèlement nécessite une approche globale, comprenant l'éducation, des programmes de prévention et un soutien aux victimes.

Chapitre 3.
L'importance de résoudre le problème de l'intimidation.

Pour l'âme qui subit le plus gros du harcèlement, chaque jour devient un défi. Ceci est non seulement traumatisant et humiliant, mais cela mine également l'estime de soi, la confiance en soi et la foi en ses capacités. L'importance de résoudre le problème de l'intimidation pour un tel individu ne fait aucun doute. Chaque moment de peur et d'incertitude causé par l'intimidation apporte sa propre lourdeur au cœur et à l'esprit. Cela affecte votre façon de penser et votre image de vous-même, vous éloignant de la joie, de la confiance et de l'assurance dans l'avenir.

Résoudre le harcèlement ne se limite pas à mettre fin à des actes d'agression spécifiques. C'est la restauration de la dignité humaine et l'élévation de l'esprit. C'est retrouver la force de croire en soi et de lutter pour atteindre ses objectifs sans être constamment tyrannisé. Chaque mesure prise pour lutter contre l'intimidation ouvre la porte à de nouvelles opportunités et conduit à la libération des chaînes de la peur et de l'incertitude.

Pour ceux qui souffrent d'intimidation, la solution à ce problème est de retrouver un sentiment de sécurité et de calme. C'est l'occasion d'arrêter de vous cacher derrière un masque et d'être accepté tel que vous êtes. C'est une chance de véritablement se libérer d'être insulté, humilié et blessé chaque jour. Chaque pas vers l'arrêt du harcèlement est un pas vers le retour à la dignité et au bonheur perdus.

Agir pour lutter contre l'intimidation ouvre également la porte à de nouvelles opportunités de croissance et de développement personnel. Lorsqu'une personne est libérée du fardeau du stress et de l'anxiété constants, elle peut se concentrer sur ses passe-temps, ses intérêts et ses objectifs. Être capable de s'exprimer en toute sécurité et de s'épanouir dans un environnement social favorise une saine estime de soi et une bonne confiance en soi.

De plus, il est important de lutter contre l'intimidation pour créer un environnement communautaire sain et solidaire. L'intimidation est non seulement préjudiciable à ses victimes directes, mais elle détruit également la société dans son ensemble en alimentant un cycle de violence et d'injustice. Agir pour lutter contre l'intimidation favorise une culture de respect, de tolérance et de compréhension, ce qui conduit à une réduction des conflits et à un environnement plus solidaire et empathique pour tous les membres.

Bien entendu, lutter contre le harcèlement signifie également protéger et soutenir les droits humains à la liberté et à la sécurité. Toute personne a le droit d'être traitée avec dignité et respect, et le harcèlement porte atteinte à ce droit. Agir pour lutter contre l'intimidation est une réaffirmation de notre engagement à protéger la dignité et la sécurité de tous les membres de notre communauté.

Résoudre le problème du harcèlement est d'une grande importance pour la personne victime de harcèlement pour plusieurs raisons :

1. Bien-être psychologique : Une exposition à long terme à l'intimidation peut entraîner de graves problèmes psychologiques tels que la dépression, l'anxiété, le trouble de stress post-traumatique et une faible estime de soi. Lutter contre le harcèlement contribue à préserver la santé mentale et à améliorer le bien-être émotionnel de la victime.

Une exposition à long terme au harcèlement peut avoir de graves conséquences sur le bien-être psychologique de la victime. Ce processus commence par l'intimidation qui crée un stress et une anxiété continus chez la victime. Une peur progressivement croissante de nouvelles attaques ou d'intimidations peut conduire au développement de troubles anxieux tels que le trouble d'anxiété généralisée ou la phobie sociale.

Outre l'anxiété, la dépression est également une conséquence psychologique courante du harcèlement. Le ridicule, l'humiliation et l'isolement constants peuvent miner l'estime de soi et provoquer chez la victime un sentiment d'impuissance, qui à son tour peut conduire à la dépression. Le trouble de stress post-traumatique peut également se développer chez les victimes de harcèlement, surtout si elles ont été maltraitées physiquement ou émotionnellement.

Une faible estime de soi et un sentiment d'insécurité font également partie des problèmes psychologiques associés au harcèlement. Les attaques constantes contre l'identité et l'estime de soi peuvent amener la victime à douter de ses capacités et de sa valeur en tant que personne.

La lutte contre l'intimidation joue un rôle essentiel dans le maintien de la santé mentale et l'amélioration du bien-être émotionnel de la victime. Fournir du soutien, créer un environnement sûr et mettre en œuvre des stratégies efficaces de lutte contre l'intimidation peuvent aider à réduire le stress et l'anxiété, à prévenir le développement de la dépression et d'autres problèmes de santé mentale et à améliorer l'estime de soi et la confiance de la victime.

2. Adaptation sociale : L'exposition à l'intimidation peut conduire à l'isolement social et rendre difficile l'établissement de relations interpersonnelles saines. Résoudre le problème du harcèlement permet à la victime de retrouver son adaptation sociale, de rétablir la confiance envers les autres et de rétablir les liens avec les autres.

L'adaptation sociale joue un rôle important dans la vie d'une personne et l'intimidation peut considérablement compliquer ce processus. L'exposition à l'intimidation peut conduire à l'isolement social, car la victime se sent mal à l'aise ou a peur d'entrer en contact avec les autres, de peur d'être victime d'intimidation ou de harcèlement.

En raison de l'intimidation, la victime peut avoir des difficultés à établir des relations interpersonnelles saines. Elle peut commencer à éviter de socialiser avec les autres, perdant ainsi des occasions de nouer des amitiés ou de développer des relations étroites. Cela peut entraîner des sentiments de solitude, d'indignité et des problèmes psychologiques encore plus graves.

Résoudre le problème du harcèlement est d'une grande importance pour restaurer l'adaptation sociale de la victime. Une fois qu'une victime reçoit du soutien et de la protection contre l'intimidation, elle commence à reprendre confiance dans les autres et à se sentir plus en sécurité et plus confiante dans ses interactions avec les autres. Petit à petit, elle peut retrouver ses aptitudes sociales, apprendre à faire confiance aux autres et développer des relations saines, ce qui améliore grandement sa qualité de vie et son bien-être.

3. Réussite scolaire : L'intimidation peut avoir un impact négatif sur les notes et les résultats scolaires de la victime en raison du stress, de la distraction et d'une faible estime de soi. La lutte contre l'intimidation favorise un environnement d'apprentissage sûr et favorable, permettant à la victime de se concentrer sur l'école et d'atteindre ses objectifs éducatifs.

L'intimidation peut avoir de graves conséquences négatives sur les résultats scolaires et les possibilités d'éducation de la victime. La victime d'intimidation éprouve un stress et une anxiété constants, ce qui détourne son attention de ses études et rend difficile l'apprentissage de nouvelles matières. Le stress et l'anxiété peuvent également entraîner des problèmes de concentration, de mémoire et d'apprentissage, susceptibles de réduire les résultats scolaires.

De plus, la victime d'intimidation peut éprouver une faible estime de soi et une diminution de sa motivation en raison de sentiments constants de vulnérabilité et d'impuissance. Cela peut entraîner une perte d'intérêt pour l'apprentissage, une diminution de l'ambition et une perte de confiance dans ses capacités, ce qui à son tour affecte ses résultats scolaires.

Il est essentiel de lutter contre le harcèlement pour offrir un environnement d'apprentissage positif dans lequel la victime peut atteindre ses objectifs éducatifs. Le soutien des enseignants, des administrateurs scolaires et de la communauté dans son ensemble contribue à créer un espace sûr, exempt de violence et de discrimination. Lorsque la victime se sent protégée et soutenue, elle peut se concentrer sur ses études, développer ses compétences académiques et réussir ses études. Ainsi, lutter contre le harcèlement améliore non seulement les résultats scolaires de la victime, mais également son bien-être général et ses perspectives de vie future.

4. Santé physique : Certaines formes d'intimidation, comme la violence physique ou verbale, peuvent causer de graves dommages à la santé de la victime. Lutter contre le harcèlement contribue à garantir la sécurité et la protection de l'identité, qui constituent le fondement du bien-être physique.

La santé physique est l'un des aspects les plus importants du bien-être d'une personne victime d'intimidation. Diverses formes de harcèlement peuvent causer de graves dommages à la santé physique de la victime, lui laissant des marques non seulement psychologiques mais aussi physiques.

Les abus physiques tels que frapper, donner des coups de pied ou pousser peuvent provoquer des blessures, des contusions, des fractures et d'autres blessures graves. Même les menaces verbales et les commentaires timides peuvent provoquer des réactions de stress chez la victime, qui peuvent nuire à son bien-être physique, comme des maux de tête, des problèmes de digestion et de sommeil.

La lutte contre le harcèlement joue un rôle clé pour garantir la sûreté et la sécurité des individus. Prévenir et traiter les incidents de violence physique et verbale contribue à prévenir les dommages physiques et à maintenir la victime en bonne santé. Cela implique l'intervention active d'institutions telles que les écoles ou les lieux de travail pour créer un environnement sûr et favorable où la violence et l'agression ne sont pas tolérées.

Protéger une personne du danger physique assure non seulement son bien-être physique, mais crée également les conditions de son rétablissement psychologique et émotionnel. Lorsqu'une personne se sent en sécurité, elle peut se concentrer sur sa santé physique, ses soins personnels et son rétablissement après des événements traumatisants passés. Ainsi, la lutte contre le harcèlement joue un rôle important pour garantir non seulement le bien-être physique mais aussi le bien-être général de la victime.

5. Affirmation de soi et développement personnel : L'intimidation peut interférer avec l'affirmation de soi et le développement personnel d'un individu, supprimant son individualité et ses traits uniques. Lutter contre l'intimidation aide à développer une saine estime de soi, la confiance en soi et la capacité de réaliser son potentiel.

L'affirmation de soi et le développement personnel jouent un rôle important dans la formation de la personnalité, et le harcèlement peut sérieusement perturber ces processus. L'exposition au harcèlement peut entraîner une perte de confiance en soi et d'estime de soi, ainsi qu'une suppression de l'individualité et des traits de personnalité uniques.

L'intimidation crée un environnement négatif dans lequel un individu se sent sans importance, indigne et incapable de réaliser son potentiel. Les victimes peuvent commencer à douter de leurs capacités et hésiter à exprimer leurs opinions et leurs idées de peur d'être ridiculisées ou critiquées. Cela peut conduire à l'isolement, à l'évitement de la communication et à la limitation de ses intérêts et de ses ambitions.

Cependant, résoudre le problème du harcèlement joue un rôle important dans la possibilité d'affirmation de soi et de développement personnel de l'individu. Créer un environnement sûr et favorable, exempt de violence et de menaces, permet à l'individu de se sentir à l'aise et en confiance. Le soutien des autres, notamment des parents, des enseignants et des amis, contribue à développer une estime de soi et une confiance en soi saines.

De plus, résoudre le problème de l'intimidation ouvre la porte au développement personnel et à la réalisation du potentiel de l'individu. Lorsqu'une personne se sent en sécurité et soutenue, elle peut exprimer librement ses idées, développer ses talents et s'efforcer d'atteindre ses objectifs. Cela contribue à la formation d'une estime de soi et d'une confiance en soi saines, ce qui facilite le processus d'affirmation de soi et de réalisation de soi.

Ainsi, lutter contre l'intimidation contribue non seulement à la création d'un environnement sûr et favorable, mais constitue également un facteur important dans le développement d'une saine estime de soi, de la confiance en soi et d'opportunités de développement personnel.

6. Sécurité et bien-être : La lutte contre l'intimidation crée un environnement sûr et favorable pour tous les membres de la société, ce qui favorise le bien-être général et renforce le tissu social.

La sécurité et le bien-être de la société sont étroitement liés à la lutte contre l'intimidation. L'intimidation crée un environnement de peur, d'anxiété et d'incertitude qui a un impact négatif sur le bien-être de tous ses membres. Il est essentiel de résoudre ce problème pour créer un environnement sûr et favorable à tous, quels que soient leur âge, leur sexe, leur race ou leur statut social.

Dans une société où le problème du harcèlement a été résolu, les gens peuvent se sentir protégés et confiants en leur sécurité. Cela favorise la confiance et les liens sociaux entre ses membres, créant ainsi la base de relations et de coopération saines. Un environnement sûr favorise également le bien-être émotionnel et psychologique, permettant aux personnes de réaliser leur potentiel et de s'efforcer de s'épanouir.

Aborder le problème du harcèlement est également important pour la formation d'une structure sociale harmonieuse. Le harcèlement entraîne souvent une perturbation des relations sociales, créant des conflits et des tensions dans la société. Lutter contre ce phénomène contribue à l'établissement de relations pacifiques et de compréhension mutuelle entre les peuples, ce qui contribue à son tour à la stabilité et à la prospérité de la société dans son ensemble.

La sécurité et le bien-être sont des aspects fondamentaux d'une vie de qualité pour chaque personne. Lutter contre le harcèlement améliore non seulement le bien-être individuel des personnes qui en sont victimes, mais contribue également à une société plus juste, plus humaine et plus conviviale dans son ensemble.

7. Réduire le risque de maladies psychosomatiques : Une exposition à long terme à l'intimidation peut augmenter le risque de développer diverses maladies psychosomatiques, telles que des maux de tête, des maux d'estomac, de l'insomnie et autres. Lutter contre le harcèlement permet de réduire ce risque et de maintenir la santé physique.

L'exposition à long terme au harcèlement peut avoir de graves conséquences négatives sur la santé physique d'une personne, notamment augmenter le risque de développer diverses maladies psychosomatiques. Les maladies psychosomatiques sont des manifestations physiques du stress et des problèmes mentaux et peuvent inclure des maux de tête, des maux d'estomac, de l'insomnie, des douleurs musculaires et d'autres symptômes.

Le stress provoqué par le harcèlement peut augmenter considérablement le niveau de cortisol, une hormone dans le corps, ce qui peut entraîner un dysfonctionnement du système immunitaire et augmenter la susceptibilité à diverses maladies. Par exemple, des maux de tête fréquents et de l'insomnie peuvent être le résultat du stress et de l'anxiété constants qui accompagnent l'intimidation. Les maux d'estomac peuvent également être causés par un stress psychologique, entraînant une mauvaise digestion et d'autres problèmes.

Aborder le problème du harcèlement joue un rôle important dans la réduction du risque de maladies psychosomatiques. Créer un environnement sûr et favorable peut réduire les niveaux de stress et d'anxiété des survivants. Ceci, à son tour, peut conduire à un meilleur bien-être physique et à une réduction du risque de développer diverses maladies. En outre, les mesures préventives et le soutien psychologique apportés dans le cadre de la lutte contre le harcèlement peuvent aider les victimes à faire face au stress et à rétablir l'équilibre de leur corps.

Ainsi, la lutte contre le harcèlement favorise non seulement le bien-être psychologique, mais joue également un rôle clé dans le maintien de la santé physique et dans la prévention du développement de maladies psychosomatiques chez les victimes.

8. Développer des compétences en gestion du stress : Une exposition constante à l'intimidation peut créer des niveaux élevés de stress chez la victime. Lutter contre l'intimidation implique de développer des stratégies de gestion du stress qui peuvent être utiles dans la vie de tous les jours et vous aider à mieux faire face aux émotions négatives.

Une exposition constante à l'intimidation peut créer des niveaux de stress élevés pour la victime. Le stress émotionnel, l'anxiété et les sentiments d'impuissance peuvent avoir une influence significative sur son état mental. Lutter contre le harcèlement implique non seulement de prévenir de nouveaux incidents de harcèlement, mais également d'enseigner aux victimes des stratégies efficaces de gestion du stress.

Développer des compétences en matière de gestion du stress devient un aspect important pour les victimes d'intimidation. Avec des stratégies appropriées de gestion du stress, les victimes peuvent mieux faire face aux émotions et aux situations négatives qui peuvent survenir dans leur vie quotidienne. Ces compétences peuvent inclure des techniques de relaxation telles que des exercices de respiration, la méditation et le yoga, ainsi que des stratégies pratiques de gestion du temps et d'organisation qui peuvent aider à réduire les sources de stress sous-jacentes.

Développer des stratégies de gestion du stress peut être utile non seulement dans le contexte de la lutte contre l'intimidation, mais aussi pour améliorer le bien-être psychologique de manière plus générale. Apprendre à gérer efficacement le stress peut rendre la victime plus résiliente aux influences négatives futures, augmenter sa capacité de conscience de soi et améliorer sa qualité de vie.

En outre, le développement des compétences en matière de gestion du stress contribue également à renforcer la résilience psychologique de la victime et sa capacité à s'adapter à des circonstances défavorables. Cela contribue à réduire le risque de développer des problèmes psychologiques tels que la dépression ou les troubles anxieux et contribue à améliorer son estime de soi et sa confiance en soi.

Dans l'ensemble, l'élaboration de stratégies de gestion du stress constitue un élément important de la lutte contre l'intimidation, car elle aide les survivants à mieux faire face aux émotions et aux situations négatives, augmente leur résilience et contribue à une amélioration globale de leur bien-être mental.

9. Augmenter la conscience de soi et la compréhension de soi : Le processus de gestion de l'intimidation peut stimuler la croissance personnelle de la victime, lui permettant de mieux se comprendre elle-même, ses sentiments et ses réactions face à des situations stressantes. Cela peut favoriser le développement de la conscience de soi et de l'autodétermination.

Le processus de lutte contre l'intimidation a le potentiel de stimuler l'épanouissement personnel de la victime en favorisant une meilleure conscience de soi et une meilleure compréhension de soi. Lorsqu'une personne est victime d'intimidation, elle est confrontée à divers défis émotionnels et situations stressantes qui peuvent la forcer à se regarder elle-même et à regarder sa personnalité de plus près.

En train de résoudre le problème de l'intimidation, la victime commence à prendre conscience de ses sentiments, de ses réactions et de son comportement dans diverses situations. Elle peut remettre en question ses propres forces, faiblesses, valeurs et croyances et la manière dont elles influencent ses interactions avec le monde qui l'entoure. Ce processus de compréhension de soi permet à la victime de mieux se comprendre elle-même, ses besoins et ses préférences, ce qui contribue à son tour au développement de la conscience de soi.

Développer la conscience de soi est un aspect important de la croissance personnelle car il permet à une personne de comprendre sa place dans le monde, de comprendre ses propres désirs et objectifs et de s'accepter tel qu'elle est. Cela permet à la victime de harcèlement de développer une attitude plus positive et plus saine envers elle-même, augmentant ainsi son estime de soi et sa confiance en soi.

De plus, le processus de gestion du harcèlement peut aider à développer l'autodétermination de la victime. En prenant conscience de ses propres valeurs, croyances et objectifs de vie, une personne peut mieux comprendre qui elle est et ce qu'elle veut accomplir dans la vie. Cela l'aide à prendre des décisions plus éclairées, à établir des relations plus satisfaisantes et à réussir davantage sur le plan personnel et professionnel.

Ainsi, le processus de gestion du harcèlement joue un rôle clé dans la stimulation de la croissance personnelle de la victime, lui permettant de mieux se comprendre, ses sentiments et ses besoins. Développer la conscience de soi et la compréhension de soi contribue à renforcer l'estime de soi et la confiance en soi, et favorise une plus grande acceptation de soi et le développement de relations interpersonnelles plus saines et plus résilientes.

10. Soutenir la justice sociale : lutter contre l'intimidation aide non seulement la victime individuelle, mais contribue également à créer une société plus juste et plus respectueuse dans son ensemble. En soutenant la victime d'intimidation, nous soutenons les principes de justice sociale et d'égalité.

Lutter contre l'intimidation est essentiel pour promouvoir la justice sociale et créer une société respectueuse. Le harcèlement est souvent une manifestation d'inégalité et de discrimination, dans la mesure où les victimes peuvent être sélectionnées en fonction de leurs caractéristiques individuelles, telles que la race, le sexe, l'orientation sexuelle, les croyances religieuses et d'autres aspects de leur personnalité ou de leur identité. La lutte contre l'intimidation soutient les principes de justice sociale et d'égalité en s'efforçant de garantir que tous les membres de la société puissent se sentir en sécurité, respectés et égaux.

En soutenant la victime de harcèlement, nous dénonçons les manifestations négatives d'inégalité et de discrimination. Nous reconnaissons le droit de chaque personne d'être à l'abri de la violence et de l'humiliation, quels que soient ses caractéristiques personnelles ou son statut. Soutenir la victime d'intimidation favorise également le respect de la diversité et l'inclusion dans la société. Cela souligne l'importance de respecter les différences et de reconnaître la valeur de chaque individu.

De plus, lutter contre le harcèlement contribue à renforcer les liens sociaux et à créer un environnement favorable dans la société. Soutenir les victimes de harcèlement les aide à se sentir incluses et protégées, ce qui contribue à leur bien-être et à leur participation à la société. Cela contribue également à une société plus empathique et bienveillante où chacun peut se sentir accepté et respecté.

De cette manière, lutter contre le harcèlement aide non seulement les victimes individuelles, mais contribue également à créer une société plus juste, respectueuse et inclusive dans son ensemble. En soutenant la victime de harcèlement, nous défendons les valeurs de justice sociale, d'égalité et de respect de la diversité, qui favorisent le bien-être général et l'harmonie dans la société.

11. Maintenir des relations saines : lutter contre l'intimidation aide à maintenir et à renforcer des relations interpersonnelles saines. L'intimidation peut avoir un impact négatif sur les relations de la victime avec les autres, notamment la famille, les amis et les collègues. Les conséquences du harcèlement peuvent affecter non seulement la victime elle-même, mais aussi son entourage. Aborder ce problème aide à maintenir des relations positives et favorise le bien-être général.

Aborder le problème du harcèlement joue un rôle important dans le maintien et le renforcement de relations interpersonnelles saines dans la société. L'intimidation, en tant que forme d'influence négative, peut sérieusement perturber les relations de la victime avec d'autres personnes, notamment les membres de la famille, les amis, les collègues et même de simples connaissances. Les conséquences négatives du harcèlement peuvent se propager à un large éventail de personnes dans l'environnement social de la victime.

Le harcèlement touche non seulement la victime elle-même, mais aussi ses proches et ses collègues. Les personnes qui subissent des changements de comportement ou un traumatisme émotionnel à la suite d'intimidation peuvent avoir des difficultés à établir ou à entretenir des relations saines. Cela peut conduire à des conflits, à la méfiance et parfois à une rupture relationnelle, ce qui nuit au bien-être psychologique et émotionnel de toutes les parties.

Lutter contre l'intimidation aide à maintenir des relations positives et à améliorer le bien-être général de la communauté. Prévenir et mettre fin à l'intimidation crée un environnement sûr et favorable dans lequel les gens peuvent se sentir en sécurité et respectés. Cela permet de développer la confiance, la coopération et la compréhension entre les personnes, qui constituent la base de relations saines et productives.

De plus, résoudre le problème du harcèlement contribue à renforcer l'empathie et la compassion au sein de la société. Soutenir une victime d'intimidation démontre du souci et du respect pour les sentiments et la dignité des autres, ce qui contribue à créer un environnement plus accueillant et plus solidaire pour tous les membres. De telles interactions interpersonnelles positives contribuent à renforcer le tissu social de la société et à créer la base de la solidarité et de l'entraide.

S'attaquer au problème du harcèlement entraîne non seulement des changements positifs pour les victimes individuelles, mais contribue également à la formation d'une société fondée sur les principes de tolérance et de respect. Cela signifie que lorsqu'une communauté prend des mesures pour prévenir et combattre l'intimidation, elle exprime son opposition aux comportements dédaigneux et agressifs en soulignant l'importance de respecter les droits et la dignité de chaque membre de la communauté. De telles actions protègent non seulement les individus des conséquences négatives du harcèlement, mais contribuent également à créer un environnement dans lequel chacun se sent en sécurité et respecté. Ce processus soutient le développement d'une société plus ouverte, inclusive et empathique où les différences et l'intégrité de chaque individu sont valorisées.

Chapitre 4.
Mythes sur l'intimidation.

Les mythes courants sur l'intimidation peuvent donner lieu à des malentendus et à des idées fausses sur le sujet. Voici quelques-uns des principaux mythes :

1. L'intimidation n'est qu'une farce d'enfant : ce mythe suggère que l'intimidation fait partie de l'expérience normale de l'enfance et que les enfants doivent simplement s'en remettre. En fait, l'intimidation est un délit grave qui peut avoir des conséquences négatives et durables pour la victime.

Le mythe selon lequel l'intimidation n'est qu'une farce enfantine est l'une des idées fausses les plus courantes et les plus dangereuses pouvant conduire à des malentendus et à des approches de ce problème. Voici un aperçu plus détaillé de ce mythe :

- Déni de la gravité du problème : Ce mythe sous-estime fondamentalement la gravité de la situation. L'intimidation ne doit pas être considérée comme un élément normal de l'expérience de l'enfance, mais plutôt comme une forme de violence psychologique ou physique pouvant affecter gravement la victime.

- Effets négatifs sur la victime : Le harcèlement peut entraîner des problèmes psychologiques tels que la dépression, l'anxiété, une faible estime de soi, le trouble de stress post-traumatique, ainsi que des problèmes physiques, notamment des blessures et des maladies telles que des maux de tête et des maux d'estomac. Ces conséquences peuvent laisser une marque durable sur la vie de la victime, affectant son bien-être émotionnel, ses relations sociales et sa réussite scolaire ou professionnelle.

- Créer une culture négative : Accepter l'idée que l'intimidation fait simplement partie de l'expérience normale de l'enfance peut contribuer à créer une culture de tolérance à l'égard de la violence. Cela peut amener les enfants à considérer le comportement comme acceptable et même, dans certains cas, à l'encourager, créant ainsi un environnement préjudiciable à la croissance et au développement.

- Résolution de problèmes contre-productive : si le harcèlement est considéré comme une simple farce enfantine, cela peut amener les adultes à ne pas prendre les mesures nécessaires pour mettre fin au comportement et apporter un soutien aux victimes. Cela entrave le développement de stratégies efficaces de lutte contre l'intimidation et la création d'un environnement sûr et favorable.

Dans l'ensemble, ce mythe sur l'intimidation souligne la nécessité d'éduquer et d'informer la société sur la gravité de ce problème et sur le fait que l'intimidation ne doit pas être traitée comme quelque chose de normal ou d'acceptable. Briser ce mythe et reconnaître la gravité du harcèlement sont des étapes clés pour agir pour le prévenir et le combattre.

Poursuivons la discussion en examinant les effets du harcèlement sur la victime :

- Conséquences psychologiques : Pour la victime de harcèlement, les conséquences psychologiques peuvent être extrêmement graves et durables. Le traumatisme émotionnel causé par l'intimidation peut conduire au développement de dépression, d'anxiété, de trouble de stress post-traumatique (SSPT) et d'autres problèmes psychologiques. Les enfants et les adolescents victimes d'intimidation éprouvent souvent de la peur, de l'impuissance et un sentiment d'isolement, ce qui peut affecter leur estime de soi et leur bien-être émotionnel général.

- Conséquences physiques : Certaines formes de harcèlement peuvent entraîner des blessures physiques et des maladies. Par exemple, la violence physique ou les menaces de violence physique peuvent entraîner des blessures, et les attaques verbales peuvent provoquer du stress, qui à son tour peut entraîner des symptômes physiques tels que des maux de tête, de l'insomnie, des problèmes digestifs et même des problèmes cardiaques.

- Isolement social et aliénation : L'intimidation peut conduire à l'isolement social et à l'aliénation de la victime par rapport à ses pairs et même aux membres de sa famille. Les victimes se sentent souvent en insécurité sociale et évitent les contacts sociaux de peur d'être ridiculisées ou victimes de violence. Cela peut entraîner de graves problèmes d'adaptation et d'établissement de relations interpersonnelles saines à l'avenir.

- Problèmes scolaires et professionnels : Le harcèlement peut nuire à la réussite scolaire ou professionnelle de la victime. Le stress et la distraction constants causés par l'intimidation peuvent entraîner une diminution des résultats scolaires, de mauvais résultats d'apprentissage et même de l'absentéisme. Pour les adultes victimes de harcèlement, des problèmes peuvent également survenir dans le domaine professionnel, où le harcèlement au travail peut affecter le développement professionnel et le bien-être.

Compte tenu de ces conséquences, la nécessité de lutter contre le harcèlement et d'apporter soutien et protection aux victimes apparaît clairement.

2. La victime attire l'intimidation en raison de son comportement ou de son apparence : Ce mythe reproche à la victime d'être victime d'intimidation en raison de son comportement ou de son apparence. En réalité, le harcèlement repose sur le pouvoir et le désir de contrôler ou de détruire une autre personne, plutôt que sur le comportement ou l'apparence de la victime.

L'intimidation basée sur le mythe selon lequel la victime est attirée par son comportement ou son apparence est une croyance dangereuse et erronée qui rejette la responsabilité de l'intimidation sur la victime, plutôt que d'assumer la responsabilité des actions négatives de l'intimidateur lui-même.

- Incompréhension des causes du harcèlement : ce mythe affirme à tort que le harcèlement se produit en raison du comportement ou de l'apparence de la victime. En fait, l'intimidation repose le plus souvent sur le désir de l'intimidateur de prendre le contrôle ou de détruire une autre personne, démontrant ainsi son pouvoir et sa domination.

- Ignorer des facteurs importants : ce mythe minimise le rôle joué par des facteurs tels que la réticence de l'intimidateur à accepter les différences, une faible estime de soi ou des problèmes dans sa propre vie. Il ignore également les raisons possibles de l'intimidation, telles que le désir d'attirer l'attention, le désir de manipuler les autres ou de montrer sa force devant les autres.

- Impact négatif sur la victime : L'affirmation répétée de ce mythe peut conduire à des sentiments accrus de culpabilité et de honte chez la victime de harcèlement, ce qui ne fait qu'exacerber sa souffrance et réduire sa confiance en elle.

- Distraction des problèmes réels : reprocher à la victime d'être la responsable du harcèlement détourne l'attention de la nécessité de lutter contre le harcèlement lui-même et de créer un environnement sûr pour tous les acteurs de la société.

Il est donc important de combattre ce mythe en sensibilisant le public aux causes et conséquences réelles du harcèlement et en promouvant une culture de respect, de tolérance et de soutien.

3. Ignorez simplement l'intimidation et elle cessera : Ce mythe suggère qu'ignorer l'intimidation la fera disparaître. Cependant, ignorer l'intimidation peut aggraver la situation, car l'intimidation est basée sur le désir d'attirer l'attention et de contrôler les autres.

Le mythe selon lequel le simple fait d'ignorer l'intimidation la fera disparaître est une affirmation infondée et même dangereuse. C'est pourquoi:

- Agressivité accrue : L'intimidation, basée sur le désir d'attirer l'attention et de contrôler les autres, peut être accrue lorsqu'elle est ignorée. Ne pas réagir à un comportement agressif peut pousser les intimidateurs à devenir plus agressifs et plus assertifs afin d'atteindre leurs objectifs.

- Affirmation de pouvoir : Ignorer le harcèlement peut être perçu par l'intimidateur comme un signe de faiblesse et d'impuissance de la part de la victime. Cela peut renforcer la confiance de l'intimidateur en son propre pouvoir et l'encourager à poursuivre son comportement agressif.

- Durée du harcèlement : Si le harcèlement ne cesse pas en raison de la négligence, il peut continuer et s'aggraver, créant des conséquences négatives pour la victime. Cela peut entraîner une détérioration psychologique, un isolement social et même des dommages physiques.

- Créer un environnement sûr : ignorer l'intimidation ne crée pas un environnement sûr et favorable dans lequel chacun se sent en sécurité et respecté. Lutter contre l'intimidation nécessite une intervention active, du soutien et de l'éducation.

Il est donc important de ne pas négliger le harcèlement, mais de prendre des mesures pour y mettre fin, notamment en demandant l'aide d'adultes, en créant un environnement favorable et en apprenant à la société à se traiter les uns les autres avec conscience et respect.

4. L'intimidation n'est que de la violence physique : Ce mythe suggère que l'intimidation se manifeste toujours par la violence physique. En fait, l'intimidation peut être verbale, émotionnelle, sociale, cyberintimidation et bien d'autres formes d'intimidation.

Le mythe selon lequel l'intimidation se limite à la violence physique est une affirmation trompeuse et mal informée. En fait, le harcèlement peut prendre diverses formes, visibles ou cachées. Voici une explication plus détaillée :

- Intimidation verbale : Il s'agit d'une forme d'intimidation dans laquelle la victime est agressée verbalement, menacée ou ridiculisée. Ce type de harcèlement peut être direct ou indirect, mais il entraîne toujours de graves dommages au bien-être psychologique de la victime.

- Harcèlement émotionnel : Ce type d'intimidation vise à induire des émotions négatives chez la victime par le biais d'humiliation, de menaces ou de manipulation. Cela peut se manifester par le fait d'être ignoré, isolé ou de répandre des rumeurs, conduisant à des sentiments d'impuissance et de douleur chez la victime.

- Harcèlement social : Il s'agit d'une forme d'intimidation qui consiste à exclure ou à isoler la victime des groupes sociaux, à porter atteinte à son statut ou à sa réputation et à créer une pression de groupe pour la manipuler et la contrôler.

- Cyberintimidation : Ce type d'intimidation se produit dans l'espace numérique via Internet et les médias sociaux. Il peut s'agir d'envoyer des menaces, des insultes, de diffuser de fausses informations ou des commentaires négatifs, ce qui peut avoir des effets dévastateurs sur la santé mentale de la victime.

Le harcèlement représente donc un éventail de comportements bien plus large que la simple violence physique et comprend diverses formes d'agression qui peuvent être tout aussi destructrices pour la victime. Pour lutter efficacement contre le harcèlement, il faut être conscient de toutes ses formes et prendre des mesures appropriées pour y mettre fin et le prévenir.

5. L'intimidation fait simplement partie du fait de grandir et d'être adolescent : Ce mythe affirme que l'intimidation est un phénomène naturel que les enfants et les adolescents vivent sur le chemin de l'âge adulte. En fait, l'intimidation n'est pas une partie inévitable de la croissance et doit être considérée comme un trouble grave qui nécessite une intervention.

Le mythe selon lequel l'intimidation fait simplement partie de la croissance et de l'adolescence sous-estime la gravité du phénomène et ses conséquences négatives potentielles. Voici une explication plus détaillée de ce sujet :

- L'intimidation en tant que trouble grave : Maintenir la croyance que l'intimidation fait partie de la croissance normale masque la gravité du comportement. En fait, le harcèlement est une forme d'agression et de violence qui nuit non seulement au bien-être physique mais aussi psychologique de la victime.

- Conséquences potentielles pour la victime : L'intimidation peut entraîner des conséquences graves et à long terme pour la victime, notamment des problèmes psychologiques tels que la dépression, l'anxiété, le trouble de stress post-traumatique, ainsi que l'isolement social, une diminution de l'estime de soi et des problèmes de relations sociales. adaptation.

- Responsabilité de l'intervention : L'idée selon laquelle l'intimidation est une partie inévitable de la croissance transfère la responsabilité de l'arrêter de la victime aux autres. Cependant, lutter efficacement contre le harcèlement nécessite une intervention active de la société, des écoles, des parents et d'autres parties prenantes.

- Créer une culture de respect et de tolérance : Accepter l'intimidation comme partie intégrante de l'adolescence sape les efforts visant à créer une culture de respect, de tolérance et de sécurité dans les établissements d'enseignement et dans la société en général.

Par conséquent, il est important de reconnaître que l'intimidation n'est pas une partie inévitable de la croissance, mais qu'il s'agit d'un trouble grave qui nécessite une intervention immédiate et des efforts pour y mettre fin et le prévenir. Il est nécessaire de travailler activement à la création d'environnements sûrs et favorables qui tiennent compte des besoins de tous les acteurs de la société.

6. Le harcèlement n'est qu'un problème pour la victime : Ce mythe suggère que le harcèlement n'affecte que la victime et non l'ensemble de l'environnement social. En fait, le harcèlement peut avoir de vastes conséquences sur tous les membres de la société, y compris sur les spectateurs et même sur les intimidateurs eux-mêmes.

Le mythe selon lequel le harcèlement est un problème uniquement pour la victime existe dans la société et conduit à une sous-estimation de l'ensemble des conséquences négatives de ce phénomène. Voici une explication détaillée de cette déclaration :

- Conséquences pour les témoins : Les personnes témoins de harcèlement peuvent également subir un traumatisme psychologique. Ils se sentent souvent impuissants, effrayés ou coupables de ne pas pouvoir intervenir ou d'hésiter à intervenir. Cela peut entraîner du stress, de l'anxiété et d'autres problèmes émotionnels.

- Impact sur les autres : Le harcèlement a un impact négatif sur l'environnement social, créant une atmosphère de peur, d'incertitude et d'injustice. Cela peut conduire à la désintégration des liens sociaux, à une diminution de la confiance dans les autres et à une détérioration générale du climat moral.

- Conséquences pour les intimidateurs eux-mêmes : Basé sur le mythe selon lequel le harcèlement n'affecte que la victime, l'impact de ce comportement sur l'intimidateur lui-même est souvent oublié. L'intimidation peut accroître les traits de personnalité négatifs tels que l'agressivité, la violence et le manque de respect envers les autres, ce qui peut ensuite conduire à l'isolement social, à des problèmes de communication et à d'autres conséquences négatives.

- Impact sur le processus éducatif : Le harcèlement affecte l'environnement éducatif, créant des obstacles à l'apprentissage et au développement de tous les participants au processus éducatif. Les victimes de harcèlement éprouvent des difficultés à se concentrer, à comprendre le contenu et à apprendre, tandis que les spectateurs peuvent également ressentir de la détresse, ce qui affecte en fin de compte les résultats scolaires et le processus éducatif global.

Ainsi, le harcèlement a non seulement un impact individuel sur la victime, mais a également de vastes conséquences sociales, psychologiques et éducatives pour tous les acteurs de la société. Les efforts visant à créer un environnement sûr et favorable doivent inclure une meilleure compréhension de tous les aspects de l'intimidation.

7. L'intimidation fait simplement partie de la vie scolaire : certaines personnes peuvent croire que l'intimidation fait simplement partie de la culture scolaire et que tous les enfants en sont victimes. Cependant, il s'agit d'un mythe, car l'intimidation n'est pas normale et ne devrait pas être tolérée.

Le mythe selon lequel le harcèlement est un problème uniquement pour la victime existe dans la société et conduit à une sous-estimation de l'ensemble des conséquences négatives de ce phénomène. Voici une explication détaillée de cette déclaration :

- Conséquences pour les témoins : Les personnes témoins de harcèlement peuvent également subir un traumatisme psychologique. Ils se sentent souvent impuissants, effrayés ou coupables de ne pas pouvoir intervenir ou d'hésiter à intervenir. Cela peut entraîner du stress, de l'anxiété et d'autres problèmes émotionnels.

- Impact sur les autres : Le harcèlement a un impact négatif sur l'environnement social, créant une atmosphère de peur, d'incertitude et d'injustice. Cela peut conduire à la désintégration des liens sociaux, à une diminution de la confiance dans les autres et à une détérioration générale du climat moral.

- Conséquences pour les intimidateurs eux-mêmes : Basé sur le mythe selon lequel le harcèlement n'affecte que la victime, l'impact de ce comportement sur l'intimidateur lui-même est souvent oublié.

L'intimidation peut accroître les traits de personnalité négatifs tels que l'agressivité, la violence et le manque de respect envers les autres, ce qui peut ensuite conduire à l'isolement social, à des problèmes de communication et à d'autres conséquences négatives.

- Impact sur le processus éducatif : Le harcèlement affecte l'environnement éducatif, créant des obstacles à l'apprentissage et au développement de tous les participants au processus éducatif. Les victimes de harcèlement éprouvent des difficultés à se concentrer, à comprendre le contenu et à apprendre, tandis que les spectateurs peuvent également ressentir de la détresse, ce qui affecte en fin de compte les résultats scolaires et le processus éducatif global.

Ainsi, le harcèlement a non seulement un impact individuel sur la victime, mais a également de vastes conséquences sociales, psychologiques et éducatives pour tous les acteurs de la société. Les efforts visant à créer un environnement sûr et favorable doivent inclure une meilleure compréhension de tous les aspects de l'intimidation.

8. Le harcèlement ne concerne que les enfants : Certaines personnes peuvent croire que le harcèlement est un problème principalement associé aux groupes d'enfants. Cependant, l'intimidation peut survenir dans divers domaines de la vie, notamment dans le milieu de travail, les relations familiales et les groupes communautaires.

L'affirmation selon laquelle le harcèlement ne se produit que parmi les enfants ne reflète pas suffisamment l'ampleur du problème. En effet, le harcèlement peut survenir dans divers domaines de la vie, notamment dans les groupes d'enfants, mais également dans l'environnement de travail, les relations familiales, les groupes communautaires et également l'espace en ligne. Examinons ce problème plus en détail :

- Environnement de travail : L'intimidation au travail, connue sous le nom d'intimidation sur le lieu de travail ou en entreprise, implique un comportement indésirable conçu pour humilier, isoler ou discriminer un employé par des collègues ou des supérieurs. Cela peut être à la fois verbal et non verbal, comme des critiques, des discours bruyants, des négligences, des menaces ou même de la violence physique.

- Relations familiales : Le harcèlement dans les environnements familiaux prend souvent la forme de violences émotionnelles ou physiques, de harcèlement, de menaces ou de contrôle sur d'autres membres de la famille. Cela peut être particulièrement préjudiciable dans la mesure où la famille, généralement considérée comme un refuge, devient une source de stress et de souffrance.

- Groupes communautaires : L'intimidation peut également se produire dans des groupes communautaires tels que des équipes sportives, des communautés religieuses, des communautés culturelles et autres. Cela peut inclure l'isolement, l'exclusion d'un groupe, l'humiliation pour certaines caractéristiques de la personnalité ou la violation des normes et valeurs de la communauté.

- Espace en ligne : la cyberintimidation, ou intimidation sur Internet, est de plus en plus courante dans le monde moderne. Cela inclut l'envoi de messages menaçants ou abusifs, la publication de commentaires diffamatoires ou désobligeants, la création de faux profils et d'autres formes de violence numérique.

Ainsi, le harcèlement ne se limite pas aux groupes d'enfants et son influence se fait sentir dans diverses sphères de la société. Comprendre ce fait nous permet de combattre plus efficacement le problème et de créer des environnements sûrs et favorables dans diverses communautés.

9. La victime d'intimidation est responsable de la situation : Certaines personnes peuvent croire que la victime d'intimidation est responsable de la situation en raison de son comportement ou de son apparence. Cependant, il s'agit d'une idée fausse, car personne ne mérite d'être victime d'intimidation ou de violence.

L'idée selon laquelle la victime du harcèlement est responsable de ce qui se passe est l'un des mythes les plus courants concernant le harcèlement. Il s'agit d'une idée fausse qui aboutit souvent à justifier ou à dissimuler un comportement abusif de la part de l'agresseur. Examinons ce problème plus en détail :

- Blâme de la victime : les victimes d'intimidation sont souvent accusées d'être elles-mêmes responsables de ce qui se passe en raison de leur comportement, de leur apparence ou de toute autre caractéristique. Il s'agit cependant d'une hypothèse erronée, car aucune action ou caractéristique de la victime ne justifie la violence ou le harcèlement.

- Responsabilité de l'intimidateur : La responsabilité première du harcèlement incombe à l'intimidateur qui commet des actes de violence, d'humiliation ou d'autres formes d'agression envers la victime. Blâmer la victime pour les actes de l'agresseur lui enlève toute protection et augmente ses sentiments d'impuissance et de culpabilité.

- Aspects psychologiques : Le harcèlement peut avoir de graves effets psychologiques sur la victime, notamment la dépression, l'anxiété, le trouble de stress post-traumatique et même des pensées suicidaires. Blâmer la victime ne fait qu'augmenter sa souffrance et aggraver son traumatisme psychologique.

- Acceptation et soutien : Au lieu de blâmer la victime, la société devrait reconnaître le problème du harcèlement et apporter son soutien aux victimes. Cela peut inclure une éducation sur l'intimidation, la création d'espaces sûrs et des programmes de soutien en santé mentale pour les personnes confrontées à ce problème.

Il est donc important de réaliser qu'aucune victime d'intimidation ne mérite de souffrir et que la responsabilité de la violence incombe toujours à l'intimidateur. Blâmer la victime ne fait qu'aggraver le problème et l'empêche d'obtenir le soutien et la protection dont elle a besoin.

10. L'intimidation n'est que des blagues ou des jeux : Certaines personnes peuvent minimiser la gravité de l'intimidation en la considérant comme de simples blagues ou des jeux amicaux. En fait, le harcèlement a des conséquences négatives et peut nuire gravement à la santé mentale et physique de la victime.

L'affirmation selon laquelle le harcèlement n'est qu'une plaisanterie ou un jeu est l'un des mythes les plus courants concernant ce phénomène. Cette idée fausse met en évidence une approche frivole d'un problème grave pouvant avoir de graves conséquences pour la victime. Examinons ce problème plus en détail :

- Gravité du harcèlement : Le harcèlement est une forme d'agression et de violence qui peut entraîner de graves conséquences pour la victime. Ce ne sont pas seulement des blagues ou des jeux, mais une attaque contre la personnalité et l'estime de soi d'une personne.

- Effets psychologiques : Les victimes de harcèlement peuvent souffrir de dépression, d'anxiété, du syndrome de stress post-traumatique et d'autres problèmes psychologiques. Pour eux, le harcèlement n'est pas qu'un jeu, mais une source de graves souffrances psychiques.

- Conséquences physiques : Certaines formes de harcèlement, comme la violence physique ou verbale, peuvent nuire gravement à la santé de la victime. Ce n'est pas un jeu, mais une véritable violation du bien-être physique.

- Créer un environnement négatif : L'intimidation crée un environnement nocif et toxique qui peut s'étendre au-delà des cas individuels et affecter l'ensemble de l'atmosphère sociale.

- Nécessité d'intervention : Accepter l'intimidation comme de simples plaisanteries ou jeux est inacceptable et nécessite une intervention active de la part des établissements d'enseignement, de la communauté et de la société dans son ensemble.

Dans l'ensemble, il est important de réaliser que l'intimidation est bien plus grave que de simples blagues ou jeux. Il s'agit d'une forme de violence et d'agression qui nécessite un traitement et une intervention sérieux pour la prévenir et y mettre fin.

11. L'intimidation est une partie inévitable de l'enfance : Certaines personnes peuvent croire que l'intimidation est une partie inévitable de la croissance et que les enfants devraient simplement « en sortir » en grandissant. Cependant, c'est une fausse affirmation car l'intimidation n'est pas un aspect normal ou inévitable de l'enfance. Elle peut et doit être évitée et traitée afin de garantir un environnement sûr et favorable à tous les enfants.

L'idée selon laquelle l'intimidation fait inévitablement partie de l'enfance est un mythe courant qui nuit à la compréhension et à la résolution du problème. Regardons de plus près:

- Inacceptabilité du harcèlement : Il est important de comprendre que le harcèlement ne doit jamais être considéré comme un aspect normal ou inévitable de l'enfance. Le harcèlement est une forme de violence et d'agression qui va à l'encontre des principes de sécurité et de respect de chaque personne.

- Conséquences pour les victimes : Le harcèlement peut avoir de graves conséquences sur le bien-être mental et émotionnel des enfants, conduisant à la dépression, à l'anxiété et à d'autres problèmes psychologiques. Cela peut laisser des blessures profondes qui peuvent affecter la vie de la victime pendant des années.

- Le rôle des éducateurs et de la société : Au lieu de considérer le harcèlement comme un phénomène inévitable, les adultes et la société dans son ensemble doivent prendre des mesures actives pour prévenir et freiner ce comportement négatif. Les établissements d'enseignement, les parents, les éducateurs et la société dans son ensemble doivent travailler ensemble pour créer un environnement sûr et favorable aux enfants.

- Mesures proactives : Une lutte efficace contre l'intimidation consiste à enseigner aux enfants les compétences d'intelligence émotionnelle, de résolution de conflits et de communication respectueuse. Il est également important de développer des systèmes et des mécanismes de soutien pour répondre aux incidents de harcèlement.

- Prévention et réponse : Il est important de mener un travail de prévention, d'éduquer et de soutenir tant les victimes que les intimidateurs potentiels. Réagir rapidement et efficacement aux incidents de harcèlement constitue également un aspect clé de la lutte contre ce problème.

Dans l'ensemble, le harcèlement n'est pas un aspect inévitable de l'enfance et doit être considéré comme un trouble grave qui nécessite une intervention immédiate et des mesures appropriées pour le prévenir et le combattre. Créer un environnement sûr et favorable pour tous les enfants devrait être une priorité pour les établissements d'enseignement et la société dans son ensemble.

Les mythes sur l'intimidation peuvent rendre très difficile la compréhension et la résolution du problème. La propagation de fausses croyances sur le harcèlement peut conduire à une sous-estimation de sa gravité et de son impact sur les victimes, et entraver les interventions efficaces pour y remédier. Il est donc important de sensibiliser le public à la nature réelle du harcèlement et à ses conséquences.

Un mythe courant est l'idée selon laquelle l'intimidation fait simplement partie de l'expérience de l'enfance ou de l'adolescence et que les enfants devraient simplement « en sortir » en grandissant. Cependant, il s'agit d'une idée fausse, car l'intimidation n'est pas un aspect inévitable de l'enfance et doit être considérée comme un trouble grave nécessitant une intervention immédiate.

Un autre mythe répandu est que le harcèlement n'affecte que la victime et non l'ensemble de la communauté. Cependant, en réalité, le harcèlement a de nombreuses conséquences sur tous les membres de la société, y compris sur les spectateurs et même sur les intimidateurs eux-mêmes.

Il existe également un mythe selon lequel l'intimidation n'est qu'une plaisanterie ou un jeu, ce qui diminue la gravité du problème. En fait, le harcèlement a des conséquences négatives et peut nuire gravement à la santé mentale et physique de la victime.

La propagation de ces mythes peut entraver l'efficacité des efforts de lutte contre l'intimidation. Il est donc important d'éduquer le public sur la véritable nature de ce problème et ses graves conséquences. La prise de conscience de ces idées fausses permet de mieux comprendre et combattre le harcèlement dans la société, ainsi que de prendre des mesures efficaces pour prévenir et combattre ce problème.

Partie 2. Comment cesser d'être victime d'intimidation.

Chapitre 5.
Premiers secours pour les victimes de harcèlement. Ressources disponibles pour aider les victimes d'intimidation.

Il est important de noter que les ressources énumérées ci-dessous sont extrêmement utiles aux victimes d'intimidation, en particulier dans les premiers stades de cette expérience négative. Au tout début du harcèlement, lorsque la victime commence à peine à prendre conscience du problème ou ressent les premiers signes d'inconfort, ces ressources peuvent jouer un rôle crucial.

Premièrement, ils permettent aux victimes d'accéder à des informations sur l'intimidation, les aidant ainsi à comprendre ce qui se passe et la gravité de la situation. Cela aide les victimes à se sentir moins seules et isolées face à leur problème et les aide à décider quoi faire ensuite.

Deuxièmement, ces ressources fournissent un soutien psychologique et des conseils pour aider les victimes à faire face aux conséquences émotionnelles de l'intimidation. Cela peut inclure des stratégies pour gérer le stress, améliorer l'estime de soi et développer des capacités d'adaptation.

Ils fournissent également un soutien pratique sous la forme de conseils spécifiques sur la manière de réagir au harcèlement, les mesures à prendre pour se protéger et la manière de demander une aide supplémentaire.

De cette manière, ces ressources aident non seulement les victimes à surmonter les difficultés initiales liées au harcèlement, mais leur fournissent également le soutien et les ressources nécessaires pour affronter ce phénomène négatif de manière décisive et efficace.

Voici quelques ressources disponibles pour aider les victimes d'intimidation :

1. Psychologues et conseillers scolaires : De nombreuses écoles disposent de psychologues ou de conseillers spécialisés dans l'accompagnement des élèves confrontés à l'intimidation. Ils peuvent offrir des conseils, un soutien et des orientations sur la façon de gérer la situation.

Les psychologues et conseillers scolaires jouent un rôle important dans le soutien aux élèves victimes d'intimidation. Voici un aperçu plus approfondi de cette ressource :

- Fournir des conseils et un soutien individuel : les psychologues et les conseillers scolaires fournissent des conseils confidentiels aux victimes de harcèlement. Ils les aident à comprendre leurs émotions, à donner un sens aux situations et à développer des stratégies de gestion du stress. Cela permet aux victimes de se sentir entendues et soutenues.

- Élaboration de plans d'action individuels : les psychologues et les conseillers scolaires travaillent avec les victimes d'intimidation pour élaborer des plans d'action individuels. Ces plans peuvent inclure des moyens de prévenir les conflits, de renforcer l'estime de soi et de développer les compétences en communication.

- Soutien aux parents et aux éducateurs : De plus, des psychologues et des conseillers scolaires apportent un soutien aux parents et aux éducateurs afin qu'ils puissent répondre plus efficacement aux cas d'intimidation. Ils fournissent des recommandations d'intervention, des stratégies de communication avec les enfants et une formation sur la façon de soutenir les enfants victimes d'intimidation.

- Réaliser un travail de prévention : Les psychologues et consultants scolaires effectuent également un travail de prévention, en organisant des formations et des activités pour lutter contre le harcèlement à l'école. Ils s'efforcent de créer un environnement sûr et favorable dans lequel chaque élève se sent protégé.

- Collaboration avec d'autres professionnels : les psychologues et conseillers scolaires collaborent souvent avec d'autres professionnels, tels que des travailleurs sociaux, des éducateurs et des administrateurs scolaires, pour développer une approche globale pour prévenir et résoudre les problèmes d'intimidation.

Les psychologues et conseillers scolaires jouent un rôle clé dans la lutte contre l'intimidation en fournissant le soutien, les ressources et la formation nécessaires pour créer un environnement scolaire sûr et favorable.

2. Conseiller familial ou thérapeute : Consulter un psychologue ou un thérapeute agréé peut être utile aux victimes d'intimidation, surtout si le problème affecte leur bien-être émotionnel ou psychologique.

Consulter un conseiller familial ou un thérapeute pour les victimes d'intimidation peut être une étape importante vers la guérison et le rétablissement du bien-être psychologique. Voici un aperçu plus approfondi de cette ressource :

- Soutien psychologique et conseil : Les psychologues familiaux et les thérapeutes offrent aux victimes d'intimidation des conseils confidentiels pour les aider à comprendre et à traiter leurs émotions liées à la situation d'intimidation. Ils aident les victimes à exprimer leurs sentiments, à gérer des situations difficiles et à élaborer des stratégies pour résoudre le problème.

- Travailler sur le renforcement de l'estime de soi et de la confiance en soi : Les psychologues familiaux et les thérapeutes aident les victimes d'intimidation à renforcer leur estime de soi et leur confiance en elles. Ils aident les victimes à comprendre leur valeur et leur caractère unique, et à développer des compétences d'autodéfense et de résilience émotionnelle.

- Développer des stratégies d'adaptation et d'adaptation : Les psychologues familiaux et les thérapeutes aident les victimes d'intimidation à développer des stratégies efficaces pour faire face aux situations difficiles et s'adapter aux influences négatives. Ils enseignent aux victimes comment gérer leur stress, trouver des ressources de soutien et développer des relations saines avec les autres.

- Soutien familial : Des psychologues familiaux et des thérapeutes apportent également un soutien aux familles des victimes de harcèlement. Ils aident les parents à comprendre et à soutenir leur enfant, fournissent des conseils sur une intervention efficace dans les situations d'intimidation et contribuent à créer un environnement familial favorable.

- Thérapie pour guérir les traumatismes : pour les traumatismes psychologiques graves associés à l'intimidation, les psychologues familiaux et les thérapeutes peuvent proposer un traitement thérapeutique pour aider les victimes à surmonter les traumatismes passés, à surmonter leurs peurs et à retrouver leur santé psychologique.

Consulter un conseiller familial ou un thérapeute peut être une étape importante vers la guérison et le rétablissement du bien-être psychologique des victimes d'intimidation. Ils offrent un soutien individualisé, aident à développer la résilience émotionnelle et à bâtir des relations saines au sein de la famille et de la communauté.

3. Lignes d'assistance téléphonique nationales : de nombreux pays disposent de lignes d'assistance téléphonique dédiées à l'aide aux victimes de harcèlement et à leurs familles. Ces services fournissent généralement des conseils et une assistance par téléphone ou en ligne.

Les lignes d'assistance téléphonique nationales constituent une ressource importante pour les victimes de harcèlement et leurs familles, fournissant un soutien confidentiel et professionnel dans les situations critiques. Voici un aperçu plus approfondi de cette ressource :

- Conseil et soutien : les lignes d'assistance téléphonique nationales contre l'intimidation fournissent des conseils et un soutien émotionnel aux victimes qui peuvent se sentir isolées ou sans aide. Les conseillers professionnels de la hotline sont formés pour travailler avec les victimes de harcèlement, les aidant à comprendre leurs émotions, à proposer des stratégies d'adaptation et à leur fournir un soutien psychologique.

- Fournir des informations et des ressources : les lignes d'assistance téléphonique peuvent également fournir des informations sur les droits des victimes de harcèlement, les ressources disponibles pour l'aide et le soutien, ainsi que les méthodes pour résoudre le problème. Cela peut inclure des informations sur les politiques scolaires anti-intimidation, des conseils pour trouver du soutien dans la communauté et des ressources d'auto-assistance en ligne.

- Anonymat et confidentialité : les lignes d'assistance téléphonique offrent généralement l'anonymat et la confidentialité aux victimes de harcèlement, leur permettant de discuter de leurs problèmes et de leurs préoccupations sans crainte de conséquences possibles. Cela peut être particulièrement important pour ceux qui craignent des réactions négatives ou des représailles de la part de la société ou de leurs agresseurs.

- Ressources en ligne et assistance en ligne : certaines lignes d'assistance téléphonique proposent une assistance non seulement par téléphone, mais également via des plateformes en ligne telles que des sites Web, des e-mails ou des chats en direct. Cela offre un meilleur accès à l'aide pour ceux qui préfèrent communiquer dans un environnement en ligne.

- Orientation vers des services et organismes spécialisés : les lignes d'assistance téléphonique peuvent également orienter les victimes de harcèlement vers d'autres services et organismes spécialisés où elles peuvent recevoir un soutien et une assistance à plus long terme. Cela peut inclure une orientation vers une thérapie psychologique, des programmes de soutien de groupe ou une assistance juridique.

Les lignes d'assistance téléphonique nationales constituent une source importante d'aide et de soutien pour les victimes de harcèlement et leurs familles, garantissant qu'elles ont accès à une aide, des conseils et des ressources professionnels dans les moments critiques.

4. Organisations et fondations anti-intimidation : Il existe de nombreuses organisations non gouvernementales et fondations qui œuvrent pour prévenir et combattre l'intimidation. Ils peuvent fournir des informations, des ressources et un soutien aux victimes et à leurs familles.

Les organisations et fondations de lutte contre le harcèlement jouent un rôle clé dans la sensibilisation, les ressources et le soutien aux victimes de ce phénomène. Regardons-les de plus près :

- Fourniture d'informations et éducation : ces organisations diffusent des informations sur la nature du harcèlement, ses conséquences et les méthodes de prévention. Ils proposent des événements éducatifs, des séminaires, des ateliers et des campagnes pour les écoles, les parents, les professionnels et le grand public.

- Soutien psychologique et conseil : Beaucoup de ces organisations fournissent des conseils et un soutien psychologique aux victimes de harcèlement et à leurs familles. Cela peut inclure des séances individuelles, des programmes de soutien de groupe et des conseils en ligne via des sites Web ou des forums de discussion.

- Soutien scolaire et communautaire : les organisations anti-intimidation s'associent à des établissements d'enseignement et à des organisations communautaires pour mettre en œuvre des programmes et des politiques visant à créer des environnements sûrs et favorables. Ils peuvent offrir des ressources aux écoles et aux groupes communautaires pour les aider à élaborer des stratégies de lutte contre l'intimidation.

- Mener des recherches et des analyses de données : certaines organisations financent et mènent des recherches visant à comprendre les causes et les conséquences du harcèlement, ainsi que l'efficacité des méthodes pour le combattre. Ils collectent et analysent des données sur la prévalence du harcèlement et son impact sur différents groupes de personnes.

- Soutien juridique et plaidoyer : Certaines organisations fournissent une assistance juridique et un plaidoyer aux victimes de harcèlement, les aidant à protéger leurs droits et à obtenir une indemnisation pour les dommages subis à la suite du harcèlement ou de la violence.

- Réseautage et partenariats : les organisations de lutte contre l'intimidation collaborent souvent les unes avec les autres, partageant des ressources, des expériences et des meilleures pratiques. Ils peuvent également former des partenariats avec d'autres organisations, des agences gouvernementales et le secteur des affaires pour améliorer les réponses au harcèlement et créer un environnement sûr pour tous.

Les organisations et fondations de lutte contre le harcèlement constituent une source importante de soutien et de ressources pour les victimes et leurs familles, et jouent un rôle clé dans la prévention et la lutte contre le harcèlement dans la société.

5. Ressources en ligne et communautés de soutien : Il existe des ressources en ligne, notamment des sites Web, des forums et des communautés de médias sociaux, où les victimes d'intimidation peuvent entrer en contact avec d'autres personnes confrontées à des problèmes similaires et recevoir du soutien et des conseils.

Les ressources en ligne et les communautés de soutien offrent aux victimes d'intimidation de précieuses opportunités d'obtenir du soutien, des conseils et un sentiment d'appartenance à une communauté. Examinons les principaux aspects de cette ressource :

- Forums et communautés en ligne : Il existe de nombreux forums et communautés en ligne dédiés à la lutte contre le harcèlement et au soutien des victimes. Ces plateformes offrent un espace anonyme pour discuter des problématiques liées au harcèlement, partager des expériences et obtenir des conseils de personnes ayant vécu des situations similaires.

- Chats et consultations en ligne : Certains sites Web proposent des chats et des consultations en ligne avec des psychologues professionnels ou des formateurs anti-intimidation. Cela permet aux victimes de recevoir un soutien et des conseils confidentiels dans le confort de leur foyer.

- Ressources et informations : de nombreuses ressources en ligne fournissent des informations sur la manière de reconnaître le harcèlement, d'y répondre et d'obtenir de l'aide. Ils peuvent également offrir des conseils et des orientations sur la gestion du stress, l'amélioration de l'estime de soi et le développement des compétences interpersonnelles.

- Médias sociaux : il existe des groupes et des communautés sur les plateformes de médias sociaux dédiés à la lutte contre le harcèlement et au soutien des victimes. Les gens peuvent rejoindre de tels groupes pour partager leurs histoires, obtenir le soutien des autres membres et participer aux discussions.

- Matériels et cours pédagogiques : plusieurs ressources en ligne proposent du matériel éducatif et des cours contre l'intimidation qui aident les victimes à développer des compétences d'autodéfense, à renforcer leur estime de soi et à apprendre à réagir efficacement à de telles situations.

- Campagnes de sensibilisation et activisme : grâce aux ressources en ligne, les victimes de harcèlement peuvent participer à des campagnes d'information, des mouvements militants et des pétitions visant à sensibiliser au problème et à prendre des mesures pour le résoudre.

Les ressources en ligne et les communautés de soutien jouent un rôle important en fournissant aux victimes d'intimidation un accès à l'information, au soutien et aux ressources qui peuvent les aider à faire face et à retrouver leur bien-être.

6. Programmes et initiatives scolaires de lutte contre l'intimidation : De nombreuses écoles disposent de programmes et d'initiatives pour prévenir et combattre l'intimidation. Ces programmes peuvent inclure la formation des étudiants et du personnel, la création d'espaces sûrs et l'élaboration de politiques de tolérance zéro en matière d'intimidation.

Les programmes et initiatives scolaires de lutte contre l'intimidation sont un élément important de la création d'un environnement sûr et favorable dans les établissements d'enseignement. Examinons ce sujet plus en détail :

- Éducation des élèves et du personnel : L'objectif des programmes anti-intimidation dans les écoles n'est pas seulement d'éduquer les élèves, mais aussi le personnel, notamment les enseignants, les administrateurs et les conseillers scolaires. L'apprentissage des élèves comprend l'introduction du concept d'intimidation, les techniques de prévention des conflits, le développement de compétences en matière d'intelligence émotionnelle et le renforcement de l'estime de soi et de la confiance en soi. La formation du personnel comprend l'apprentissage des signes d'intimidation, des interventions et un soutien efficaces aux victimes, ainsi que l'élaboration de stratégies pour créer un environnement sûr et inclusif.

- Création d'espaces sûrs : les programmes scolaires de lutte contre l'intimidation s'efforcent de créer des espaces sûrs et favorables pour tous les élèves. Cela inclut non seulement la sécurité physique, mais aussi la protection émotionnelle et sociale. Les écoles peuvent créer des « zones de sécurité » où les élèves peuvent demander de l'aide ou du soutien, et élaborer des politiques de tolérance zéro à l'égard du harcèlement et d'autres formes de violence.

- Développer des politiques de tolérance zéro face au harcèlement : Une partie importante des programmes scolaires de lutte contre le harcèlement est l'élaboration et la mise en œuvre de politiques de tolérance zéro face au harcèlement. Ces politiques définissent des règles et des conséquences claires pour ceux qui se livrent à des actes d'intimidation et établissent des procédures pour répondre aux violations. Ils exigent également que le personnel scolaire réagisse rapidement et efficacement aux incidents d'intimidation.

- Collaboration avec les parents et la communauté : les programmes scolaires de lutte contre l'intimidation incluent également la collaboration avec les parents et la communauté au sens large. Les parents peuvent participer à des activités de formation, en fournissant des commentaires et un soutien à la maison, ainsi qu'en élaborant et en mettant en œuvre des programmes de lutte contre l'intimidation. La collaboration avec les autorités locales, les organisations non gouvernementales et d'autres parties prenantes pour soutenir les initiatives scolaires et partager les meilleures pratiques est également importante.

Les programmes et initiatives scolaires de lutte contre l'intimidation jouent un rôle important dans la promotion d'environnements sains et sûrs, dans la promotion du bien-être psychologique des élèves et dans la prévention des conséquences négatives de l'intimidation.

Organisations et fondations de lutte contre l'intimidation : Il existe de nombreuses organisations non gouvernementales et fondations qui œuvrent pour prévenir et combattre l'intimidation. Ils peuvent fournir des informations, des ressources et un soutien aux victimes et à leurs familles. Regardons de plus près les organisations et fondations qui contribuent à la lutte contre le harcèlement :

- Organisations non gouvernementales : Il existe de nombreuses organisations non gouvernementales, telles que "StopBullying.gov" aux États-Unis, "Anti-Bullying Alliance" au Royaume-Uni et "BullyingCanada" au Canada. Ces organisations offrent une variété de ressources, notamment des brochures d'information, des conseils en ligne, des forums pour discuter des problèmes et même des lignes téléphoniques pour obtenir de l'aide et du soutien.

- Fondations et associations caritatives : De nombreuses fondations et associations caritatives financent également des programmes de lutte contre le harcèlement et accordent des subventions pour divers projets dans ce domaine. Par exemple, aux États-Unis, le Trevor Project et la It Gets Better Foundation s'efforcent de prévenir le harcèlement parmi les jeunes LGBTQ+.

- Ressources en ligne et plateformes de soutien : De nombreuses organisations proposent des ressources en ligne et des plateformes de soutien pour les victimes d'intimidation et leurs familles. Il peut s'agir de sites Web contenant des informations sur les droits et les ressources, de discussions en ligne avec des conseillers et des psychologues, ainsi que de forums de partage d'expériences et de soutien.

- Formations et événements : De nombreuses organisations proposent des formations et des événements pour le personnel scolaire, les parents et le public sur la lutte contre l'intimidation. Ces événements peuvent inclure des séminaires, des webinaires, des tables rondes et des conférences avec des experts dans les domaines de la psychologie, de l'éducation et du travail social.

- Collaboration avec les agences gouvernementales et les écoles : certaines organisations collaborent activement avec des agences gouvernementales et des établissements d'enseignement pour mettre en œuvre des programmes de lutte contre le harcèlement dans les écoles et les districts. Ils peuvent aider à élaborer des politiques et des stratégies, ainsi que fournir des conseils et un soutien expert.

Ces organisations et fondations jouent un rôle important dans la lutte contre le harcèlement en fournissant des ressources, des informations et un soutien aux victimes et à leurs familles, et en œuvrant pour prévenir ce problème dans la société.

7. Assistance juridique : Dans certains cas, les victimes d'intimidation peuvent demander une assistance juridique. Les avocats et les défenseurs peuvent aider à évaluer la situation, fournir des conseils sur les droits de la victime et aider à préparer les documents pour la procédure judiciaire si nécessaire.

L'assistance juridique est un outil important pour protéger les droits et les intérêts des victimes de harcèlement. Regardons ce sujet plus en détail :

- Évaluation de la situation : La première étape pour obtenir une assistance juridique pour une victime d'intimidation consiste à évaluer la situation. Les avocats et les défenseurs peuvent aider à comprendre si des lois ou les droits de la victime ont été violés et déterminer les mesures juridiques possibles pour protéger ses intérêts.

- Fournir des conseils sur les droits des victimes : les avocats spécialisés dans le harcèlement peuvent fournir aux victimes des informations détaillées sur leurs droits en vertu de la loi, ainsi que des conseils sur la manière de se protéger et de faire face à certaines situations.

- Préparation des documents pour les procédures judiciaires : Si nécessaire, les avocats peuvent aider la victime de harcèlement à préparer les documents nécessaires aux procédures judiciaires, comme déposer une plainte auprès de la police, des actions en justice ou contacter des établissements d'enseignement.

- Représentation devant le tribunal : dans les cas où le harcèlement entraîne de graves violations de la loi ou des dommages physiques, les avocats peuvent représenter la victime devant le tribunal et aider à mettre en œuvre des procédures juridiques pour punir les contrevenants.

- Assistance pour obtenir une indemnisation et une protection contre tout harcèlement supplémentaire : les avocats peuvent également aider les victimes de harcèlement à obtenir une indemnisation pour les dommages causés et une protection contre tout harcèlement supplémentaire de la part des auteurs.

Il est important de noter que l'assistance juridique peut être particulièrement utile dans les cas de harcèlement systématique ou grave nécessitant une intervention juridique. Ainsi, en faisant appel à un avocat pour obtenir de l'aide, une victime de harcèlement peut obtenir non seulement la protection de ses droits, mais également justice et réparation du préjudice.

8. Services sociaux : Dans certains pays, il existe des services ou des organisations sociales qui offrent un soutien et une protection aux enfants et adolescents victimes de harcèlement dans leur environnement familial ou dans d'autres circonstances.

Les services sociaux jouent un rôle important en soutenant les enfants et les adolescents victimes de harcèlement dans divers environnements. Regardons de plus près ce sujet :

- Soutien psychosocial : Les services sociaux apportent un soutien psychosocial aux enfants et adolescents victimes de harcèlement. Ils peuvent fournir un soutien émotionnel, aider à surmonter des situations difficiles et offrir des ressources pour développer des stratégies de lutte contre l'intimidation.

- Travailler avec les familles : Les services sociaux peuvent également interagir avec les familles des victimes de harcèlement. Ils aident les parents à comprendre la situation, fournissent des ressources pour soutenir leurs enfants et proposent des stratégies pour créer un environnement familial sûr et favorable.

- Aide pour accéder à d'autres ressources : les services sociaux peuvent aider les victimes d'intimidation à accéder à d'autres ressources nécessaires, telles que des conseils en santé mentale, des services médicaux ou une assistance juridique. Ils assurent la coordination des services et des conseils sur la manière d'obtenir l'aide dont vous avez besoin.

- Formation et éducation : ces services peuvent proposer des programmes et des activités éducatifs aux enfants, aux adolescents et à leurs parents sur le harcèlement, ses conséquences et les méthodes pour le combattre. Ils peuvent également participer à la création d'initiatives anti-intimidation dans la société et dans les établissements d'enseignement.

- Sensibilisation communautaire : De plus, les services sociaux peuvent collaborer avec des organisations communautaires et des agences gouvernementales pour créer et soutenir des politiques et des programmes anti-intimidation aux niveaux communautaire et national.

Dans l'ensemble, les services sociaux constituent une ressource importante pour les victimes de harcèlement, en leur garantissant l'accès à une gamme d'aide et de soutien adaptés à leur situation. Ils jouent un rôle clé en apportant protection et soutien aux enfants et aux jeunes touchés par ce problème.

9. Centres médicaux et psychologiques : De nombreux centres médicaux et psychologiques proposent des services de conseil et de soutien aux personnes confrontées aux conséquences émotionnelles ou psychologiques du harcèlement.

Les centres de santé et de santé mentale constituent une ressource importante pour ceux qui sont confrontés aux effets émotionnels ou psychologiques de l'intimidation. Examinons de plus près les services qu'ils fournissent et comment ils peuvent aider les victimes d'intimidation :

- Conseil : Les centres médicaux et psychologiques fournissent des conseils aux victimes de harcèlement. Les médecins et les psychologues aident à comprendre les conséquences émotionnelles et psychologiques du harcèlement et aident à faire face à l'anxiété, à la dépression, au trouble de stress post-traumatique et à d'autres problèmes résultant du harcèlement.

- Psychothérapie : Les centres médicaux et psychologiques

proposent une assistance psychothérapeutique aux victimes de harcèlement. Les psychothérapies peuvent inclure la thérapie cognitivo-comportementale, la thérapie par le jeu, la thérapie familiale et d'autres approches visant à améliorer le bien-être émotionnel et à aider à faire face aux effets traumatisants de l'intimidation.

- Examen médical et traitement : Dans les cas où le harcèlement entraîne des blessures physiques ou une maladie, les centres de santé proposent un examen médical et un traitement. Cela peut inclure le traitement de blessures physiques, le traitement de symptômes psychosomatiques et d'autres procédures médicales.

- Développer des stratégies d'auto-assistance : Les professionnels peuvent aider les victimes d'intimidation à développer des stratégies d'auto-assistance qui les aideront à faire face efficacement aux émotions négatives et au stress associés à l'intimidation. Cela peut inclure des exercices de relaxation, des techniques de gestion du stress et d'autres méthodes.

- Faciliter l'accès à d'autres ressources : Les centres de santé et de psychologie peuvent aider les victimes d'intimidation à accéder à d'autres ressources, comme la thérapie de groupe, les programmes de soutien et les services sociaux.

L'objectif général des centres médicaux et psychologiques est d'apporter aux victimes de harcèlement un soutien complet pour les aider à faire face aux conséquences négatives de ce phénomène dangereux. Ils jouent un rôle important en aidant à guérir les blessures physiques et émotionnelles, et en fournissant des outils pour prévenir la répétition du harcèlement.

10. Auto-assistance et auto-éducation : Il existe de nombreux livres, ressources en ligne et applications qui offrent des conseils d'auto-assistance et d'auto-éducation aux victimes d'intimidation. Ces ressources peuvent inclure des techniques de gestion du stress, le développement de compétences sociales et l'amélioration de l'estime de soi.

L'auto-assistance et l'auto-éducation jouent un rôle clé dans le processus permettant de surmonter les effets du harcèlement et de restaurer le bien-être émotionnel des victimes. Examinons de plus près les ressources disponibles pour les victimes d'intimidation dans ce domaine :

- Livres et littérature : il existe de nombreux livres et articles sur le thème de l'intimidation, de la santé émotionnelle et de l'entraide. Ces ressources peuvent inclure des conseils pour gérer le stress, développer des compétences sociales et des histoires de réussite d'autres personnes confrontées à des défis similaires.

- Ressources et sites Web en ligne : Internet propose un large éventail de ressources et de sites Web en ligne sur le thème du harcèlement et de l'entraide. Ces ressources peuvent inclure des articles, des vidéos, des blogs, des forums de discussion et d'autres documents offrant des conseils, une assistance et des informations sur les méthodes permettant de faire face au harcèlement.

- Applications pour appareils mobiles : Il existe des applications pour appareils mobiles conçues spécifiquement pour aider les victimes de harcèlement. Ces applications peuvent contenir des outils de gestion du stress, des techniques de méditation ainsi que des exercices et des défis interactifs visant à promouvoir le bien-être psychologique.

- Cours et formations en ligne : Certaines plateformes en ligne proposent des cours et des formations d'auto-assistance et d'auto-éducation pour les victimes de harcèlement. Ces cours peuvent inclure des cours sur le développement de la confiance en soi, des capacités de communication et d'adaptation, ainsi qu'une formation aux techniques de gestion du stress et des émotions.

- Réseaux sociaux et communautés : Il existe des communautés et des groupes sur les réseaux sociaux dédiés au soutien aux victimes de harcèlement et à l'entraide. Les participants peuvent échanger leurs expériences, partager leurs histoires et trouver soutien et compréhension auprès d'autres personnes ayant été confrontées à des problèmes similaires.

Ces ressources offrent aux victimes d'intimidation un accès à des informations, des outils et des communautés qui peuvent les aider à développer des compétences d'auto-assistance, à accroître leur estime de soi et à faire face efficacement aux effets négatifs de l'intimidation. Il est important de se rappeler que chaque personne est unique et que l'approche en matière de soins personnels peut varier. Il est donc important de choisir des ressources et des méthodes adaptées aux besoins et préférences individuels de chaque personne.

11. Centres et organisations de jeunesse : dans de nombreux pays, il existe des centres et des organisations de jeunesse qui proposent des programmes et des activités visant à soutenir le bien-être émotionnel des jeunes, y compris ceux victimes d'intimidation.

Les centres et organismes de jeunesse jouent un rôle important en apportant soutien et bien-être émotionnel aux jeunes, y compris ceux victimes d'intimidation. Examinons de plus près les ressources et services fournis par ces organisations :

- Programmes et événements : Les centres et organisations de jeunesse développent et mènent une variété de programmes et d'événements visant à soutenir les jeunes. Ces activités peuvent inclure une formation sur les compétences en communication, le leadership et des programmes visant à accroître l'estime de soi et la confiance en soi.

- Soutien psychologique : Les centres de jeunesse peuvent employer des psychologues et des consultants prêts à fournir un soutien psychologique professionnel aux jeunes confrontés à l'intimidation. Ces professionnels peuvent assurer des consultations, des séances de thérapie de groupe et individuelles.

- Communautés et soutien : Les centres de jeunesse créent souvent des espaces sûrs où les jeunes peuvent se connecter, partager leurs histoires et trouver du soutien au sein d'une communauté de pairs. Ces communautés favorisent la formation d'amitiés, ainsi que l'échange d'expériences et le soutien mutuel.

- Événements éducatifs et de sensibilisation : Les centres de jeunesse organisent souvent des événements et des campagnes pour sensibiliser au problème du harcèlement. Ces événements peuvent inclure des conférences, des séminaires, des tables rondes et d'autres formes d'activités éducatives visant à diffuser des informations sur le harcèlement et les moyens de le prévenir.

- Partenariats avec d'autres organisations : Les centres de jeunesse peuvent collaborer avec d'autres organisations et institutions, telles que des écoles, des agences gouvernementales, des organisations non gouvernementales et des communautés locales, pour résoudre conjointement le problème du harcèlement et fournir un soutien complet aux jeunes.

Les centres et organisations de jeunesse jouent un rôle important en créant un environnement favorable et sûr pour les jeunes, ainsi qu'en fournissant des ressources et des services aux personnes victimes d'intimidation. Il est important que ces organismes continuent de travailler au développement et à l'amélioration de leurs programmes et services afin d'offrir un soutien efficace à tous les jeunes qui ont besoin d'aide.

12. Soutien via les réseaux sociaux et les forums en ligne : Les réseaux sociaux et les forums en ligne peuvent être un lieu où les victimes d'intimidation trouvent du soutien, des conseils et de la compréhension auprès d'autres personnes confrontées à des problèmes similaires.

Le soutien via les réseaux sociaux et les forums en ligne joue un rôle important pour aider les victimes d'intimidation. Examinons de plus près les types de support disponibles via ces plateformes :

- Conseils et idées : les médias sociaux et les forums en ligne offrent aux victimes d'intimidation la possibilité d'entrer en contact avec d'autres personnes qui comprennent leur situation à partir de leurs propres expériences. Cela leur permet de recevoir des conseils, de partager leurs émotions et leurs ressentis, et de recevoir le soutien de ceux qui ont traversé des difficultés similaires.

- Anonymat et confidentialité : L'un des avantages du soutien via les réseaux sociaux et les forums est la possibilité de rester anonyme. Les victimes d'intimidation peuvent se sentir plus à l'aise pour communiquer en ligne, car elles n'ont pas à révéler leur identité. Cela leur permet d'être plus ouverts et honnêtes dans leurs déclarations.

- Ressources et informations : les médias sociaux et les forums fournissent des bases de connaissances approfondies, des articles, des conseils et des ressources sur la lutte contre l'intimidation. Ces informations peuvent aider les victimes à mieux comprendre leur situation, à développer des stratégies d'autoprotection et à trouver des ressources d'aide appropriées.

- Communautés de soutien : les communautés en ligne forment souvent des groupes de personnes confrontées à des problèmes similaires qui se soutiennent mutuellement et partagent leurs expériences. Ces communautés peuvent constituer une source importante de soutien et d'aide pour les victimes d'intimidation.

- Aide professionnelle : Certains réseaux sociaux et forums offrent la possibilité de consulter des psychologues ou des consultants professionnels. Cela vous permet de recevoir l'aide et le soutien d'experts pour résoudre le problème du harcèlement.

Dans l'ensemble, le soutien via les réseaux sociaux et les forums en ligne peut être une source d'aide précieuse pour les victimes d'intimidation, en leur offrant la possibilité d'entrer en contact avec d'autres, de recevoir des informations et du soutien, et de demander l'aide d'un professionnel en cas de besoin. Cependant, il est important de rappeler d'être prudent sur Internet et de choisir des ressources fiables et sécuritaires.

13. Psychologues scolaires et travailleurs sociaux : De nombreux établissements d'enseignement emploient des psychologues et des travailleurs sociaux qui fournissent des conseils et un soutien aux élèves confrontés au harcèlement.

Les psychologues scolaires et les travailleurs sociaux jouent un rôle important en fournissant une assistance aux élèves victimes d'intimidation. Examinons de plus près comment ils peuvent vous aider :

- Conseil et soutien : les psychologues scolaires et les travailleurs sociaux peuvent fournir des conseils aux victimes d'intimidation pour écouter leurs expériences, les aider à comprendre leurs émotions et à apprendre des stratégies d'adaptation efficaces. Ils fournissent également un soutien émotionnel et abordent les problèmes liés à l'estime de soi et à la confiance en soi.

- Éducation et formation : les psychologues et les travailleurs sociaux peuvent proposer aux étudiants des activités éducatives et des formations visant à prévenir le harcèlement, à développer les capacités d'adaptation sociale et à renforcer les relations positives entre les étudiants. Ces programmes peuvent inclure des jeux de rôle, des discussions et d'autres activités favorisant un environnement scolaire convivial et solidaire.

- Créer un environnement sûr : les psychologues scolaires et les travailleurs sociaux travaillent avec les administrateurs scolaires et le personnel enseignant pour créer un environnement sûr et favorable dans lequel les élèves peuvent se sentir protégés de l'intimidation. Ils aident à développer et à mettre en œuvre des politiques de tolérance zéro en matière d'intimidation, ainsi que des mécanismes de retour d'information et de réponse en cas de violation.

- Collaboration avec les parents : Les psychologues et les travailleurs sociaux peuvent également interagir avec les parents d'élèves pour leur fournir des informations sur l'intimidation, ses signes et les moyens d'aider les enfants. Ils peuvent organiser des conférences parents-enseignants, des formations et des consultations pour accroître la sensibilisation et l'efficacité de la collaboration famille-école dans la lutte contre le harcèlement.

Dans l'ensemble, les psychologues scolaires et les travailleurs sociaux jouent un rôle clé dans la création d'un environnement scolaire favorable et sûr et dans la fourniture de l'aide et du soutien nécessaires aux élèves victimes d'intimidation. Leur travail favorise des relations saines, le bien-être émotionnel et un apprentissage réussi pour tous les élèves.

14. Groupes de soutien : Il existe différents groupes de soutien pour les victimes d'intimidation où les gens peuvent partager leurs expériences et recevoir des conseils et un soutien émotionnel de la part des autres membres.

Les groupes de soutien aux victimes de harcèlement jouent un rôle important en apportant soutien émotionnel, compréhension et solidarité. Examinons de plus près comment ils peuvent vous aider :

- Soutien émotionnel : les groupes de soutien offrent aux victimes de harcèlement une plateforme pour exprimer leurs sentiments et leurs émotions. Les participants peuvent partager leurs expériences, leurs peurs et leurs angoisses, se sentant compris et soutenus par d'autres personnes ayant vécu des situations similaires. Cela peut réduire considérablement les sentiments d'isolement et de solitude que ressentent souvent les victimes d'intimidation.

- Conseils et soutien : Dans les groupes de soutien, les participants peuvent obtenir des conseils d'autres personnes ayant déjà été confrontées à des problèmes similaires. Cela peut être utile pour élaborer des stratégies anti-intimidation, ainsi que pour trouver des moyens de gérer des situations spécifiques. Les participants peuvent discuter de la façon de réagir efficacement à l'intimidation et de maintenir leur force mentale.

- Soutien par la communication : La communication avec des personnes ayant traversé des difficultés similaires peut être une source de soutien importante. Les membres du groupe peuvent développer de nouvelles amitiés et se sentir partie intégrante d'une communauté où leurs préoccupations sont acceptées et comprises sans jugement. Cela favorise un sentiment d'appartenance et améliore le moral des participants.

- Aide à la recherche de ressources : Les groupes de soutien peuvent également aider leurs membres à trouver des ressources utiles, telles que des contacts professionnels, du matériel d'information, des livres ou des ressources en ligne, qui les aideront à mieux comprendre la situation et à trouver des moyens de la résoudre.

Les groupes de soutien contre l'intimidation sont un outil important dans la lutte contre ce problème, en fournissant un soutien émotionnel, des conseils et un sentiment d'appartenance à ceux qui subissent les conséquences négatives de l'intimidation. Leur rôle dans le soutien et le rétablissement des victimes est inestimable, car ils contribuent à créer une communauté sûre et solidaire où chacun se sent en sécurité et respecté.

15. Assistance juridique : dans les cas de harcèlement grave qui enfreint la loi ou conduit à des crimes, les victimes peuvent demander une assistance juridique auprès d'avocats ou d'organisations spécialisées dans les droits des enfants et la protection contre la violence.

L'assistance juridique aux victimes de harcèlement est essentielle, en particulier dans les cas d'abus graves ou de délits. Voici un aperçu plus détaillé de ce sujet :

- Évaluation de la situation : des avocats et des défenseurs spécialisés dans les droits de l'enfant et la lutte contre la violence aident les victimes d'intimidation à évaluer leur situation. Cela implique d'examiner les faits, de rassembler des preuves et de déterminer si des violations de la loi ou des crimes ont eu lieu. Souvent, les victimes ne réalisent pas toute l'ampleur des violations auxquelles elles sont confrontées, et l'assistance juridique les aide à comprendre leurs droits et les mesures possibles.

- Représentation des intérêts devant le tribunal : si le harcèlement a entraîné des conséquences juridiques, les avocats représentent les intérêts de la victime devant le tribunal. Ils peuvent préparer et présenter les documents nécessaires, assurer la protection des droits de la victime et représenter ses intérêts devant les tribunaux. Cela peut inclure une demande d'ordonnance de non-communication ou d'ordonnance de non-communication, ainsi que des poursuites pénales contre les intimidateurs.

- Consultations et conseils : L'assistance juridique comprend également la fourniture de consultations et de conseils sur toutes les questions liées aux aspects juridiques du harcèlement. Les victimes et leurs familles peuvent discuter de leurs droits, des éventuelles démarches juridiques et des conséquences de la situation avec des professionnels expérimentés. Cela les aide à prendre des décisions éclairées et à agir conformément à la loi.

- Défense juridique et contentieux : L'assistance juridique peut également inclure la fourniture d'une protection juridique et la représentation des intérêts de la victime dans les procédures judiciaires. Ceci est important pour garantir que l'affaire soit traitée équitablement et que les responsables soient punis. Les avocats peuvent aider les victimes d'intimidation à obtenir réparation pour leurs dommages et à rétablir leurs droits.

- Éducation et information : De plus, l'assistance juridique comprend l'éducation des victimes d'intimidation et de leurs familles sur les droits, les processus et les ressources juridiques disponibles. Cela les aide à être informés et protégés en cas de problèmes juridiques.

L'aide juridique joue un rôle important pour garantir la justice et protéger les droits des victimes de harcèlement. Il offre aux victimes la possibilité de protéger leurs intérêts, d'obtenir une réparation pour le préjudice causé et de mettre fin à de nouvelles violences.

16. Lignes d'assistance téléphonique et chats pour les victimes de harcèlement : De nombreux pays disposent de lignes téléphoniques spéciales et de chats en ligne où les victimes de harcèlement peuvent obtenir des conseils et un soutien de la part de professionnels et de bénévoles.

Les lignes d'assistance téléphonique et les chats en ligne sont des ressources importantes pour les victimes de harcèlement qui recherchent de l'aide et des conseils. Voici un aperçu plus détaillé de ce sujet :

- Conseil et soutien : les lignes d'assistance téléphonique et les chats offrent aux victimes de harcèlement la possibilité de communiquer avec des professionnels et des bénévoles expérimentés spécialisés dans le soutien psychologique et le conseil. Ils peuvent vous offrir un soutien émotionnel, vous aider à traverser des situations difficiles et vous donner des conseils sur la marche à suivre.

- Confidentialité : les lignes d'assistance téléphonique et les forums de discussion assurent la confidentialité et l'anonymat, ce qui est particulièrement important pour les victimes de harcèlement qui peuvent avoir peur ou avoir honte de discuter publiquement de leur situation. Cela les rend plus à l'aise et en sécurité lorsqu'ils communiquent sur leurs problèmes.

- Information et orientation : les professionnels et les bénévoles des lignes d'assistance téléphonique peuvent fournir aux victimes des informations sur les ressources disponibles, les programmes de soutien et l'assistance juridique. Ils peuvent également orienter les victimes vers des services ou des organismes plus spécialisés si nécessaire.

- Disponibilité : les lignes d'assistance téléphonique et les chats en ligne sont généralement disponibles 24h/24 et 7j/7, ce qui signifie que les victimes de harcèlement peuvent demander de l'aide à tout moment du jour ou de la nuit où elles en ont besoin. Ceci est particulièrement important dans les situations de crise où les victimes ont besoin d'un soutien immédiat.

- Aide psychologique : certaines lignes d'assistance téléphonique fournissent non seulement des conseils, mais également une aide psychologique à court terme sous la forme d'une intervention en cas de crise. Cela peut inclure des techniques d'atténuation du stress, des techniques d'autorégulation et un soutien en cas de crise.

- Éducation et sensibilisation : les lignes d'assistance téléphonique et les forums de discussion peuvent également fournir du matériel et des ressources pédagogiques sur le harcèlement, ses conséquences et les moyens de le combattre. Cela aide les victimes et la société dans son ensemble à mieux comprendre le problème et à prendre les mesures nécessaires pour le résoudre.

Les lignes d'assistance téléphonique et les chats en ligne sont des ressources précieuses pour les victimes de harcèlement, leur fournissant un soutien confidentiel, des informations et un soutien psychologique dans les moments critiques.

Ces ressources peuvent constituer une première ligne de défense impénétrable dès les premiers stades de l'intimidation. Ils fournissent des « premiers secours » fiables qui peuvent mettre fin au harcèlement ou au moins fournir à la victime le temps et le soutien nécessaires pour se préparer à d'autres actions.

Aux premiers stades de l'intimidation, ces ressources peuvent aider la victime à obtenir un aperçu, un soutien et des conseils sur la façon de réagir. Ils peuvent également proposer des stratégies pour contrer l'intimidation et aider la victime à renforcer sa résilience.

En outre, ils peuvent servir de plateforme pour créer un environnement favorable et renforcer les liens sociaux, ce qui est un facteur important pour lutter efficacement contre le harcèlement. Ainsi, ces ressources fournissent non seulement une assistance dans les situations de crise, mais favorisent également le développement de compétences d'autodéfense et font face aux conséquences du harcèlement dès les premiers stades de son développement.

Chapitre 6.
Support et assistance initiale. Le rôle de la famille et des amis face au harcèlement.

Le soutien initial et l'aide de la famille et des amis jouent un rôle essentiel dans la lutte contre le harcèlement. Avant tout, la famille et les proches apportent un soutien émotionnel et un réconfort à la victime, ce qui lui permet de se sentir protégée et aimée dans les moments difficiles. Cela crée un soutien psychologique qui aide à faire face aux émotions négatives et au stress provoqués par le harcèlement.

De plus, la famille et les amis peuvent participer activement à la recherche de solutions au problème. Ils peuvent aider la victime à développer des stratégies pour faire face à l'intimidation et y répondre, en l'aidant à prendre des mesures audacieuses et efficaces pour se protéger. Il est important que les personnes de soutien apprennent à la victime comment fixer des limites, développer ses compétences en matière de communication et de recherche d'aide, et l'aider à développer son estime de soi et sa confiance en soi.

La famille et les amis jouent également un rôle clé en offrant un environnement sûr à la victime. Ils peuvent aider à limiter les contacts avec l'intimidateur, à créer des plans de sécurité et à aider la victime à décider si elle doit demander l'aide de l'école ou des forces de l'ordre.

De plus, le soutien de la famille et des amis peut aider la victime à se remettre de l'expérience négative de l'intimidation. Ils peuvent fournir l'espace nécessaire pour exprimer des sentiments et des émotions, aider dans le processus de réadaptation psychologique et trouver des moyens de restaurer l'estime de soi et la confiance envers les autres.

Ainsi, le rôle de la famille et des amis dans la fourniture d'un soutien et d'une assistance initiale aux victimes d'intimidation est inestimable. Ils jouent un rôle clé dans la création d'un environnement protecteur, le développement des capacités d'adaptation de la victime et le rétablissement de son bien-être psychologique.

Lorsqu'une famille est confrontée à une situation d'intimidation envers son enfant, elle peut apporter son aide et son soutien de plusieurs manières.

1. Soutien et écoute : L'aspect le plus important de l'aide à une famille est d'apporter soutien et compréhension à la victime. Il s'agit simplement d'écouter l'enfant parler de ce qui se passe, lui permettant d'exprimer ses sentiments et ses émotions sans craindre d'être jugé. Le soutien familial aide l'enfant à sentir qu'il n'est pas seul dans son combat et qu'il a des personnes toujours prêtes à l'aider.

2. Discutez des stratégies et des solutions : La famille peut aider l'enfant à développer des stratégies pour faire face à l'intimidation et y répondre. Ensemble, ils peuvent discuter des actions les plus efficaces dans une situation particulière et de la manière dont l'enfant peut se protéger ou demander l'aide d'un adulte.

3. Soutien dans la communication avec les établissements d'enseignement : La famille peut agir en tant que défenseur de l'enfant lorsqu'elle communique avec les enseignants ou l'administration scolaire. Ils peuvent fournir des informations supplémentaires sur les incidents de harcèlement, exiger que des mesures soient prises pour prévenir de nouveaux incidents et assurer la sécurité de l'enfant dans l'environnement scolaire.

4. Créer un environnement familial sûr : Il est important que l'environnement familial soit un refuge pour l'enfant contre le stress et l'anxiété causés par l'intimidation. Les parents peuvent créer une atmosphère de confiance et de soutien dans laquelle l'enfant se sentira à l'aise et protégé. Cela inclut l'établissement d'une communication ouverte où l'enfant peut partager librement ses problèmes et ses préoccupations.

5. Demandez l'aide d'un professionnel si nécessaire : Si la situation d'intimidation devient trop grave, la famille peut demander l'aide d'un professionnel. Cela peut inclure des conseils avec un psychologue ou un thérapeute pour l'enfant afin de l'aider à faire face au stress émotionnel et au traumatisme causé par l'intimidation.

En plus des méthodes mentionnées ci-dessus, les familles peuvent utiliser des approches supplémentaires pour aider la victime de harcèlement :

6. Activités et passe-temps : Impliquer votre enfant dans différents passe-temps ou activités qu'il aime peut l'aider à développer son estime de soi et sa confiance en soi. Cela donnera également à l'enfant la possibilité d'être en dehors de la situation d'intimidation et de vivre une expérience positive.

7. Enseigner les compétences sociales : Les parents peuvent aider leur enfant à développer une intelligence émotionnelle et des compétences de communication efficaces. Cela peut inclure d'apprendre à votre enfant à exprimer ses émotions, à fixer des limites et à interagir avec les autres de manière à éviter que des conflits ne surviennent.

8. Soutien à l'estime de soi : Aider votre enfant à développer son estime de soi et son acceptation de soi peut jouer un rôle important dans la lutte contre l'intimidation. Les parents peuvent mettre en valeur les forces et les réalisations de leur enfant et l'aider à comprendre que le fait d'être victime d'intimidation ne signifie pas qu'il est inférieur.

9. Mesures préventives : La famille peut discuter d'éventuels scénarios d'intimidation avec l'enfant et élaborer un plan d'action pour prévenir les incidents ou y répondre efficacement. Cela aidera votre enfant à se sentir plus en confiance et prêt à affronter différentes situations.

10. Apprenez à résoudre efficacement les conflits : Apprendre à résoudre efficacement les conflits et les problèmes peut être la clé pour réduire le risque d'être victime d'intimidation. La famille peut aider l'enfant à développer ces compétences en lui enseignant des stratégies de résolution de conflits et de compromis.

11. Créer un environnement familial favorable : Il est important que l'environnement familial soit un endroit où l'enfant se sent en sécurité et soutenu. Les parents peuvent créer une atmosphère dans laquelle l'enfant peut exprimer librement ses sentiments et ses expériences, sachant qu'il est écouté et compris.

12. Encourager une communication ouverte : Les parents peuvent encourager activement leur enfant à parler de ses problèmes et de ses préoccupations. Cela peut inclure des conversations régulières sur sa journée, des discussions sur les événements à l'école et les problèmes auxquels il est confronté.

activités de la vie scolaire, telles que les réunions parents-professeurs, les événements et les compétitions sportives. Cela aidera votre enfant à se sentir soutenu et connecté à la communauté scolaire.

Les parents peuvent aider leur enfant à développer sa confiance en soi et ses compétences d'autodéfense afin qu'il puisse faire face plus efficacement aux situations d'intimidation. Cela peut inclure l'apprentissage de techniques d'autodéfense, des exercices de renforcement de l'estime de soi et la participation à diverses formations.

Autant d'interventions complémentaires qui permettent à la famille de soutenir efficacement l'enfant et d'assurer sa protection et son bien-être en situation de harcèlement.

De manière générale, la famille joue un rôle crucial dans le soutien et la protection de la victime de harcèlement. Ils peuvent fournir le soutien émotionnel et pratique nécessaire pour aider votre enfant à faire face aux effets négatifs de l'intimidation et à retrouver une vie saine et heureuse.

Les amis jouent un rôle important dans le soutien à la victime de harcèlement, car ils peuvent devenir non seulement des alliés, mais aussi des protecteurs dans des situations difficiles. Les amis peuvent être une présence et un soutien pour la victime, en lui offrant compréhension, réconfort et solidarité. Une simple expression de sympathie et de soutien peut grandement contribuer à apaiser l'état émotionnel de la victime.

Les amis peuvent aider les victimes d'intimidation à trouver des solutions et des stratégies pratiques pour faire face aux intimidateurs. Ils peuvent vous conseiller sur la manière de gérer les situations conflictuelles et de vous protéger au mieux.

Les amis peuvent également défendre la victime dans les lieux publics ou à l'école où se produisent des actes d'intimidation. Ils peuvent soutenir la victime si elle se trouve dans une situation difficile et l'aider à éviter les conflits. Les amis peuvent agir comme médiateurs pour résoudre les conflits entre la victime et l'agresseur, en les aidant à trouver un compromis et à régler la situation de manière pacifique.

Les amis peuvent directement aider la victime à trouver des ressources et des organisations appropriées qui lui fournissent une aide et un soutien professionnels. Ils peuvent conseiller à la victime de consulter un psychologue, un conseiller scolaire ou d'autres professionnels si nécessaire.

Dans l'ensemble, le soutien des amis est un aspect important de l'aide aux victimes de harcèlement, car ils peuvent les soutenir et les aider à faire face aux difficultés causées par le problème.

Comment les amis peuvent aider une victime d'intimidation :

1. Soutien moral : L'un des moyens les plus importants d'aider une victime d'intimidation est le soutien moral de ses amis. Faire preuve d'amitié, de compréhension et de compassion peut aider la victime à se sentir moins seule et isolée.

2. Former une alliance contre l'intimidation : Les amis peuvent s'unir pour prendre position contre l'intimidation et soutenir la victime. Cela peut inclure une action conjointe, comme défendre la victime à l'école ou demander de l'aide aux enseignants et aux administrateurs.

3. Soutien à la participation à des activités sociales : Les amis peuvent inviter la victime d'intimidation à participer à diverses activités sociales, comme rencontrer des amis, sortir ou faire du sport. Cela aidera la victime à se sentir incluse et soutenue.

4. Aider à développer les compétences sociales : Les amis peuvent aider une victime d'intimidation à développer les compétences sociales nécessaires pour renforcer ses amitiés et interagir avec le monde qui l'entoure. Cela peut inclure une formation en communication, la participation à diverses activités sociales et activités ensemble.

5. Aide pour trouver une aide extérieure : Les amis peuvent aider la victime d'intimidation à trouver de l'aide et des ressources extérieures, telles que des conseillers scolaires, des services sociaux, des lignes d'assistance téléphonique ou une intervention parentale. Le soutien d'amis peut aider la victime à surmonter sa peur et son hésitation à demander de l'aide.

6. Créez un environnement sûr : Les amis peuvent aider à créer un environnement sûr pour les victimes d'intimidation, dans lequel elles se sentent protégées. Cela peut inclure de communiquer régulièrement avec la victime, de défendre ses intérêts et d'empêcher toute tentative de harcèlement ou d'attaque supplémentaire.

7. Offrir une aide pratique : Les amis peuvent offrir une aide pratique, comme se rendre à pied à l'école ou à la maison, si la victime d'intimidation a peur d'y aller seule. Cela peut donner à la victime un sentiment de sécurité et de soutien.

8. Enseigner des stratégies d'autodéfense : les amis peuvent aider la victime d'intimidation à apprendre des stratégies d'autodéfense et de gestion des conflits. Cela peut inclure l'apprentissage de techniques d'affirmation de soi, comment fixer des limites et comment réagir de manière appropriée à une agression.

9. Proposer des activités positives : Les amis peuvent proposer des activités et des événements positifs pour soutenir la victime d'intimidation et la distraire de l'expérience négative. Cela peut être quelque chose comme faire du sport, des passe-temps, des jeux ou d'autres activités ensemble qui vous apportent plaisir et joie.

10. Créez un réseau de soutien : Les amis peuvent aider la victime d'intimidation à créer un réseau de soutien, comprenant d'autres amis, la famille, des enseignants et d'autres adultes qui peuvent offrir soutien et protection en cas de besoin.

11. Faites preuve d'empathie et de soutien : Il est important que les amis fassent preuve d'empathie et de soutien envers la victime d'intimidation, écoutent ses sentiments et ses émotions et lui apportent compréhension et réconfort dans les moments difficiles.

12. Intervention active : Les amis peuvent intervenir activement s'ils constatent des cas d'intimidation ou d'agression envers la victime. Ils peuvent agir en tant que défenseurs et supporters et se tourner vers les enseignants ou d'autres adultes pour obtenir de l'aide.

13. Formation aux compétences en communication et en résolution de conflits : Les amis peuvent aider une victime d'intimidation à développer des compétences en communication, en résolution de conflits et en établissant des relations saines avec les autres. Cela les aidera à interagir efficacement avec les agresseurs et à résoudre les conflits.

14. Fournissez des informations sur les ressources et le soutien : les amis peuvent être informés des ressources et des organisations qui offrent de l'aide aux victimes d'intimidation et partager ces informations avec la victime. Cela peut les aider à obtenir davantage de soutien et d'aide pour faire face au harcèlement.

L'aide de la famille et des amis fait une énorme différence pour les victimes d'intimidation. Premièrement, la famille et les amis apportent un soutien émotionnel en exprimant leur sympathie, leur compréhension et leur réconfort. Cela aide la victime à se sentir moins seule et isolée dans les moments difficiles.

De plus, la famille et les amis peuvent agir comme conseillers de confiance, en fournissant des conseils et de l'aide pour trouver des solutions au problème de l'intimidation. Ils peuvent aider les victimes à développer des stratégies pour contrer les intimidateurs et à renforcer leur estime de soi et leur confiance en elles.

La famille et les amis peuvent également jouer le rôle de médiateurs en contactant l'école ou les autorités compétentes pour des plaintes et des demandes d'assistance. Leur participation active peut contribuer à créer un environnement sûr et à mettre fin à l'intimidation.

De plus, la famille et les amis peuvent aider la victime d'intimidation à trouver des ressources et des organisations appropriées qui lui fournissent une aide et un soutien professionnels. Leur soutien peut être essentiel au rétablissement d'une victime des effets négatifs de l'intimidation et favoriser son bien-être psychologique et émotionnel.

Chapitre 7.

Demander de l'aide en cas d'intimidation. Étapes clés pour les victimes et les témoins

L'intimidation est un problème grave auquel de nombreuses personnes sont confrontées à différentes étapes de leur vie. Cependant, il est important de rappeler qu'il existe de nombreuses ressources et organisations disponibles pour apporter soutien et assistance aux personnes aux prises avec ce problème. Demander de l'aide est la première et importante étape vers la résolution d'une situation d'intimidation. Dans cet article, nous examinerons les principales étapes que les victimes et les témoins d'intimidation peuvent suivre pour demander de l'aide et obtenir le soutien dont ils ont besoin.

1. Définissez la situation.

La première étape pour demander de l'aide en cas d'intimidation est de comprendre et d'être conscient de ce qui se passe. Les victimes d'intimidation peuvent subir diverses formes de violence, notamment la violence physique, verbale, émotionnelle ou la cyberintimidation. Il est important d'être clair sur ce qui se passe et de comprendre que c'est inacceptable et qu'il faut agir.

L'intimidation est une forme de comportement agressif caractérisé par le fait d'infliger systématiquement et intentionnellement un préjudice, une humiliation ou des souffrances à une autre personne. Les victimes d'intimidation peuvent subir diverses formes de violence, notamment la violence physique, verbale, émotionnelle ou la cyberintimidation. L'intimidation physique comprend les coups, les coups, les bousculades et d'autres formes de violence physique directe. L'intimidation verbale comprend les insultes, les menaces, le ridicule, les commentaires désobligeants et d'autres formes de violence verbale. Le harcèlement émotionnel vise à miner l'estime de soi et l'estime de soi de la victime, notamment en l'isolant, en le menaçant, en le chantant et même en la manipulant. La cyberintimidation, une forme moderne d'intimidation, se produit dans l'environnement en ligne et comprend des attaques, des insultes, des menaces, la propagation de rumeurs sales et d'autres formes de violence numérique.

La première étape pour demander de l'aide en cas d'intimidation est de prendre conscience et de comprendre ce qui se passe. Les victimes d'intimidation peuvent souvent ressentir de la peur, de la honte, de l'embarras ou de la culpabilité en raison de la situation dans laquelle elles se trouvent. Cependant, il est important de comprendre que l'intimidation est inacceptable et nécessite des mesures. Cela peut impliquer de reconnaître ce qui se passe et d'admettre que vous êtes victime d'intimidation. La sensibilisation peut vous aider à prendre les premières mesures pour vous protéger et demander de l'aide.

Une fois que vous avez compris la situation, l'étape suivante consiste à agir pour vous protéger et obtenir de l'aide. Cela peut inclure de contacter des adultes de confiance tels que des parents, des enseignants ou un conseiller scolaire pour obtenir du soutien et des conseils. Vous pouvez également vous tourner vers des amis pour obtenir du soutien et des conseils. Il est important de se rappeler que l'intimidation n'est pas de votre faute et que vous avez droit à un environnement sûr et favorable.

2. Ne restez pas silencieux.

Il est très important de ne pas garder le silence face au harcèlement. Les victimes et les témoins doivent trouver le courage de raconter à quelqu'un ce qui se passe. Il peut s'agir d'un parent, d'un enseignant, d'un conseiller scolaire, d'un confident ou d'un ami. Parler de la situation aidera à attirer l'attention sur le problème et à entamer le processus pour obtenir de l'aide.

L'un des aspects les plus importants de la lutte contre l'intimidation est de ne pas rester silencieux face aux incidents de violence. Les victimes d'intimidation, ainsi que les témoins d'agression, doivent trouver le courage de dire à quelqu'un ce qui se passe. Il peut s'agir d'un parent, d'un enseignant, d'un conseiller scolaire, d'un confident ou d'un ami. Parler de la situation aidera à attirer l'attention sur le problème et à entamer le processus pour obtenir de l'aide.

La divulgation des actes d'intimidation est essentielle pour surmonter ce problème. Lorsqu'une victime ou un témoin partage son expérience avec un adulte de confiance ou une figure d'autorité, cela peut aider à identifier les abus et à prendre les mesures appropriées. L'intimidation se produit souvent en secret et de nombreuses victimes peuvent avoir honte ou avoir peur de signaler l'incident. Cependant, une discussion ouverte vous permet d'attirer l'attention sur le problème et de lancer des actions pour le résoudre.

Partager des histoires d'intimidation aide à fournir à la victime soutien et protection. Lorsque la victime fait part de ses préoccupations, cela permet aux autres de comprendre l'ampleur du problème et de prendre des mesures pour la protéger. Un enseignant, un parent ou un autre adulte peut fournir un soutien et des conseils sur les prochaines étapes, comme demander de l'aide auprès des services ou des organisations appropriés.

Identifier le harcèlement est la première étape pour obtenir de l'aide. Une fois les cas de harcèlement découverts, le processus d'obtention d'aide et de soutien pour la victime commence. Cela peut inclure des consultations avec des psychologues, des conseils sur la gestion de la situation, l'élaboration de stratégies de protection et de prévention des agressions, ainsi que l'enseignement de compétences de régulation émotionnelle et le renforcement de l'estime de soi.

Une discussion ouverte sur le harcèlement contribue également à créer un environnement sûr dans les établissements d'enseignement et dans la société dans son ensemble. Lorsque les gens savent qu'ils peuvent parler ouvertement de leurs problèmes, cela contribue à renforcer la confiance et le soutien. Cela permet également aux institutions et aux organisations de prendre des mesures pour prévenir de futurs incidents d'intimidation et assurer la sécurité de toutes les personnes impliquées.

Plus les cas de harcèlement sont découverts et discutés, plus le problème est attiré l'attention. Cela pourrait conduire à la création de programmes éducatifs, de formations et d'activités visant à prévenir le harcèlement, ainsi qu'à des changements dans les politiques et la législation pour protéger les victimes et punir les intimidateurs. En outre, discuter de cette question dans la société peut contribuer à changer la culture, en créant une tolérance zéro à l'égard de la violence et en favorisant des relations saines entre les personnes.

La divulgation des incidents d'intimidation et les discussions qui s'ensuivent aident à identifier les facteurs qui contribuent à la violence et à prendre des mesures pour la prévenir. Cela peut inclure l'élaboration de programmes d'adaptation sociale, l'enseignement de compétences d'empathie et de respect, la fourniture d'interventions comportementales sociales positives et la création de soutien et de filets de sécurité pour les groupes vulnérables.

Demander de l'aide en cas d'intimidation est une étape importante pour vaincre la violence et assurer la sécurité de tous les membres de la communauté. Divulguer les incidents d'intimidation, discuter du problème puis agir permet de soutenir les victimes, de prévenir de futurs incidents de violence et de créer un environnement sûr et favorable pour tous.

3. Contactez tes parents ou une personne de confiance.

Il est important que les enfants et les adolescents se tournent vers un parent ou un autre adulte de confiance pour obtenir du soutien et de l'aide. Les parents peuvent aider à clarifier la situation, discuter des étapes possibles pour résoudre le problème et contacter les ressources et les organisations appropriées pour obtenir de l'aide.

Contacter un parent ou une personne de confiance est une première étape importante pour les enfants et adolescents confrontés à une situation de harcèlement. Les parents ont de l'autorité et peuvent fournir à leurs enfants le soutien et l'orientation dont ils ont besoin pour résoudre un problème. Un confident peut également devenir un soutien pour les enfants, surtout s'ils ne peuvent pas se tourner vers leurs parents pour une raison quelconque.

Les parents jouent un rôle clé en aidant les enfants victimes d'intimidation. Ils peuvent apporter un soutien émotionnel, aider l'enfant à comprendre la gravité de la situation et lui fournir des informations sur les ressources d'aide disponibles. Les parents doivent écouter l'enfant, faire preuve de compréhension et d'attention, et prendre les mesures nécessaires pour le protéger et le soutenir.

1. Soutien émotionnel : Les parents peuvent apporter un soutien émotionnel et du réconfort pour aider leur enfant à faire face aux sentiments de peur, d'impuissance et d'anxiété provoqués par l'intimidation.

2. Évaluation de la situation : Les parents aideront l'enfant à évaluer la situation, à comprendre sa gravité et à décider des mesures à prendre ensuite.

3. Discutez des étapes possibles : une discussion conjointe avec les parents aide l'enfant à déterminer les étapes possibles pour résoudre le problème, notamment en contactant l'école, les forces de l'ordre ou d'autres ressources d'aide.

4. Trouver du soutien : Les parents peuvent aider leur enfant à trouver des ressources et des organisations appropriées spécialisées dans l'aide aux victimes d'intimidation, comme des psychologues scolaires, des lignes d'assistance téléphonique, des organisations de défense des droits de l'homme et autres.

5. Participez à la solution : Les parents peuvent jouer un rôle actif dans la résolution du problème de l'intimidation en travaillant avec l'école, les organismes communautaires et d'autres intervenants pour assurer la sécurité et le bien-être de leur enfant.

6. Développer des compétences d'autodéfense : les parents peuvent enseigner à leurs enfants des stratégies d'autodéfense, notamment la confiance en soi, l'établissement de limites et une communication efficace, pour les aider à mieux faire face aux situations d'intimidation.

7. Développer l'intelligence émotionnelle : Les parents peuvent aider leur enfant à développer son intelligence émotionnelle en lui apprenant à reconnaître et à gérer ses émotions, ce qui peut l'aider à mieux faire face à la pression et au stress causés par l'intimidation.

8. Encourager la communication : Les parents peuvent encourager leur enfant à parler de ses sentiments et de ses expériences d'intimidation en créant un environnement ouvert et favorable dans lequel l'enfant se sent à l'aise pour partager ses expériences.

9. Rechercher une aide spécialisée : les parents peuvent rechercher activement des organisations, des programmes et des professionnels spécialisés qui peuvent fournir soutien et assistance pour résoudre les problèmes d'intimidation.

10. Créer un espace sûr à la maison : Les parents peuvent créer un espace sûr à la maison où l'enfant se sent protégé et soutenu, et peuvent également lui offrir l'occasion de parler des problèmes et des dangers

auxquels il est confronté.

11. Participation active à l'environnement éducatif : les parents peuvent participer activement à l'environnement éducatif de leur enfant en interagissant avec les enseignants, les administrateurs scolaires et d'autres parents pour contribuer à créer un environnement scolaire sûr et favorable.

Contacter un parent ou une personne de confiance est la première et la plus importante étape pour les enfants et adolescents victimes de harcèlement. Les parents peuvent non seulement fournir un soutien émotionnel et une orientation, mais aussi participer activement à la solution en créant un environnement sûr et favorable à leur enfant.

Si un enfant est victime d'intimidation à la maison et que les parents ne sont pas une source d'aide fiable et solidaire, cela peut créer une situation encore plus difficile pour l'enfant. Dans de tels cas, il est important de demander l'aide d'autres adultes ou d'organisations qui peuvent fournir le soutien et la protection nécessaires. Voici quelques étapes possibles :

1. Contacter d'autres membres de sa famille ou tuteurs : L'enfant peut essayer de contacter d'autres membres de sa famille, tels que des grands-parents, des oncles ou des tantes, s'ils peuvent lui fournir un abri ou un soutien sûr.

2. Demander de l'aide à l'école ou à une institution : L'enfant peut demander l'aide d'enseignants, d'un psychologue scolaire, d'un conseiller scolaire ou de l'administration scolaire. Ils peuvent offrir des conseils et des orientations sur la manière dont l'enfant peut mieux faire face à la situation.

3. Contacter les services de protection de l'enfance : Si les parents se trouvent dans un état qui constitue une menace pour l'enfant, ils peuvent alors contacter les organismes de protection de l'enfance ou les services sociaux appropriés qui peuvent fournir assistance et protection.

4. Consultation avec les services professionnels : L'enfant peut s'adresser à des psychologues, des thérapeutes ou des conseillers spécialisés dans l'accompagnement des enfants et des adolescents en situation familiale difficile.

5. Contacter des adultes de confiance dans la communauté : L'enfant peut essayer de rechercher le soutien d'autres adultes de la communauté, tels que des chefs religieux, des chefs de groupes de jeunes ou des coachs professionnels.

Il est important que l'enfant comprenne qu'il existe d'autres sources d'aide et de soutien, même si sa propre famille ne constitue pas un environnement sûr. En demandant de l'aide, un enfant peut recevoir le soutien et la protection dont il a besoin pour faire face efficacement à la situation d'intimidation.

4. Recherche d'un soutien dans un établissement d'enseignement.

Les écoles et les établissements d'enseignement disposent souvent de spécialistes qui peuvent aider en cas de harcèlement. Il peut s'agir de psychologues scolaires, de conseillers, d'enseignants ou d'administrateurs. Vous pouvez les contacter pour obtenir des conseils, de l'assistance et de l'aide pour résoudre le problème.

Trouver du soutien dans votre école est une étape importante pour les victimes de harcèlement. La présence de spécialistes dans l'école, tels que des psychologues scolaires, des conseillers, des enseignants ou des administrateurs, peut grandement atténuer la situation et apporter l'aide nécessaire. Examinons de plus près ce processus.

1. Psychologues et conseillers scolaires : ces professionnels sont formés et expérimentés pour travailler avec des adolescents et peuvent offrir des conseils et un soutien confidentiels. Ils peuvent aider la victime d'intimidation à comprendre et à faire face aux conséquences émotionnelles et à développer des stratégies pour faire face au problème.

2. Enseignants : Les enseignants peuvent être le premier point de contact pour les victimes d'intimidation ou les témoins de l'incident. Ils peuvent offrir leur soutien, découvrir ce qui se passe et prendre des mesures pour mettre fin au harcèlement.

3. Administration scolaire : La direction de l'école a la responsabilité de fournir un environnement sûr aux élèves. Les victimes de harcèlement peuvent contacter l'administration pour obtenir de l'aide et de la protection. Les administrateurs peuvent enquêter sur l'incident d'intimidation et prendre des mesures pour mettre fin à de nouveaux incidents.

4. Enseignants : Les enseignants peuvent également apporter un soutien à la victime d'intimidation en assurant une protection dans l'environnement de la classe et en l'aidant à communiquer avec les autres élèves.

5. Programmes de lutte contre le harcèlement : Certaines écoles mettent en œuvre des programmes spéciaux pour prévenir et combattre le harcèlement. Les victimes d'intimidation peuvent bénéficier des ressources et des activités proposées par ces programmes.

Solliciter le soutien de votre école est une étape importante pour les victimes de harcèlement. Cela peut aider à mettre fin aux abus et à fournir à la victime le soutien et la protection dont elle a besoin.

Si le harcèlement n'est pas bien combattu dans un pays ou dans les établissements d'enseignement et que la victime a peur de demander de l'aide en raison d'éventuelles conséquences négatives, il existe d'autres moyens d'obtenir du soutien et de la protection. Voici quelques mesures que vous pouvez prendre dans une telle situation :

1. Contactez un parent ou un adulte de confiance : Si l'école ne réagit pas au problème d'intimidation, il est important de contacter un parent ou

un autre adulte de confiance pour obtenir de l'aide. Ils peuvent aider à identifier la situation et prendre les mesures nécessaires pour protéger la victime.

2. Trouvez des ressources externes : essayez de trouver des organisations ou des groupes externes spécialisés dans l'aide aux victimes d'intimidation. Ces organisations peuvent fournir des conseils, un soutien et une assistance pour résoudre le problème.

3. Consultation avec un avocat : Dans certains cas, surtout si l'intimidation entraîne un préjudice physique ou psychologique, une intervention juridique peut être nécessaire. Les avocats peuvent aider à évaluer la situation et offrir des conseils sur la protection des droits de la victime.

4. Trouvez du soutien dans les communautés en ligne : Il existe des ressources et des communautés en ligne où les victimes d'intimidation peuvent obtenir le soutien et les conseils de personnes confrontées à des problèmes similaires. Cela peut être une source utile d'informations et de soutien émotionnel.

5. Recherchez les mécanismes de protection : familiarisez-vous avec les lois et les politiques liées au harcèlement et à la protection des droits des enfants dans votre pays. Connaître vos droits peut vous aider à vous défendre et à demander de l'aide plus efficacement.

Il est important de se rappeler qu'il existe un soutien et des ressources disponibles pour les victimes d'intimidation, même dans les cas où l'école ne répond pas de manière appropriée au problème. Il est important de ne pas être seul et de demander de l'aide à d'autres sources pour se protéger et résoudre le problème de l'intimidation.

Face à l'intimidation, en plus de chercher du soutien auprès de ressources externes, il est également important de pouvoir se défendre. Voici quelques techniques d'autodéfense qui peuvent aider les victimes d'intimidation :

1. Fixer des limites : apprenez à fixer des limites et à exprimer clairement vos préférences et votre rejet des comportements indésirables. Par exemple, si quelqu'un vous insulte, dites-lui que c'est inacceptable et demandez-lui d'arrêter.

2. Éviter les situations de conflit : essayez d'éviter tout contact avec ceux qui font preuve d'agressivité ou de violence. Choisissez une entreprise avec plus de soin et essayez de vous trouver dans des endroits sûrs.

3. Adopter un comportement confiant : essayez de paraître confiant et calme, même si vous ne vous sentez pas en sécurité intérieurement. Cela peut contribuer à dissuader les agresseurs potentiels et à réduire la probabilité d'une attaque.

4. Renforcement de l'estime de soi : Travaillez à renforcer votre estime de soi et votre estime de soi. Plus vous vous valorisez et vous respectez, moins vous risquez d'être blessé par le comportement négatif

des autres.

5. Trouvez du soutien : trouvez des amis ou des adultes en qui vous avez confiance et partagez vos problèmes avec eux. Avoir quelqu'un pour vous soutenir et être à vos côtés peut vous aider à traverser des situations difficiles.

6. Développer des compétences en communication : améliorez vos compétences en communication pour être plus confiant et mieux réussir à résoudre les conflits. Cela inclut la capacité d'exprimer vos pensées et vos sentiments de manière claire et respectueuse.

7. Entraînement à l'autodéfense physique : En cas d'attaque physique, la connaissance des techniques de base d'autodéfense physique peut être utile. Cependant, il est important de se rappeler que la violence physique est toujours un dernier recours et ne doit être utilisée qu'en dernier recours pour se protéger.

La pratique de ces techniques d'autodéfense peut aider les victimes d'intimidation à se sentir plus en confiance et réduire le risque de nouvelles attaques. Cependant, il est important de se rappeler que l'autodéfense doit être adaptée à votre situation spécifique et qu'il vaut toujours la peine de demander de l'aide et du soutien si possible.

5. Utilisez les ressources en ligne.

Il existe de nombreuses ressources et organisations en ligne qui apportent un soutien aux victimes d'intimidation. Il peut s'agir de sites Web spécialisés, de forums, de forums de discussion ou de lignes d'assistance téléphonique où vous pouvez obtenir des conseils et du soutien auprès de professionnels et d'autres personnes confrontées à une situation similaire.

Utiliser des ressources en ligne pour obtenir de l'aide en cas d'intimidation peut être une étape importante et efficace pour les victimes. Voici un aperçu plus détaillé de ce sujet :

- Sites Web spécialisés : Il existe de nombreux sites Web dédiés à la question du harcèlement et fournissant des informations, des conseils et des ressources aux victimes et à leurs familles. Sur ces sites, vous trouverez des articles, des vidéos, des tests, ainsi que des contacts de spécialistes prêts à vous aider.

- Forums et communautés : les forums et les communautés en ligne offrent aux victimes d'intimidation la possibilité de se connecter avec d'autres personnes qui ont vécu ou traversent des situations similaires. C'est un endroit pour partager vos expériences et obtenir du soutien et des conseils de personnes qui comprennent votre situation.

- Salons de discussion et lignes d'assistance téléphonique : certaines organisations proposent des forums de discussion ou des lignes d'assistance téléphonique en ligne où les victimes de harcèlement peuvent demander des conseils et une assistance en temps réel. Cela peut être particulièrement utile pour ceux qui ont besoin d'une aide urgente ou qui souhaitent simplement parler à quelqu'un.

- Matériel d'auto-assistance : du matériel d'auto-assistance tel que des articles, des livres, des didacticiels vidéo et des podcasts audio peuvent être trouvés sur diverses ressources en ligne. Ces ressources peuvent inclure des conseils pour gérer le stress, développer des capacités d'adaptation et améliorer l'estime de soi.

- Trouvez de l'aide sur les réseaux sociaux : vous pouvez également trouver des groupes et des communautés anti-intimidation sur les plateformes de réseaux sociaux. Rejoindre ces groupes vous permet d'obtenir le soutien d'un large éventail de personnes, ainsi que d'accéder à des informations et des ressources à jour.

L'utilisation de ressources en ligne pour lutter contre le harcèlement peut constituer un complément utile à d'autres formes de soutien. Cependant, il est important d'être prudent lors du choix des ressources et de vérifier leur validité et leur fiabilité pour éviter de tomber dans le piège de conseils préjudiciables ou erronés.

6. Demandez de l'aide juridique.

En cas de harcèlement grave qui viole les lois ou conduit à des délits, vous pouvez demander l'aide juridique d'avocats ou d'organisations spécialisées dans les droits des enfants et la protection contre la violence. Les avocats peuvent aider à évaluer la situation et fournir des conseils sur les droits de la victime.

Demander une aide juridique peut être une étape nécessaire pour les victimes d'intimidation, surtout si la situation devient grave et viole les lois. Voici un aperçu plus détaillé de ce sujet :

1. Évaluer la situation : Les avocats spécialisés dans les droits des enfants et la protection contre la violence peuvent procéder à une évaluation pour comprendre la gravité et la complexité du problème de l'intimidation. Ils examineront tous les aspects de la situation, y compris le harcèlement physique, verbal, émotionnel ou cyber, ainsi que les éventuelles violations des lois.

2. Fournir des conseils sur les droits des victimes : Les avocats aideront les victimes d'intimidation à comprendre leurs droits et leurs options. Ils peuvent expliquer quelles lois ont été violées, quels droits la victime possède et quelles mesures peuvent être prises pour se protéger.

3. Préparation des documents et accompagnement dans les procédures judiciaires : Les avocats aideront à la préparation des documents nécessaires, tels que les rapports de police, les plaintes judiciaires ou les demandes de mesures de protection. Ils peuvent également représenter la victime devant les tribunaux ou dans d'autres procédures judiciaires.

4. Médiation et négociation : Dans certains cas, les avocats peuvent agir comme médiateurs entre la victime et l'agresseur pour tenter de

parvenir à une résolution pacifique du conflit. Ils peuvent également négocier avec des agences ou des organisations pour assurer la protection et le soutien de la victime.

5. Obtenir une indemnisation : En cas de dommages causés par l'intimidation, les avocats peuvent aider la victime à obtenir une indemnisation pour les blessures physiques ou psychologiques, les frais médicaux, les dommages matériels et autres pertes.

Il peut être nécessaire de recourir à une assistance juridique dans les cas où les autres méthodes de soutien et de résolution des conflits sont inefficaces ou insuffisantes. Il est important de choisir des avocats expérimentés et qualifiés, spécialisés dans les droits de l'enfant et la protection contre la violence, afin d'assurer un maximum de soutien et de protection à la victime de harcèlement.

7. Recherchez le soutien d'amis.

Les amis peuvent constituer une source importante de soutien pour les victimes d'intimidation. Ils peuvent offrir un soutien émotionnel, aider à résoudre des conflits, un soutien dans des situations sociales et aider à trouver la force de résister aux intimidateurs.

Rechercher le soutien d'amis peut être une étape importante pour les victimes d'intimidation, car les amis peuvent offrir un soutien émotionnel et aider à résoudre les conflits. Voici un aperçu plus détaillé de ce sujet :

1. Soutien émotionnel : Les amis peuvent être ceux qui comprennent et acceptent la victime d'intimidation, ce qui constitue la base du soutien émotionnel. Le simple fait d'écouter et de fournir un soutien dans les moments difficiles peut grandement aider la victime à se sentir moins seule et isolée.

2. Résolution des conflits : Les amis peuvent aider à trouver des solutions pour mettre fin à l'intimidation ou résoudre les conflits. Ils peuvent vous conseiller, vous accompagner dans la prise de décisions et même vous aider à trouver des pistes d'action appropriées.

3. Soutien dans les situations sociales : Les amis peuvent apporter leur soutien dans des situations sociales, comme les déplacements à l'école ou les activités parascolaires. Avoir des amis à proximité peut aider la victime à se sentir plus en sécurité et plus confiante.

4. Aide à résister aux intimidateurs : Les amis peuvent aider la victime à trouver la force de résister aux intimidateurs. Ils peuvent vous proposer des idées ou un soutien pour prendre des mesures pour vous protéger, comme l'apprentissage de compétences en communication, l'affirmation de soi ou même l'autodéfense.

5. Accompagnement dans la recherche d'une aide professionnelle : Les amis peuvent également aider la victime à entrer en contact avec des ressources professionnelles et des spécialistes si la situation devient trop complexe ou nécessite une aide spécialisée.

Se connecter avec des amis peut rendre la gestion de l'intimidation moins effrayante et aider la victime à se sentir comme si elle n'était pas seule dans son combat. Cependant, il est important que les amis apportent leur soutien et n'aggravent pas la situation, encourageant ainsi la victime de harcèlement à demander de l'aide si nécessaire.

8. Fixez des limites et des priorités.

Comprendre vos propres limites et priorités peut aider une victime d'intimidation à se protéger et à protéger ses intérêts. Il est important d'apprendre à dire « non » aux situations qui provoquent un inconfort ou deviennent source de violence. Cela peut inclure de rester à l'écart des intimidateurs, de trouver de nouveaux amis ou de modifier son mode de vie pour éviter les situations de conflit.

Fixer des limites et des priorités joue un rôle important dans la protection de la victime d'intimidation et de ses intérêts. Regardons ce sujet plus en détail :

1. Comprendre vos propres limites : Il est important qu'une victime d'intimidation comprenne ses limites personnelles et les respecte. Cela peut impliquer de réaliser qu'elle mérite le respect et la dignité, et que personne n'a le droit de violer ses limites ou de lui causer du tort.

2. Dire « non » : Apprendre à dire « non » aux situations qui provoquent un inconfort ou deviennent source de violence est une compétence clé pour se protéger. Cela peut inclure le refus de participer à des situations de conflit ou de communiquer avec des agresseurs, ainsi que le refus de se conformer à des demandes ou des exigences qui violent les limites personnelles.

3. Priorités : Il est important pour une victime d'intimidation d'identifier et de se concentrer sur ses priorités. Cela peut impliquer de trouver de nouveaux amis ou cercles sociaux qui la soutiennent et la respectent, ainsi que de changer son mode de vie pour éviter les situations de conflit ou les endroits où elle ne se sent pas en sécurité.

4. Autodéfense : La victime d'intimidation doit être prête à se défendre si nécessaire. Cela peut inclure l'apprentissage de compétences d'autodéfense ou la recherche de l'aide d'adultes ou de professionnels si une situation devient dangereuse ou trop difficile à gérer par vous-même.

5. Trouver du soutien : Enfin, la victime d'intimidation doit savoir qu'elle n'est pas seule dans son combat et qu'il existe de nombreuses ressources et organisations qui peuvent l'aider à obtenir du soutien et de la protection. Cela peut inclure des psychologues scolaires, des conseillers, des parents, des amis ou des organisations professionnelles.

6. Participez à des groupes sûrs : les victimes d'intimidation peuvent trouver du soutien et de la protection en rejoignant des groupes ou des communautés sûrs et solidaires. Il peut s'agir de clubs scolaires, d'organismes communautaires ou de forums en ligne où ils peuvent

discuter de leurs problèmes et obtenir le soutien de personnes qui les comprennent.

7. Utilisation des technologies de sécurité : Dans le monde d'aujourd'hui, la technologie peut devenir un puissant outil de protection. Les victimes d'intimidation peuvent utiliser les fonctionnalités de blocage, de filtrage ou de signalement sur les réseaux sociaux et les applications de messagerie pour empêcher tout contact ou contenu indésirable.

8. Respect de soi et pensée positive : Il est important que la victime d'intimidation conserve son respect d'elle-même et sa confiance en elle. La pensée positive et la confiance en soi peuvent l'aider à surmonter les effets négatifs de l'intimidation et à continuer d'avancer.

9. Demandez l'aide de professionnels : Si la situation devient accablante ou dangereuse, la victime d'intimidation devrait demander l'aide de professionnels. Il peut s'agir de psychologues, de travailleurs sociaux, d'avocats ou d'autres spécialistes qui lui apporteront le soutien et l'assistance nécessaires.

10. Auto-éducation et sensibilisation : Une victime d'intimidation peut renforcer sa défense en apprenant comment prévenir et réagir à l'intimidation. Elle peut en apprendre davantage sur ses droits, se renseigner sur les ressources et organisations existantes et acquérir des connaissances sur la gestion du stress et le soutien émotionnel.

Fixer des limites et des priorités aidera la victime d'intimidation à se protéger contre d'autres violences et à prendre le contrôle de sa vie. Ces méthodes aideront la victime d'intimidation à acquérir la force, l'estime de soi et le soutien dont elle a besoin pour surmonter une situation difficile et poursuivre sa vie.

9. Contactez les organisations professionnelles.

Il existe diverses organisations non gouvernementales et gouvernementales spécialisées dans l'aide et le soutien aux victimes d'intimidation. Ces organisations peuvent fournir des conseils, résoudre des conflits, un soutien émotionnel et aider à faire face aux effets de l'intimidation.

Les organisations professionnelles de lutte contre le harcèlement jouent un rôle clé en apportant assistance et soutien aux victimes de ce type de violence. Voici quelques aspects à considérer :

1. Diversité des organisations : Il existe de nombreuses organisations, tant non gouvernementales que gouvernementales, qui s'attaquent au problème de l'intimidation. Ils peuvent être nationaux, régionaux ou locaux et fournir une assistance variée, notamment des conseils, un soutien et des ressources.

2. Fournir des conseils et de l'aide : Les organisations professionnelles disposent généralement de spécialistes pour aider les victimes d'intimidation. Il peut s'agir de psychologues, de travailleurs

sociaux, d'avocats et d'autres professionnels possédant une expérience et des connaissances dans ce domaine.

3. Résolution des conflits : Les organisations peuvent aider à résoudre les conflits et trouver des stratégies appropriées pour faire face aux situations d'intimidation. Ils proposent des conseils individuels, des séances de groupe ou des formations visant à développer les compétences d'auto-représentation et de gestion des conflits.

4. Soutien émotionnel : Un aspect important du travail des organisations professionnelles est la fourniture d'un soutien émotionnel aux victimes d'intimidation. Cela peut inclure un soutien psychologique, une aide à faire face à l'impact émotionnel de la violence et la création d'un espace sûr pour exprimer leurs sentiments et leurs préoccupations.

5. Faire face aux conséquences : Les organisations aident les victimes de harcèlement à faire face aux conséquences de ce type de violence. Cela peut inclure une aide à reconstruire l'estime de soi, à surmonter le trouble de stress post-traumatique et à développer des stratégies pour faire face aux émotions négatives.

6. Éducation du public et plaidoyer : Les organisations professionnelles jouent un rôle important en éduquant le public sur le problème de l'intimidation et en plaidant pour la mise en œuvre de politiques et de programmes efficaces pour la prévenir. Ils peuvent mener des activités de formation, des campagnes de sensibilisation et participer à l'élaboration de lois visant à protéger les victimes de harcèlement.

Dans l'ensemble, les organisations professionnelles constituent une ressource importante pour les victimes de harcèlement et leurs familles, en leur apportant une aide et un soutien complets dans des situations difficiles.

10. N'hésitez pas à demander de l'aide.

Il est important de se rappeler que demander de l'aide n'est pas un signe de faiblesse, mais plutôt un signe d'inquiétude pour son propre bien-être et sa sécurité. Personne ne mérite d'être victime d'intimidation, et demander de l'aide est la première étape pour résoudre le problème.

Demander de l'aide en cas d'intimidation est une première étape importante pour résoudre le problème. Voici quelques aspects à considérer :

1. L'importance de l'entraide : demander de l'aide en cas d'intimidation n'est pas un signe de faiblesse, mais plutôt un signe de préoccupation pour votre bien-être et votre sécurité. Le refus d'aider ne peut qu'aggraver la situation et entraîner d'autres conséquences négatives.

2. Respect de soi et droits : Personne ne mérite d'être victime d'intimidation. Demander de l'aide est une manifestation de respect de soi et de protection de vos droits à une vie sûre et heureuse. Toute personne a droit au respect et à la protection contre la violence.

3. Soutien des autres : Souvent, les gens ont peur de demander de

l'aide par peur d'être jugés ou sous-estimés. Cependant, il est important de rappeler que la famille, les amis, les enseignants et les organisations professionnelles sont disponibles pour apporter soutien et assistance face à l'intimidation.

4. Conséquences possibles du silence : Le refus de demander de l'aide peut entraîner des souffrances à long terme dues au harcèlement, une détérioration du bien-être psychologique et émotionnel, ainsi qu'une détérioration des relations avec les autres. Il est donc important de ne pas hésiter à demander de l'aide en cas de signes d'abus.

5. Options d'aide : Il existe de nombreuses ressources et organisations prêtes à aider les victimes d'intimidation. Cela pourrait inclure des psychologues scolaires, des travailleurs sociaux, des conseillers professionnels, des lignes d'assistance téléphonique, des ressources en ligne et bien plus encore. Demander de l'aide ouvre une gamme d'options d'assistance et de conseils.

Dans l'ensemble, demander de l'aide en cas d'intimidation est une étape importante pour vous protéger et protéger vos intérêts et entamer le processus de résolution du problème.

Demander de l'aide en cas d'intimidation est une étape importante et nécessaire pour se protéger ou aider les autres. Que vous soyez victime d'intimidation ou spectateur, n'oubliez pas qu'il existe de nombreuses ressources et organismes disponibles pour vous soutenir et vous aider. N'hésitez pas à demander de l'aide et rappelez-vous que vous n'êtes pas seul dans cette situation.

La recherche d'aide en cas d'intimidation joue un rôle essentiel pour garantir la sécurité et le bien-être des victimes et des témoins.

La première étape pour demander de l'aide consiste à reconnaître le besoin de soutien. Cela peut être dû à une détérioration psychologique, à la peur ou au désespoir, qui peuvent s'aggraver sans intervention. Il est important de savoir où chercher de l'aide. Les ressources peuvent inclure des psychologues scolaires, des travailleurs sociaux, des lignes d'assistance téléphonique, des ressources en ligne, des centres médicaux et psychologiques, des organisations de défense des droits de l'enfant, etc.

Souvent, les gens peuvent être gênés de demander de l'aide par peur d'être jugés ou sous-estimés. Il est important de rappeler que demander de l'aide est une démarche courageuse et responsable qui peut conduire à une amélioration de la situation.

Obtenir le soutien et les conseils de professionnels vous aide à mieux comprendre la situation, à élaborer des stratégies pour résoudre le problème et à apprendre à faire face à l'inconfort émotionnel. Demander de l'aide vous aide à vous protéger, ainsi que les autres, contre d'autres violences et améliore votre bien-être général. Cela permet également d'éviter d'éventuelles conséquences négatives du harcèlement à long terme.

Dans l'ensemble, demander de l'aide en cas d'intimidation est une étape importante et nécessaire qui contribue à garantir la sécurité, la protection et le soutien des victimes et des témoins. N'hésitez pas à demander de l'aide, rappelez-vous que vous n'êtes pas seul dans cette situation et qu'il existe de nombreuses ressources et personnes prêtes à vous aider.

Chapitre 8.
Qui est responsable du fait que vous ayez été victime de harcèlement ?

Ici, il est nécessaire de décider immédiatement qui est exactement susceptible d'être victime d'intimidation, et à ce stade, nous ne nous intéressons qu'à savoir si la personne est en bonne santé :

- le corps humain présente des dommages mentaux ou physiques importants à un niveau tel qu'il n'est pas en mesure de fournir de manière indépendante une résistance suffisante à l'agresseur.

- il reste très peu de personnes en bonne santé sur la planète qui sont en bonne santé à 100 % en raison de nombreux facteurs, c'est-à-dire que nous souhaitons que le corps d'une personne soit suffisamment en bonne santé pour se situer dans les limites raisonnables de sa propre capacité suffisante à contrôler son corps et processus mentaux .

Dans le premier cas, malheureusement, il sera beaucoup plus difficile, voire impossible, pour une personne de faire face seule aux agresseurs lors d'un harcèlement. Dans ce cas, une aide extérieure est nécessaire, il peut s'agir de l'aide de la famille, des proches, des connaissances ou des agents de la sécurité de l'État de l'individu, tels que des travailleurs sociaux ou des militants des droits de l'homme et de la police.

Dans le second cas, si vous êtes victime de harcèlement, vos parents et vous-même en êtes directement responsables. Examinons maintenant les raisons que j'ai évoquées. Mais avant cela, prenons un peu de recul et considérons une question importante : qui ou quoi est une personne d'un point de vue biologique.

D'un point de vue direct, peu importe ce que vous pensez de vous-même et des autres, nous faisons tous partie du système biologique de cette planète et appartenons aux catégories d'animaux. D'un point de vue biologique, l'homme est un organisme biologique appartenant au règne animal. Les humains sont une espèce d'Homo sapiens, qui appartient à l'espèce des primates. Ainsi, les humains font partie du système biologique de la planète Terre et partagent des ancêtres communs avec d'autres espèces animales.

Je pense que vous avez déjà remarqué que presque toutes les

créatures de la planète ont la même structure corporelle, avec seulement des changements mineurs. Les corps de presque toutes les créatures de la planète ont :

Il a été observé à juste titre que de nombreuses créatures sur la planète ont une structure corporelle similaire avec quelques variations. Cette structure générale comprend les fonctionnalités suivantes :

- Tête : Elle abrite généralement des organes sensoriels tels que les yeux pour la perception visuelle de l'environnement, les oreilles ou d'autres structures similaires pour la perception auditive, ainsi qu'une ouverture pour manger et communiquer avec le monde extérieur.

- Colonne vertébrale : C'est l'axe central auquel sont rattachées toutes les parties du corps, tant externes qu'internes. La colonne vertébrale fournit soutien et protection au système nerveux et constitue la base du mouvement et du maintien de la structure du corps.

- Membres proches de la tête : ce sont généralement des mains ou d'autres organes permettant de manipuler et d'interagir avec l'environnement.

- Membres situés à l'extrémité de la colonne vertébrale : il s'agit généralement de jambes ou de structures similaires utilisées pour la locomotion et le mouvement dans l'environnement.

- Système reproducteur et digestif : Ce sont des systèmes anatomiques importants responsables de la reproduction et de l'obtention des nutriments contenus dans les aliments, ainsi que de l'élimination des déchets.

Ces caractéristiques anatomiques sont des éléments clés pour la survie et le fonctionnement des créatures sur la planète, et elles sont généralement présentes dans toutes les espèces, bien qu'elles puissent varier en fonction de l'environnement et des adaptations évolutives.

Nous avons donc déterminé que l'homme fait partie des espèces animales. Mais il faut garder à l'esprit que cette créature de la planète est la plus dangereuse, la plus intelligente et la plus cruelle jusqu'à l'absurdité. Aucune autre créature sur la planète ne tue pour son propre plaisir, ni n'abuse d'autres créatures, et en particulier des siens, pour le plaisir. Et cela a toujours été le cas, quelle que soit la profondeur avec laquelle on s'intéresse à l'histoire de l'humanité. Et même des siècles plus tard, absolument rien n'a changé.

Oui, les communautés ont créé des systèmes juridiques basés sur des caractéristiques territoriales. Mais seulement pour contrôler les autres comme eux et protéger ceux qui règnent sur ce territoire.

Où est-ce que je veux mener cette conversation ? Tout est très simple. Je veux vous montrer que l'homme est la créature la plus cruelle et la plus impitoyable qui aime tuer et torturer les autres. Et oui, comme tout le monde, vous possédez ces caractéristiques. Mais dès la naissance, la plupart d'entre nous ont été programmés, eh bien, disons-le autrement -

nous avons été élevés dans l'idée qu'une personne est une créature de bonne humeur. Ceci est principalement bénéfique pour ceux qui règnent sur la foule maléfique, dont ils tentent de broyer les dents et les griffes depuis l'enfance. De cette façon, il est plus facile de contrôler la foule et de lui donner l'impression qu'elle pense quelque chose et décide, plutôt que de rester littéralement des esclaves dirigeant les autres.

Mais tout le monde n'est pas d'accord avec cette propagande générale, et beaucoup ne pratiquent pas cette pratique au sein de leur famille. En particulier dans les familles défavorables, où les enfants grandissent sans une couche culturelle aussi épaisse, qui contrôle le subconscient d'une personne au niveau subconscient. Fondamentalement, ils deviennent des agresseurs directs d'autrui. Les personnes issues de ce milieu deviennent le plus souvent aussi des criminels, notamment avec un penchant pour les crimes cruels et sanglants.

Mais si une personne a grandi en étant soumise à des « règles de comportement » et à une « culture », alors elle n'est peut-être pas préparée à une réaction comportementale différente de celle de personnes ayant des valeurs culturelles et une éducation différentes.

Mais qui est responsable du fait qu'une personne a été victime de harcèlement :
- tes parents,
- vous personnellement.

Et absolument dans des proportions égales. Il n'y a personne d'autre à blâmer pour votre victimisation. Vous personnellement et ceux qui vous ont élevé en êtes responsables.

Et pourquoi? Tout est très simple, les agresseurs, exprimant leur véritable essence en tant qu'humains, font exactement ce que font les créatures par nature . Comme je l'ai dit, l'homme est la créature la plus cruelle et la plus impitoyable de la planète, qui prend plaisir à tuer les siens, ainsi qu'à torturer et à se moquer des siens. Oui, naturellement, cette règle s'applique à d'autres créatures, une personne embrasse joyeusement et complètement tous les êtres vivants qui l'entourent, et se moque et torture cruellement d'autres créatures. Pourtant, l'homme poursuit ses semblables plus que toutes les autres créatures.

Beaucoup sont prêts à discuter avec moi sur cette question. Je suis d'accord avec cela. Et j'ai immédiatement envie de poser une question : dans quelle mesure êtes-vous prêt à discuter avec moi ? Avant la bataille, avant la persécution, avant la destruction de moi-même et de ma théorie ? Mais cela ne prouve-t-il pas déjà ma théorie ? Malheureusement, si vous réfléchissez profondément, regardez autour de vous, rappelez-vous l'histoire de l'humanité au cours des siècles passés, tout le monde sera d'accord avec moi, car c'est vrai.

Alors pourquoi ai-je dit que vos élèves ou vos parents étaient responsables du fait que vous soyez devenu une victime ? Parce qu'ils ne vous ont pas préparé au monde réel, ne vous ont pas élevé correctement, ne vous ont pas laissé le choix et ont fait de vous une victime. Selon les méthodes modernes d'éducation basées sur la gentillesse et le respect, il peut malheureusement être extrêmement dangereux qu'une personne élevée selon cette méthode se retrouve dans un autre environnement qui n'est pas soutenu par les mêmes principes. Et si vous lisez le livre, c'est ce qui s'est passé. Vos parents, sans même y penser, vous ont involontairement élevé de telle manière que vous avez dû devenir une victime à un moment de votre vie, car la vraie vie n'est pas un conte de fées sur les licornes roses, mais une lutte cruelle. Que ce soit à l'école ou au travail, pour une évolution de carrière.

Et pourquoi ai-je dit que c'est parce que vous êtes vous-même coupable d'avoir été victime de harcèlement ? Ici aussi, j'ai une réponse simple. Vos parents vous ont élevé et vous ont inculqué des visions irréalistes de la vie, c'est vrai, mais dès la première année scolaire, vous avez pu voir que tout cela n'était qu'un mensonge et que la réalité était très cruelle. Et les enfants sont très cruels, et dans votre établissement d'enseignement, même dans les premières années, ils pourraient voir des exemples d'intimidation envers d'autres enfants ou même envers vous. Et à ce stade, vous auriez dû vous en rendre compte et agir à ce sujet afin de cesser d'être une victime ou de ne jamais l'être. C'est entièrement de votre faute, puisque vous auriez pu prendre les mesures nécessaires pour éviter d'en être victime.

Chapitre 9.
Comment cesser d'être une victime. Il ne s'agit pas d'une auto-réinvention traditionnelle.

Dans le chapitre précédent, il a été dit que l'homme, en tant qu'espèce, est susceptible de commettre les actes les plus terribles, les plus impitoyables et les plus cruels de cette planète. Cette affirmation peut provoquer différentes réactions et nécessiter de repenser notre attitude envers l'humanité.

Qu'est-ce qui nous fait considérer une personne comme une créature si cruelle et impitoyable ? C'est peut-être son histoire, remplie de guerres, de conflits et de violence. C'est peut-être sa capacité à détruire l'environnement et d'autres êtres vivants. Ou peut-être s'agit-il d'une capacité et d'un désir génétiquement attribués dans le subconscient d'une personne d'infliger des souffrances à ses semblables, pour lesquels il y a toujours une raison, que ce soit en raison de différences de foi, de race, de politique ou d'autres facteurs. Afin de trouver des raisons d'en voir suffisamment et d'essayer de détruire quelqu'un comme lui, une personne ne cherche parfois même pas de raisons, mais choisit une victime dans son environnement. Mais ici, ce choix revient toujours à celui qui est physiquement ou mentalement le plus faible.

On peut dire qu'en chaque personne il y a aussi un potentiel de compassion, de gentillesse et d'état de justice. L'humanité a créé de nombreux organismes de bienfaisance, programmes d'aide et avancées scientifiques et médicales qui contribuent à améliorer la vie de millions de personnes.

Mais dites-moi, toutes ces associations orientent leurs efforts vers quoi ? Je vous répondrai : pour la protection de ceux qui ont souffert des autres, de ceux qui sont devenus victimes. Qu'il s'agisse d'une population économiquement précaire, où les riches aspirent la richesse des pauvres, détruisent des emplois ou font monter les prix. Qui fait tout ça ? C'est vrai, une autre personne qui est un agresseur direct. Mais ici, la plupart d'entre nous dépendent directement d'eux et, dans la plupart des cas, nous ne pouvons rien faire en réponse. Ces agresseurs dirigent le monde et ont créé des lois pour les protéger.

Mais n'oubliez pas non plus qu'il existe d'autres victimes qui ont été directement blessées physiquement par d'autres personnes. Et ici il faut noter que des centres d'aide aux victimes ont été créés, parfois au niveau de l'État. Mais ici, nous devons faire attention à savoir si ces organisations peuvent pleinement aider les victimes ? Dans de nombreux cas, oui, ces organisations aident à faire face à l'agresseur et peuvent même recevoir une compensation. Mais je vous assure que celui qui a été victime redeviendra victime s'il ne bat pas seul l'agresseur. Dans 60 % des cas, les anciennes victimes sont à nouveau victimes d'agressions de la part d'autres agresseurs, et dans la moitié des cas même de la part du même agresseur. Mais cette fois, l'agression peut déjà avoir des résultats mortels, puisque dans de nombreux cas, l'agresseur ne permet pas à la victime de demander de l'aide, tuant dans ce cas sa victime.

Il est également très important de comprendre que vos agresseurs sont des personnes comme vous. Les habitants de la planète partagent les mêmes traits fondamentaux de la nature humaine, et les différences entre eux, bien que significatives à certains égards, sont finalement mineures. Les caractéristiques physiologiques et psychologiques peuvent déterminer le comportement d'une personne, mais elles ne la rendent pas plus précieuse ou inférieure que les autres.

Il est important de réaliser que toutes les différences entre nous sont créées par la société et la culture et qu'elles ne doivent pas définir notre estime de soi ou nos relations avec les autres. Reconsidérer vos propres attitudes envers vous-même et envers les autres peut vous aider à amorcer le processus de changement de votre perception mentale de la situation et de votre personnalité dans son ensemble.

Autrement dit, vous êtes aussi une personne comme eux.

Comprenez-vous cela? Vous comprenez que tous les habitants de la planète sont identiques et ne se différencient que par un petit ensemble de facteurs qui incluent des différences physiologiques et psychologiques. Et en même temps, ils ne sont pas gros du tout. Ces différences affectent naturellement le comportement d'une personne et la façon dont elle passera toute sa vie.

Comprendre que vous et votre agresseur êtes égaux dans tous les facteurs sauf deux est une source d'inspiration importante pour vous. Pensez-y : vous avez toutes les mêmes qualités humaines que votre agresseur. Vous avez droit à vos propres pensées, sentiments et désirs, tout comme lui. Cette compréhension peut être la clé pour vous libérer du statut de victime.

Et si vous lisez ceci maintenant, cela signifie que quelque chose bouge en vous, quelque chose change. C'est peut-être une volonté de ne pas rester dans le rôle d'une victime. C'est une excellente première étape. Mais ne vous arrêtez pas là. Plus profondément, quelque part en vous, dans votre subconscient, peut-être même inconsciemment, vous ressentez cette envie de changement. C'est une envie de changer votre monde intérieur, de reconsidérer votre attitude envers vous-même et le monde qui vous entoure.

Imaginez maintenant que vous puissiez changer votre rôle psychologique, votre estime de soi, votre façon de penser. Imaginez l'impact de ce changement sur tous les aspects de votre vie. Vous pouvez devenir plus confiant, plus fort et plus décisif. Vous commencerez peut-être à voir le monde sous un angle différent et plus positif. Vous pouvez vous libérer des chaînes de la peur et de la négativité qui vous maintiennent depuis longtemps dans un cercle vicieux.

Ce facteur psychologique est votre clé du changement. C'est votre trésor intérieur qui peut changer votre monde. N'ayez pas peur de lui, accueillez-le. Permettez-vous de l'accepter et de le mettre en œuvre dans votre vie. Ce n'est pas difficile, c'est simple. Mais c'est extrêmement important. C'est votre chance. Ton temps. Ne le manquez pas.

Approfondissons ce deuxième facteur. Pensez à votre condition physique. Peut-être que vous vous sentez vulnérable, pas assez fort pour vous protéger. C'est souvent le cas après avoir été victime d'intimidation, ce qui peut vous blesser non seulement émotionnellement mais aussi physiquement. Vous pourriez avoir l'impression que votre corps n'est pas prêt à résister, à se protéger d'un agresseur.

Mais si vous lisez ce livre, cela signifie que vous avez envie de changer cela. Vous voulez que votre apparence physique reflète votre force intérieure et votre confiance. C'est possible. Ce n'est pas aussi difficile qu'il y paraît. Mais cela demandera néanmoins des efforts et prendra du temps. Oui, je comprends que vous souhaitiez obtenir des résultats tout de suite, mais ce n'est pas possible. Vous avez passé des années à apprendre à être une victime, et il vous faudra du temps pour cesser de l'être. Mais j'ai une bonne nouvelle, vous n'aurez pas à y consacrer des années, je peux même vous donner un délai dans lequel si vous suivez mes instructions vous cesserez d'être une victime, c'est de trois mois à un an. Tout dépend de votre état, et aussi de votre degré d'abandon au processus de reconstruction de vous-même, de votre conscience et de votre corps, vers une personnalité différente.

Appelons le deuxième facteur physiologique. C'est votre corps, votre forme physique, que vous pouvez changer pour devenir plus fort, plus prêt à défendre. Cela peut être du sport, du fitness, des arts martiaux, quelque chose qui vous aidera à renforcer votre corps et à augmenter votre niveau de confiance en vous.

Cela peut être du sport, du fitness, des arts martiaux, quelque chose qui vous aidera à renforcer votre corps et à augmenter votre niveau de confiance en vous. Examinons cela plus en détail afin de comprendre par où commencer et ce qui convient à qui.

Mais rappelez-vous qu'il s'agit d'un processus. Ce n'est pas une solution instantanée au problème. Mais chaque pas, chaque exercice, chaque entraînement vous rapproche de votre objectif : être fort et confiant. Vous ne devriez pas avoir peur d'y consacrer du temps et des efforts. En fin de compte, c'est votre santé, votre force, votre vie qui est en jeu. Vous décidez de ne plus jamais être une victime.

Jetons un coup d'œil aux résultats de la modification de ces deux facteurs. Imaginez comment votre nouvel état mental et physique va changer votre situation. Vous ne serez plus jamais une victime. Vous ne serez pas seulement une personne normale ordinaire, mais aussi une personne dotée de force, de confiance et de détermination. Cela vous libérera des chaînes de l'intimidation et de la violence à votre encontre et vous permettra d'atteindre votre potentiel.

Et pas seulement cela. Peut-être, si vous le souhaitez, pouvez-vous même devenir un défenseur des autres contre l'intimidation. Vous pourrez utiliser votre expérience et votre force pour soutenir ceux qui se trouvent dans une situation similaire. Votre désir de protéger les autres sera le signe de votre transformation intérieure, de votre croissance et de votre force.

Mais rappelez-vous que c'est votre choix. Votre désir de changer vous-même et votre monde. Personne ne peut faire ça à votre place. C'est votre chemin vers la liberté contre l'intimidation et vers une vie nouvelle, plus forte et plus confiante. Naturellement, après avoir été victime pendant tant d'années, le chemin pour y parvenir n'est peut-être pas facile. Cela vous demandera des efforts, de la détermination et du temps. Mais chaque pas, chaque effort vous rapprochera de votre objectif.

Parlons du premier facteur, qui est peut-être le moins difficile à changer, mais qui joue en même temps un rôle important dans le processus de lutte contre le harcèlement. C'est une prise de conscience de votre propre dignité humaine et de votre égalité avec vos délinquants.

Oui, vous êtes un être humain, tout comme votre agresseur. Les mêmes organes, os, cerveau, peau vous appartiennent. Quelle que soit votre taille physique ou votre apparence, vous êtes toujours absolument égal à votre agresseur dans presque tous les domaines. La chose importante à comprendre ici est que votre moi intérieur n'est pas moins précieux et puissant que celui des autres.

Peut-être que dans le passé, votre éducation ou votre situation vous ont fait vous sentir moins important ou vulnérable. Ou tout simplement ne pas vous préparer à la vraie vie, qui est remplie de cruauté dont vous ne connaissiez même pas l'existence. Mais cela ne doit pas nécessairement déterminer votre avenir. Briser cette illusion d'un monde « juste et égalitaire » dans votre esprit, créée au fil des années de votre vie, est une étape importante vers la libération du rôle de victime.

Croyez en vous. Croyez que vous êtes fort et capable de changer votre vie. Faites ce premier pas vers la compréhension et le respect de soi. Parce que lorsque vous croyez en vous, lorsque vous réalisez votre valeur, vous ouvrez la porte à de nouvelles opportunités et à la liberté de la peur et de l'humiliation.

Pour que tout fonctionne selon notre plan, les deux facteurs doivent fonctionner et changer simultanément. Lorsque nous examinerons des conseils pratiques, nous reviendrons constamment et reconsidérerons les deux facteurs comme un tout qui ne peut exister séparément.

Chapitre 10.
Harmonie de deux facteurs. Que choisir pour vous-même.

Se préparer à résister à une agression nécessite non seulement de renforcer le corps physique, mais aussi de repenser son état mental. Ce n'est pas un chemin facile, mais c'est une étape importante vers la libération du rôle de victime.

Le choix de l'activité sportive joue un rôle clé dans ce processus. Il existe de nombreux sports, chacun pouvant être un outil pour développer la force physique, la coordination et la confiance. Cependant, tous les sports ne conviennent pas à l'enseignement de l'autodéfense et de la réaction rapide dans des situations critiques.

L'entraînement aux arts martiaux, par exemple, peut non seulement améliorer votre condition physique, mais également vous apprendre des techniques de défense efficaces. Ils développent non seulement le corps, mais aussi l'esprit, en tenant compte de la tactique et de la stratégie. Il est important de choisir un sport qui vous aidera non seulement à devenir plus fort, mais aussi à apprendre à prendre des décisions dans des situations stressantes.

Par ailleurs, la préparation à la résistance à l'agression doit inclure un travail sur les aspects psychologiques. Les victimes d'intimidation éprouvent souvent des sentiments d'impuissance, de peur et un manque d'estime de soi. En plus de la formation, il est important de se faire accompagner par un psychologue ou un formateur spécialisé dans l'accompagnement des victimes de violences. Cela vous aidera non seulement à surmonter un traumatisme, mais également à recadrer votre situation, à gagner en confiance et à apprendre à réagir efficacement à une agression.

Il est important de rappeler que se préparer à résister à une agression est un processus qui demande du temps, de la patience et le développement constant des habiletés physiques et psychologiques. Vous devez être préparé au fait que le changement peut prendre du temps, mais chaque étape du chemin vous rapproche de votre libération du statut de victime et de la prise de contrôle de votre propre vie.

Dans cette section, nous plongerons dans le monde du sport, qui peut devenir votre allié fiable dans la lutte contre les agressions. Nous explorons plusieurs chemins uniques qui vous ouvriront la voie vers la force physique et mentale, vous rendant capable de défier votre agresseur.

Imaginez que chaque mouvement que vous faites puisse être rempli de grâce et de force, que vous ayez une confiance qui se propage de l'intérieur vers l'extérieur. Et ce ne sont pas des rêves, mais une réalité qui peut être réalisée grâce au sport. C'est pourquoi je vous propose de suivre la voie du perfectionnement personnel à travers des activités sportives.

Choisir le bon sport est essentiel. Je n'ai sélectionné que quelques types de sports et vous les ai proposés pour attirer votre attention sur ceux qui sont facilement maîtrisés et disponibles partout dans le monde. Après tout, notre objectif est de vous donner les outils nécessaires pour résister efficacement à l'agresseur dans les plus brefs délais.

De plus, ces types de formation sont très efficaces car ils offrent des capacités de formation en ligne étendues et de nombreux didacticiels vidéo sur YouTube. Aujourd'hui, de nombreux didacticiels vidéo et ressources sont disponibles en ligne, vous permettant de commencer votre parcours de transformation dès aujourd'hui, directement chez vous. C'est l'occasion non seulement de renforcer votre corps, mais aussi de changer d'avis, de prendre confiance et de vous changer .

La principale chose à retenir est que chaque pas que vous faites dans cette direction vous rapproche de votre objectif. Et même si vous n'avez pas la possibilité d'étudier avec un entraîneur dans un club de sport, et que l'on comprend naturellement que l'autoformation ne remplace pas la formation professionnelle, mais dans certaines situations elle peut être une alternative tout à fait valable et devenir votre salut. Vous avez toute l'opportunité de prendre le contrôle de votre vie à partir d'aujourd'hui, et dans quelques mois, vous serez en mesure d'être pleinement préparé à repousser dignement l'agresseur et à tous les défis que la vie vous lance.

Considérons plusieurs sports populaires disponibles à l'entraînement dans presque toutes les régions du monde et qui peuvent être appris relativement rapidement afin d'aider la victime d'intimidation :

1. Boxe : La boxe est un sport qui permet de développer la force, l'endurance, la coordination et la maîtrise de soi. Maîtriser les techniques de base de la boxe peut aider une victime à apprendre à se défendre et à lutter contre un agresseur.

La boxe n'est pas seulement un sport, c'est un outil qui peut changer non seulement votre apparence physique, mais aussi votre état mental. Ce n'est pas un hasard s'il est considéré comme l'un des moyens les plus efficaces d'aider les victimes de harcèlement.

Le point positif est que la boxe exige que vous soyez complètement concentré et en contrôle. Au cours de la formation, vous apprenez à gérer vos émotions, à développer votre autodiscipline et à renforcer la maîtrise de soi. Ces compétences sont extrêmement importantes pour les victimes de harcèlement, car elles les aident non seulement à contrôler leurs émotions dans les situations de conflit, mais également à prendre des décisions réfléchies dans les moments critiques.

De plus, la boxe développe la force physique, l'endurance et la coordination. Cela améliore non seulement votre forme physique, mais vous donne également confiance en vos capacités. Les victimes de harcèlement, ayant appris les techniques de base de la boxe, peuvent se sentir plus en sécurité et prêtes à affronter l'agresseur.

L'un des points clés de la boxe est le développement des compétences d'auto-défense. Vous apprenez non seulement les frappes et les blocages, mais aussi les stratégies pour échapper aux attaques. Cela vous rend plus compétent et préparé aux situations réelles de la rue ou à l'école où des conflits peuvent survenir.

Ainsi, la boxe n'est pas seulement une discipline sportive, mais tout un ensemble d'outils qui peuvent changer votre mode de vie et vous aider à ne plus être une victime. Il entraîne non seulement votre corps, mais aussi votre esprit, faisant de vous une personne forte et confiante, capable de lutter contre un agresseur et de se défendre.

De plus, il faut tenir compte du fait que la boxe, en plus de l'entraînement physique, favorise également le développement des compétences psychologiques nécessaires pour contrer efficacement les agressions.

Premièrement, un entraînement régulier de boxe contribue à améliorer l'estime de soi et la confiance en soi de la victime de harcèlement. Le sentiment de force et de confiance en ses capacités acquis en surmontant les barrières physiques et psychologiques de la boxe aide la victime à prendre conscience de sa valeur et de son importance.

Deuxièmement, l'entraînement de boxe apprend à la victime à

contrôler ses réactions face aux situations stressantes. En boxe, on apprend non seulement à faire face aux défis physiques, mais aussi à contrôler ses émotions, en gardant la tête froide dans les situations critiques. Ceci est particulièrement important pour les personnes victimes d'intimidation, car la capacité à rester calme peut aider à éviter les conflits et l'escalade de la violence.

La boxe aide également la victime d'intimidation à développer une réflexion et une planification stratégiques. Au cours du processus de formation, vous apprenez à analyser les situations, à prédire les actions de votre adversaire et à développer des contre-stratégies efficaces. Ces compétences peuvent être appliquées non seulement sur le ring, mais aussi dans la vie de tous les jours, aidant la victime à prendre des décisions judicieuses et à agir dans son meilleur intérêt.

Ainsi, la boxe renforce non seulement le corps physique, mais développe également les compétences psychologiques nécessaires pour se défendre efficacement contre le harcèlement. Compte tenu de l'approche holistique du sport, il s'agit de l'un des moyens les plus efficaces d'aider les victimes d'intimidation dans leur cheminement vers l'autonomisation et la défense de leurs droits.

La boxe est un type d'art martial dans lequel les armes principales sont uniquement les mains. Les compétitions de boxe se déroulent dans un ring spécial où deux boxeurs s'affrontent en utilisant uniquement des coups de poing. Le but de la boxe est de donner le plus de coups possible à votre adversaire tout en évitant le contact avec ses coups.

En boxe, une grande attention est portée à la technique des coups de poing : droits, crochets, uppercut et autres. La défense et l'esquive des coups de l'adversaire sont également des éléments importants de la boxe. L'entraînement de boxe aide à développer la vitesse, la force, l'endurance et le temps de réaction, ainsi qu'à améliorer la forme physique et la coordination.

2 . Kickboxing : Le kickboxing combine des éléments de boxe et diverses techniques de coups de pied. Il permet de développer la force, la coordination et la confiance en soi.

Le kickboxing n'est pas seulement un sport, c'est un mode de vie qui peut être un outil puissant pour les victimes d'intimidation dans leur cheminement vers l'amélioration personnelle et la protection. Voyons comment ce sport peut vous aider à cesser d'être une victime et à lutter contre l'agresseur.

Premièrement, le kickboxing propose un entraînement complet qui comprend à la fois des éléments de boxe et diverses techniques de coups de pied. Cela signifie que vous avez la possibilité de développer non seulement la force et la coordination de vos bras, mais également de vos jambes, ce qui vous rend plus polyvalent et prêt à affronter une variété de situations. Cette variété de formations permet aux victimes d'intimidation d'acquérir des compétences qui les aideront à faire face efficacement à divers types d'agressions.

Deuxièmement, le kickboxing permet de développer la confiance en soi. Un entraînement constant, une amélioration progressive de la technique et l'atteinte de nouveaux objectifs créent un sentiment de progrès et d'estime de soi. Ceci est particulièrement important pour les victimes de harcèlement, qui souffrent souvent d'une faible estime d'elles-mêmes et d'une faible confiance en elles. La confiance en soi les aidera à se sentir plus en sécurité et prêts à se défendre contre un agresseur.

De plus, le kickboxing enseigne des stratégies d'autodéfense à la victime d'intimidation. Pendant l'entraînement, vous apprenez non seulement à attaquer efficacement, mais aussi à battre en retraite et à vous défendre contre les attaques. Cela aide la victime d'intimidation à acquérir des compétences qui peuvent être utiles dans des situations réelles dans la rue ou à l'école où des conflits peuvent survenir.

Ainsi, le kickboxing n'est pas qu'un sport, c'est tout un ensemble d'outils qui peuvent changer la vie d'une victime de harcèlement. Il enseigne non seulement la force physique, mais aussi la confiance en soi, la réflexion stratégique et les compétences d'autodéfense, les rendant ainsi plus forts et plus capables de lutter contre un agresseur.

En plus de ces bienfaits, le kickboxing favorise également le bien-être émotionnel et la gestion du stress chez les victimes de harcèlement. Pendant l'entraînement, des endorphines sont libérées - des hormones du bonheur, qui contribuent à améliorer l'humeur et à réduire le stress et l'anxiété. Ceci est particulièrement important pour ceux qui souffrent des effets psychologiques du harcèlement, comme la dépression, l'anxiété ou le trouble de stress post-traumatique.

De plus, l'entraînement au kickboxing peut devenir une sorte de canal d'expression d'émotions négatives et d'agressivité. Au lieu de refouler leurs émotions, les victimes d'intimidation peuvent utiliser la formation pour libérer leurs sentiments et leur énergie négatifs. Cela les aide non seulement à faire face à l'inconfort émotionnel, mais également à développer des façons plus saines de réagir aux situations stressantes.

De plus, le kickboxing peut être un outil puissant pour établir des liens sociaux et du soutien. Participer à une formation de groupe crée une opportunité de rencontrer des personnes ayant des expériences ou des intérêts similaires et de se soutenir mutuellement dans la réalisation d'objectifs communs. Cela aide les victimes d'intimidation à se sentir partie intégrante d'une communauté et à recevoir un soutien supplémentaire dans leur cheminement vers l'auto-amélioration.

Ainsi, le kickboxing n'est pas seulement un moyen d'entraînement physique, mais aussi un outil puissant pour améliorer le bien-être psychologique et l'adaptation sociale des victimes de harcèlement. Cela les aide non seulement à devenir plus forts et plus confiants, mais aussi à apprendre à faire face efficacement aux émotions négatives et au stress, créant ainsi la base d'une vie saine et heureuse.

Le Kickboxin combine des éléments de techniques de boxe et de coups de pied. En plus des coups de poing, le kickboxing utilise également des coups de pied, ce qui rend ce sport plus diversifié et dynamique. Le kickboxing permet différents types de coups de poing : faibles, moyens et élevés, ce qui permet aux combattants d'attaquer différentes zones du corps de l'adversaire.

L'entraînement au kickboxing comprend également un travail sur la technique de frappe, la défense, l'esquive et la forme physique. De plus, le kickboxing permet de développer la souplesse, la force des jambes et l'endurance. Contrairement à la boxe, le kickboxing vous permet d'utiliser non seulement vos bras, mais aussi vos jambes au combat, ce qui le rend plus polyvalent et efficace dans diverses situations.

3. Karaté : Le karaté est un art martial qui enseigne des techniques de blocage, de frappe et de défense. Cela aide également à développer la concentration et l'autodiscipline.

Le karaté n'est pas seulement une méthode de défense, mais aussi une philosophie de vie qui peut aider les victimes d'intimidation à changer tant physiquement que mentalement. Voyons comment ce sport peut vous aider à cesser d'être une victime et à acquérir les compétences nécessaires pour lutter contre un agresseur.

Premièrement, le karaté enseigne des techniques d'autodéfense, notamment des techniques de blocage, de frappe et de défense. Ces compétences permettent aux victimes d'intimidation de se défendre efficacement lorsqu'elles sont attaquées, augmentant ainsi leur confiance en elles et leur capacité à lutter contre l'intimidateur. Un entraînement régulier au karaté permet de renforcer ces compétences et d'inculquer des réflexes, ce qui est important pour des réactions rapides et adéquates dans des situations stressantes.

Deuxièmement, le karaté aide à développer la concentration et l'autodiscipline. Grâce à la formation, les étudiants apprennent à contrôler leurs pensées et leurs émotions, ce qui les aide à se concentrer sur une tâche et à prendre des décisions réfléchies. Ces compétences sont particulièrement importantes pour les victimes de harcèlement, car elles les aident à rester calmes et à réagir rationnellement aux pressions et aux menaces.

De plus, le karaté enseigne le respect de soi et des autres, ce qui contribue à la formation d'une attitude positive envers soi-même et à une estime de soi accrue. Ceci est particulièrement important pour les victimes de harcèlement, qui peuvent souffrir de sentiments d'infériorité et d'une perception négative d'elles-mêmes. La confiance en soi et le respect de leurs propres limites les aident à devenir moins vulnérables face aux agresseurs et à riposter si nécessaire.

Ainsi, le karaté constitue un outil puissant pour aider les victimes d'intimidation dans leur cheminement vers l'amélioration personnelle et la protection. Il enseigne non seulement des techniques d'autodéfense, mais favorise également la concentration, l'autodiscipline et le respect de soi, ce qui en fait un outil efficace pour lutter contre l'agressivité et développer une personnalité positive.

De plus, il faut tenir compte du fait que le karaté, en plus de l'entraînement physique, aide également à développer la force intérieure et la confiance en soi des victimes de harcèlement. Un entraînement constant dans ce sport contribue à renforcer les aspects spirituels et psychologiques de l'individu, ce qui n'est pas moins important pour une résistance efficace à l'agresseur.

Le karaté apprend aux victimes d'intimidation non seulement à se défendre physiquement, mais aussi à trouver la force intérieure et la paix en elles-mêmes. Au cours de la formation, ils apprennent à contrôler leurs émotions, à trouver l'harmonie intérieure et à équilibrer leur monde intérieur. Cela les aide non seulement à faire face aux conséquences négatives du harcèlement, mais également à développer un caractère fort et résilient qui n'est pas sensible à l'influence des intimidateurs.

De plus, le karaté enseigne aux victimes d'intimidation des principes de moralité et d'éthique, ce qui les aide à prendre les bonnes décisions dans des situations difficiles. Ils apprennent à respecter leurs rivaux, même agressifs, et à trouver des solutions pacifiques aux conflits. Ces compétences les aident non seulement à se protéger du harcèlement, mais aussi à éviter les conflits et à trouver des solutions pacifiques aux problèmes.

Ainsi, le karaté n'est pas seulement une discipline physique, mais aussi une philosophie de vie qui peut changer le monde intérieur et extérieur des victimes de harcèlement. Cela leur apprend non seulement à se défendre contre les agressions, mais aussi à développer leur force intérieure, leur confiance et leur sagesse, ce qui les rend inébranlables et prêts à surmonter tous les défis que la vie leur lance.

Le Karaté et le Taekwondo sont aussi des arts martiaux, mais ils ont des racines et des méthodes différentes. Le karaté, originaire du Japon, se concentre souvent sur les techniques de frappe et de blocage, tandis que le Taekwondo, originaire de Corée, se spécialise dans les techniques de coups de pied.

Le Karaté et le Taekwondo sont tous deux d'anciens arts martiaux orientaux qui se sont développés dans des contextes culturels et historiques différents, leur conférant leurs caractéristiques uniques.

Le karaté est un art martial japonais développé sur l'île d'Okinawa. La base du karaté repose sur les techniques de coups de poing, de coups de pied et de blocage. En karaté, l'attention est portée non seulement à la technique de frappe, mais aussi au développement interne du combattant, à sa force mentale et à ses aspects spirituels. Le karaté est un système efficace d'autodéfense qui apprend au combattant à contrôler la force et à l'utiliser à des fins défensives.

Le Taekwondo est un art martial coréen axé sur les techniques de coups de pied. Ce sport est célèbre pour ses coups de pied hauts et puissants, qui peuvent être exécutés avec des mouvements puissants et rapides. Le taekwondo comprend également divers éléments de frappe, de blocage et de défense. Cependant, ce qui le rend unique est qu'il se concentre spécifiquement sur les techniques de coups de pied, ce qui en fait un excellent choix pour ceux qui cherchent à développer la force et la flexibilité des membres inférieurs.

Ainsi, bien que le Karaté et le Taekwondo soient des formes efficaces d'autodéfense, ils ont leurs propres caractéristiques qui peuvent plaire à différentes personnes en fonction de leurs préférences et de leurs objectifs. Le karaté, axé sur les coups de poing et le développement interne, peut convenir à ceux qui souhaitent développer la coordination et les aspects spirituels des arts martiaux. Le Taekwondo, qui met l'accent sur les coups de pied et l'endurance, peut être préférable pour ceux qui cherchent à améliorer leur flexibilité et leurs compétences en matière de coups de pied.

4. Taekwondo : Le Taekwondo est un art martial coréen qui comprend des techniques de coups de pied et de coups de poing. Il aide à améliorer la coordination, la flexibilité et l'endurance.

Le Karaté et le Taekwondo sont tous deux d'anciens arts martiaux orientaux qui se sont développés dans des contextes culturels et historiques différents, leur conférant leurs caractéristiques uniques.

Le karaté est un art martial japonais développé sur l'île d'Okinawa. La base du karaté repose sur les techniques de coups de poing, de coups de pied et de blocage. En karaté, l'attention est portée non seulement à la technique de frappe, mais aussi au développement interne du combattant, à sa force mentale et à ses aspects spirituels. Le karaté est un système efficace d'autodéfense qui apprend au combattant à contrôler la force et à l'utiliser à des fins défensives.

Le Taekwondo est un art martial coréen axé sur les techniques de coups de pied. Ce sport est célèbre pour ses coups de pied hauts et puissants, qui peuvent être exécutés avec des mouvements puissants et rapides. Le taekwondo comprend également divers éléments de frappe, de blocage et de défense. Cependant, ce qui le rend unique est qu'il se concentre spécifiquement sur les techniques de coups de pied, ce qui en fait un excellent choix pour ceux qui cherchent à développer la force et la flexibilité des membres inférieurs.

Ainsi, bien que le Karaté et le Taekwondo soient des formes efficaces d'autodéfense, ils ont leurs propres caractéristiques qui peuvent plaire à différentes personnes en fonction de leurs préférences et de leurs objectifs. Le karaté, axé sur les coups de poing et le développement interne, peut convenir à ceux qui souhaitent développer la coordination et les aspects spirituels des arts martiaux. Le Taekwondo, qui met l'accent sur les coups de pied et l'endurance, peut être préférable pour ceux qui cherchent à améliorer leur flexibilité et leurs compétences en matière de coups de pied.

Le Taekwondo n'est pas seulement un art martial, mais aussi une voie de développement personnel qui peut rendre la victime d'intimidation plus forte et plus confiante. Voyons comment ce sport peut aider une victime de harcèlement à cesser d'être une victime et à lutter contre l'agresseur.

Premièrement, le Taekwondo enseigne des techniques efficaces d'autodéfense, notamment les coups de pied et les coups de poing. Ces techniques permettent aux victimes de harcèlement de réagir rapidement et efficacement aux attaques, leur permettant ainsi de se protéger elles-mêmes et de protéger leurs limites. Un entraînement régulier au taekwondo améliore la coordination et développe les réflexes, nécessaires à une autodéfense efficace dans des situations réelles.

Deuxièmement, le taekwondo aide à développer la force mentale et la confiance en soi des victimes de harcèlement. Au cours du processus de formation, ils apprennent à surmonter leurs peurs et leurs doutes, ainsi qu'à développer une pensée positive et une confiance en eux. Cela les aide à croire en eux-mêmes et en leurs capacités, ce qui les rend moins vulnérables aux intimidateurs et les aide à développer une image positive d'eux-mêmes.

De plus, le Taekwondo enseigne aux victimes d'intimidation la discipline et la maîtrise de soi. Grâce à la formation, ils apprennent à contrôler leurs émotions et à réagir avec sérénité aux situations stressantes. Cela les aide non seulement à faire face aux émotions négatives, mais également à prendre des décisions réfléchies dans des situations difficiles, ce qui constitue un aspect important pour contrer l'agression.

Ainsi, le taekwondo n'est pas seulement une discipline sportive, mais aussi un chemin vers l'épanouissement personnel et la protection contre l'intimidation. Il enseigne des techniques d'autodéfense efficaces, renforce la force mentale et la confiance en soi, et développe la discipline et la maîtrise de soi. Ces compétences rendent les victimes d'intimidation plus fortes et plus capables de faire face aux défis que la vie leur lance et de lutter contre l'intimidateur.

De plus, le taekwondo aide également les victimes de harcèlement à développer une attitude respectueuse et tolérante envers les autres. Grâce à la formation, ils apprennent à respecter leurs entraîneurs, partenaires d'entraînement et autres participants, ce qui développe une attitude respectueuse et ouverte envers les gens en général. Ces compétences les aident à mieux comprendre les motivations du comportement des autres et à trouver un terrain d'entente, ce qui est important pour créer des relations positives et surmonter les conflits.

De plus, le Taekwondo favorise la santé physique et le bien-être des victimes d'intimidation. Un entraînement régulier contribue à améliorer la forme physique, l'endurance, la flexibilité et la force globale. Cela les aide non seulement à se préparer à une confrontation physique, mais également à améliorer leur bien-être et leur confiance en eux.

Il convient également de noter que le Taekwondo enseigne aux victimes de harcèlement les principes d'éthique et de moralité, ce qui est important pour la formation du caractère et des valeurs. Au cours du processus de formation, ils apprennent à être responsables, honnêtes et justes, ce qui les aide à développer des qualités de leadership et à prendre les bonnes décisions dans la vie.

Ainsi, le taekwondo n'est pas seulement une discipline sportive, mais aussi tout un mode de vie qui favorise le développement de la santé physique et mentale, la formation d'une attitude respectueuse et tolérante envers autrui, ainsi que les principes d'éthique et de moralité. Ces aspects en font un outil efficace pour aider les victimes de harcèlement à surmonter leurs difficultés et à s'épanouir personnellement.

4. Judo : Le judo est un art martial japonais qui se concentre sur les techniques de lancer et de lutte. Cela peut être un moyen efficace de vous protéger et de contrôler la situation.

Le judo n'est pas seulement un art martial, mais aussi une philosophie qui peut transformer la victime d'intimidation, en l'aidant à devenir plus forte physiquement et mentalement. Voyons comment ce sport peut aider une victime de harcèlement à cesser d'être une victime et à lutter contre l'agresseur.

Premièrement, le judo enseigne des techniques de lancer et de lutte qui peuvent être efficaces pour se défendre contre les attaques. Ces techniques permettent aux victimes de harcèlement de contrôler la situation et de se protéger en cas d'influence agressive. Un entraînement régulier au judo améliore la coordination, la force et la flexibilité, rendant la victime mieux préparée à la confrontation physique.

Deuxièmement, le judo enseigne la maîtrise de soi et la gestion de ses propres émotions. Grâce à la formation, les victimes d'intimidation apprennent à rester calmes et à prendre des décisions judicieuses dans des situations stressantes. Cela les aide à éviter les explosions émotionnelles et l'escalade des conflits, ce qui constitue un aspect important pour contrer l'agression.

De plus, le judo favorise le développement de qualités spirituelles telles que le respect, la tolérance et la retenue. Les victimes de harcèlement apprennent à respecter leurs rivaux et adversaires, même s'ils sont agressifs, et à trouver des solutions pacifiques aux conflits. Ces compétences les aident à devenir plus confiants et indépendants dans leurs interactions avec les autres, ce qui renforce leur position et les rend moins vulnérables aux intimidateurs.

Ainsi, le judo n'est pas seulement une discipline sportive, mais aussi un chemin vers l'épanouissement personnel et la protection contre le harcèlement. Il enseigne aux victimes de harcèlement non seulement l'entraînement physique, mais aussi comment gérer leurs émotions, développer leurs qualités spirituelles et renforcer leur estime de soi. Ces compétences les rendent plus confiants et capables de faire face aux défis que la vie leur lance et de lutter contre un agresseur.

En plus de ces bienfaits, le judo aide également les victimes d'intimidation à développer d'importantes compétences de vie qui peuvent être utiles dans divers domaines de leur vie.

Le judo enseigne aux victimes d'intimidation la réflexion et la planification stratégiques. Durant l'entraînement, ils apprennent à analyser la situation, à anticiper les actions de l'adversaire et à développer des stratégies de réponse efficaces. Ces compétences peuvent être appliquées non seulement sur le tapis, mais aussi dans la vie de tous les jours, aidant les victimes de harcèlement à s'adapter à différentes situations et à prendre les bonnes décisions.

Le judo enseigne également aux victimes d'intimidation la patience et la persévérance. S'entraîner dans ce sport demande souvent beaucoup de temps et d'efforts pour réussir. Les victimes de harcèlement apprennent à ne pas abandonner au premier échec, mais à continuer à travailler sur elles-mêmes et sur leurs compétences, même si les résultats ne sont pas immédiats. Cette pratique persistante les aide à développer leur volonté et leur endurance, ce qui est utile pour faire face à l'agressivité et atteindre leurs objectifs.

De plus, le judo aide les victimes de harcèlement à développer leur confiance en elles et en leurs capacités. Au cours du processus de formation, ils maîtrisent progressivement de nouvelles techniques et techniques, surmontant leurs doutes et leurs peurs. Cela les aide à croire en eux-mêmes et en leurs capacités, ce qui constitue un facteur important pour surmonter l'impact négatif du harcèlement et développer une image positive d'eux-mêmes.

Ainsi, le judo n'est pas seulement une discipline sportive, mais aussi un moyen de développer des compétences essentielles pour les victimes de harcèlement. Il leur apprend la réflexion stratégique, la patience et la confiance en soi, ce qui les aide non seulement à se protéger des agressions, mais également à surmonter les conséquences négatives de l'intimidation et à devenir des individus forts et confiants.

6. Lutte : La lutte est un sport qui développe la force, la flexibilité, l'endurance et la pensée tactique. Il enseigne également diverses techniques pour contrôler un adversaire et peut être efficace en légitime défense.

La lutte est un sport ancien qui présente de nombreux avantages pour les victimes d'intimidation, et voici pourquoi.

Premièrement, la lutte enseigne des techniques efficaces d'autodéfense. Les victimes de harcèlement qui pratiquent la lutte apprennent à contrôler leurs adversaires et à utiliser diverses techniques de lutte et de projection, ce qui peut s'avérer important en cas d'attaques physiques. Cela les aide non seulement à se protéger, mais également à réduire le risque de blessures en cas de conflit.

Deuxièmement, la lutte permet de développer la forme physique et de renforcer le corps. L'exercice régulier améliore la force, l'endurance et la flexibilité des victimes de harcèlement, ce qui les rend plus confiantes dans leurs capacités physiques et favorise leur bien-être général.

De plus, la lutte entraîne la réflexion tactique et la planification stratégique. Durant la formation, les victimes de harcèlement apprennent à analyser la situation, à anticiper les actions de l'adversaire et à développer des stratégies d'action efficaces. Ces compétences peuvent être utiles non seulement sur le tapis, mais aussi dans la vie de tous les jours, en les aidant à prendre des décisions intelligentes et à se sortir de situations difficiles.

Ainsi, la lutte n'est pas seulement une discipline sportive, mais aussi un outil puissant pour aider les victimes de harcèlement. Il enseigne des méthodes efficaces d'autodéfense, renforce la santé physique et développe la pensée tactique, ce qui rend les victimes d'intimidation plus fortes et plus confiantes, prêtes à repousser l'agresseur et à se défendre dans n'importe quelle situation.

En outre, les combats contribuent également à développer la résilience psychologique et la confiance des victimes de harcèlement. Lors de l'entraînement, ils rencontrent divers défis tels que la compétition, le stress et la fatigue et apprennent à les surmonter. Ces expériences les aident à développer leur confiance en eux et en leur propre capacité à faire face aux défis.

La lutte aide également à développer la discipline et la maîtrise de soi. Grâce à la formation, les victimes de harcèlement apprennent à suivre des routines et des règles strictes, ce qui les aide à développer leur responsabilité et leur autodiscipline. Ces qualités sont importantes non seulement dans la salle d'entraînement, mais aussi dans la vie de tous les jours, car elles les aident à rester calmes et à contrôler leurs émotions dans toutes les situations.

Enfin, la lutte aide à nouer des amitiés et du soutien. Pendant l'entraînement, les victimes d'intimidation trouvent le soutien de leurs entraîneurs et de leurs coéquipiers, ce qui les aide à se sentir en sécurité et en confiance. Cela crée une atmosphère d'entraide et de compréhension, qui contribue à leur bien-être psychologique et à leur adaptation sociale.

Ainsi, la lutte n'est pas seulement une discipline sportive, mais aussi une approche globale d'aide aux victimes de harcèlement. Il développe la force mentale, la confiance et la maîtrise de soi, les aidant à faire face aux défis et à se protéger des agressions. En réalité, la lutte façonne non seulement la santé physique, mais renforce également l'état mental, créant ainsi la base d'une confiance en soi et d'une adaptation réussie dans la société.

Le judo et la lutte incluent des techniques de lutte et de lancer, mais ils ont des origines et des règles différentes. Le judo est un art martial japonais, tandis que la lutte est un sport olympique pratiqué dans le monde entier.

Le judo et la lutte sont deux sports différents qui, bien qu'ils présentent des similitudes dans les techniques de lutte et de lancer, diffèrent par leur origine, leur philosophie et leurs règles de compétition.

Le judo est un art martial japonais développé à la fin du XIXe siècle par Jigoro Kano. Il repose sur les principes de douceur, de flexibilité et d'efficacité, où le but est d'utiliser la force de l'ennemi contre lui-même. Les principaux éléments du judo sont les techniques de lancer et de lutte, ainsi que le travail au sol. En judo, un aspect important est le développement de la technique, de la tactique et de la stratégie, ainsi que la préparation mentale aux compétitions.

La lutte est un sport olympique qui comprend des techniques de lutte et de lancer ainsi que la lutte au sol. Il a ses racines dans l'Antiquité et s'est développé dans diverses cultures, notamment la Grèce antique et Rome. Il existe plusieurs variétés de lutte, comme la lutte gréco-romaine, la lutte libre et la lutte à la ceinture. Les principaux objectifs de la lutte sont de contrôler l'adversaire, d'effectuer des prises et des techniques, et de gagner des points pour une position et une technique supérieures.

Ainsi, bien que le judo et la lutte impliquent des techniques de lutte et de lancer, ils diffèrent par leurs origines, leur philosophie et leur approche de la compétition. Le judo, avec ses racines japonaises et son accent sur l'efficacité et la flexibilité, peut être attrayant pour ceux qui s'intéressent à la culture japonaise et à la poursuite de l'excellence technique. Tandis que la lutte, avec son statut olympique et sa variété de styles, peut attirer ceux qui recherchent une activité rapide et compétitive.

7. Sambo : Le Sambo est un art martial russe qui comprend des techniques de lancer, des étranglements et des combats au sol. Cela peut être efficace pour contrôler une situation et se protéger contre une agression.

Le Sambo est un sport dynamique et multifonctionnel qui possède un certain nombre de caractéristiques qui en font un outil efficace pour aider les victimes de harcèlement.

Premièrement, Sambo enseigne diverses méthodes d'autodéfense. Les victimes de harcèlement qui pratiquent le Sambo apprennent des techniques telles que les lancers, les étranglements et les combats au sol, qui peuvent s'avérer importantes dans les situations de conflit. Ils apprennent à contrôler leurs adversaires, à se défendre et à se sortir de situations difficiles, ce qui augmente leur confiance et leur capacité à gérer l'agressivité.

Deuxièmement, le sambo favorise le développement des qualités physiques. Un entraînement régulier développe la force, l'endurance, la flexibilité et la coordination chez les victimes de harcèlement. Cela les aide à renforcer leur corps, à être mieux préparés à la confrontation physique et à réduire le risque de blessure en cas d'attaque.

De plus, Sambo enseigne aux victimes d'intimidation la réflexion stratégique et la planification tactique. Durant l'entraînement, ils développent une compréhension de la situation, anticipent les actions de l'adversaire et élaborent des stratégies d'action efficaces. Cela les aide à prendre des décisions éclairées dans des situations difficiles et à agir efficacement pour se protéger.

Ainsi, le sambo n'est pas seulement une discipline sportive, mais aussi toute une approche globale d'aide aux victimes de harcèlement. Il enseigne des techniques efficaces d'autodéfense, de condition physique et de santé mentale, ce qui en fait un outil important pour changer la situation des victimes d'intimidation et les aider à devenir plus fortes et plus confiantes.

De plus, Sambo favorise le développement de la confiance en soi et de la stabilité psychologique chez les victimes de harcèlement. Pendant la formation, ils sont constamment confrontés à des défis et dépassent leurs propres limites, ce qui les aide à accroître leur confiance en eux et en leurs propres capacités. De tels acquis lors de l'entraînement peuvent se répercuter sur la vie quotidienne, les rendant plus confiants et plus calmes.

Il est également important de noter que Sambo enseigne aux victimes d'intimidation le contrôle émotionnel et la gestion du stress. Durant la formation, ils apprennent à contrôler leurs émotions, à rester calmes et à prendre des décisions dans des situations difficiles. Ces compétences peuvent être importantes pour gérer les situations de conflit et les aider à éviter les explosions émotionnelles face à un agresseur.

De plus, en pratiquant le Sambo, les victimes d'intimidation peuvent trouver soutien et compréhension au sein de la communauté de leurs entraîneurs et coéquipiers. Cela les aide à se sentir en sécurité, ce qui favorise leur bien-être psychologique et crée un environnement positif pour la croissance personnelle.

Ainsi, le sambo n'est pas seulement une discipline sportive, mais aussi un outil puissant pour aider les victimes de harcèlement. Il développe non seulement la forme physique, mais aussi la résilience psychologique, la confiance en soi et le contrôle émotionnel, ce qui en fait une ressource précieuse pour surmonter les difficultés et faire face aux agressions.

8. Aikido : L'Aïkido est un art martial japonais qui utilise des techniques de défense contre les attaques basées sur les principes de redirection de la force de l'adversaire. Il convient à ceux qui préfèrent les techniques de défense sans contact.

L'Aïkido, dans son essence, diffère de nombreux autres types d'arts martiaux en ce sens que ses méthodes incluent non seulement la résistance physique, mais également la capacité de contrôler l'énergie et la force de l'ennemi. C'est l'aspect fondamental qui fait de l'aïkido non seulement une forme efficace d'autodéfense, mais aussi un outil pour transformer la pensée et le comportement de la victime de harcèlement.

L'Aïkido enseigne les principes d'harmonie et d'empathie plutôt que de confrontation et d'agression. Les victimes d'intimidation qui pratiquent l'aïkido apprennent à comprendre et à rediriger le pouvoir de l'intimidateur plutôt que de répondre par la violence directe. Cette approche les aide à développer l'empathie, la tolérance et le contrôle émotionnel, ce qui peut réduire le risque de conflit et améliorer les relations avec les autres.

De plus, l'Aïkido met l'accent sur l'amélioration de la technique et de la coordination corporelle. Grâce à la formation, les victimes de harcèlement développent leur agilité, leur flexibilité et leurs réflexes, les rendant ainsi mieux préparées à faire face à des situations rapides et inattendues. Cela renforce leur forme physique et leur confiance en leurs capacités.

L'un des aspects clés de l'Aïkido est l'accent mis sur la résolution des conflits sans causer de préjudice. Les victimes de harcèlement qui pratiquent l'aïkido apprennent à rechercher des solutions pacifiques aux problèmes, même dans les situations les plus difficiles. Cela les aide non seulement à éviter la violence physique, mais également à développer des compétences en communication, en respect et en diplomatie, qui peuvent être importantes dans leurs interactions avec un agresseur.

Ainsi, l'Aïkido n'est pas seulement une discipline sportive, mais aussi une philosophie de vie qui peut aider les victimes de harcèlement à changer leur attitude envers elles-mêmes et envers le monde qui les entoure. Cela développe en eux non seulement la force physique et la technique, mais aussi la résilience psychologique, l'empathie et la sérénité, ce qui les rend plus prêts à faire face à l'agression et à devenir les architectes de leur propre destin.

En plus des avantages énumérés ci-dessus, l'Aïkido enseigne

également aux victimes d'intimidation les principes d'une communication efficace et d'une gestion des conflits. Au cours du processus de formation, ils apprennent à exprimer leurs sentiments et leurs besoins avec plus de clarté et de confiance, ce qui les aide à réagir plus efficacement aux situations conflictuelles et à éviter qu'elles ne dégénèrent. Cela développe également les compétences nécessaires pour fixer des limites et protéger l'espace personnel, ce qui peut être important pour prévenir le harcèlement.

De plus, l'Aïkido aide les victimes de harcèlement à développer leur confiance en elles et en leurs capacités. Grâce à la formation, ils acquièrent progressivement de nouvelles compétences et dépassent leurs propres limites, ce qui les aide à se sentir plus compétents et indépendants. Cela renforce leur estime de soi et les aide à faire face aux sentiments d'impuissance et d'impuissance qui accompagnent souvent les victimes d'intimidation.

Enfin, l'Aïkido favorise le développement de l'harmonie intérieure et de l'équilibre chez les victimes de harcèlement. Grâce à la formation, ils apprennent à être dans l'instant présent, à accepter la situation telle qu'elle est et à agir avec calme et détermination. Cela les aide à faire face au stress et à l'anxiété et à développer la capacité de prendre des décisions importantes même dans des situations difficiles et incertaines.

Ainsi, l'aïkido constitue une ressource précieuse pour les victimes de harcèlement, les aidant non seulement à acquérir de la force physique et des techniques d'autodéfense, mais également à développer leur résilience mentale, leur confiance en soi et leur gestion émotionnelle. Cela leur permet non seulement de faire face à l'agression de facteurs externes, mais aussi de construire des relations plus saines et plus équilibrées avec eux-mêmes et avec le monde qui les entoure.

L'Aïkido est un art martial japonais basé sur les principes de la redirection de la force de l'adversaire. Le sport met davantage l'accent sur les techniques défensives sans contact.

L'Aïkido est un art martial japonais basé sur les principes de la redirection de la force de l'adversaire. Ce sport se concentre sur une légitime défense efficace, en utilisant des techniques qui permettent de s'adapter aux mouvements de votre adversaire et de contrôler la situation sans recourir à des frappes directes.

Contrairement à de nombreux autres arts martiaux, l'Aikido met davantage l'accent sur les techniques défensives sans contact. Cela signifie que le pratiquant apprend à utiliser l'énergie et les mouvements de l'adversaire pour rediriger sa puissance et neutraliser la menace, plutôt que de l'affronter directement.

Pour les victimes d'intimidation, l'apprentissage de l'Aïkido peut être particulièrement bénéfique, car elles peuvent apprendre des moyens efficaces de se défendre sans avoir à recourir à la force physique contre l'intimidateur. Cela peut les aider à prendre le contrôle de la situation et à prévenir la violence, même s'ils se trouvent physiquement à proximité de leur agresseur.

De plus, l'étude de l'Aikido favorise le développement de la confiance en soi et de la force mentale, car elle nécessite que le pratiquant ait confiance en ses actions et soit capable de réagir rapidement à des situations changeantes. Cela peut aider les victimes d'intimidation à se sentir plus confiantes et prêtes à se défendre dans diverses situations.

9. Jiu-Jitsu brésilien : Le Jiu-Jitsu brésilien est un art martial qui se concentre sur les techniques de combat au sol et de soumission. Il convient à ceux qui préfèrent les techniques de combat rapproché.

Le Jiu-Jitsu brésilien n'est pas seulement un sport, mais aussi une philosophie qui enseigne l'adaptabilité, la confiance et l'autodéfense. Pour les victimes d'intimidation, cela peut être un outil puissant pour surmonter la peur et le doute de soi. Examinons de plus près comment ce sport peut aider les victimes de harcèlement à changer mentalement et physiquement, et également à cesser d'être une victime.

Aspects physiques :

- Techniques de combat rapproché : le Jiu-Jitsu brésilien se concentre sur le combat au sol, où l'accent est mis sur les techniques permettant de saisir et de maîtriser l'adversaire. Cela permet aux victimes de harcèlement d'apprendre à faire face efficacement à une agression physique, même si elles se retrouvent au sol ou à proximité de leur agresseur.

- Développer la force et la flexibilité : l'entraînement du Jiu-Jitsu brésilien aide à développer la force, la flexibilité et l'endurance. Cela améliore la forme physique des victimes de harcèlement, leur permettant ainsi d'avoir plus confiance en leurs propres capacités et aptitudes.

Aspects mentaux :

- Confiance en soi : Surmonter des situations difficiles sur le tapis, où chaque combat nécessite la capacité de prendre des décisions rapides et d'agir dans des conditions stressantes, permet de développer un sentiment de confiance en soi chez les victimes de harcèlement. Cela peut jouer un rôle clé en les empêchant de se considérer comme une cible facile pour les intimidateurs.

- Résilience émotionnelle : la formation de Jiu-Jitsu brésilien apprend aux victimes de harcèlement à contrôler leurs émotions et à rester calmes dans des situations stressantes. Cela les aide à ne pas succomber aux provocations et à réagir plus efficacement aux agressions.

- Capacités de prise de décision : La lutte sur le tapis oblige les victimes de harcèlement à analyser constamment la situation et à prendre des décisions à la volée. Cette expérience renforce leur capacité à prendre des décisions importantes dans la vie réelle, y compris dans des situations de conflit avec des agresseurs.

Ainsi, le Jiu-Jitsu brésilien n'est pas seulement un sport, mais aussi un outil précieux pour aider les victimes de harcèlement. Cela les aide à développer leur force physique et mentale, leur confiance en eux et leur capacité à se défendre efficacement. L'entraînement à ce sport peut aider les victimes d'intimidation à changer leur vie, à devenir plus confiantes et capables de lutter contre les agresseurs.

Outre les aspects physiques et mentaux, le Jiu-Jitsu brésilien peut également apporter un certain nombre d'avantages supplémentaires aux victimes de harcèlement :

Compétences sociales :

- Communauté de soutien : les cours de Jiu-Jitsu brésilien prennent souvent la forme d'entraînements de groupe où les étudiants socialisent et interagissent les uns avec les autres. Cela crée un environnement de soutien et de solidarité dans lequel les victimes d'intimidation peuvent se sentir partie intégrante d'une communauté qui les comprend et les soutient.

- Améliorer les compétences sociales : grâce à la formation, les victimes d'intimidation peuvent apprendre à interagir efficacement avec les autres membres du groupe, développant ainsi leurs compétences en matière de communication et de coopération. Cela peut les aider à renforcer leurs liens avec les personnes qui les entourent et à se sentir plus en confiance dans les situations sociales.

Effet psychologique :

- Soulager le stress et les tensions : les exercices de Jiu-Jitsu brésilien peuvent aider les victimes d'intimidation à faire face au stress et à la tension qu'elles peuvent ressentir en raison de la domination des intimidateurs. Cela est dû à la libération d'endorphines lors de l'activité physique, qui contribuent à améliorer l'humeur et à réduire le niveau de stress.

- Augmentation de l'estime de soi et de la confiance : surmonter des situations difficiles dans l'entraînement du Jiu-Jitsu brésilien, en particulier l'apprentissage de nouvelles compétences et l'atteinte d'objectifs, peut améliorer considérablement l'estime de soi des victimes d'intimidation. Cela peut à son tour les aider à développer leur confiance en eux et en leurs capacités.

Le Jiu-Jitsu brésilien aide non seulement les victimes d'intimidation à développer leur force physique et leurs compétences d'auto-défense, mais favorise également la formation de liens sociaux positifs, la réduction du stress et un meilleur bien-être psychologique. Il s'agit donc d'un moyen d'assistance complet et efficace pour les personnes confrontées à des problèmes d'intimidation.

Le Jiu-Jitsu brésilien est connu pour ses techniques de combat au sol et de soumission. Ce sport est particulièrement utile dans les situations où le combat se déroule au sol.

Le Jiu-Jitsu brésilien (BJJ) est une forme d'arts martiaux qui se distingue par l'accent mis sur les techniques de combat au sol et de soumission. Développé au Brésil, le BJJ a été adapté du jiu-jitsu et du judo, en mettant l'accent sur des techniques efficaces pour lutter et contrôler un adversaire au sol.

L'accent principal du BJJ est mis sur la lutte couchée, où des techniques de lutte et de soumission sont utilisées pour contrôler et vaincre un adversaire. Cette approche rend le BJJ particulièrement utile dans les situations où le combat se déroule au sol, ce qui peut être une situation courante lors de combats ou d'attaques.

L'un des principaux avantages du BJJ est qu'il enseigne des techniques permettant de vaincre la force physique d'un adversaire en utilisant la technique et l'agilité. Cela peut être particulièrement utile pour les victimes d'intimidation, qui subissent souvent des violences physiques ou des agressions. En apprenant le BJJ, ils peuvent apprendre à contrôler et gérer une situation même s'ils sont au sol ou dans une position désavantageuse.

Le BJJ constitue donc un outil précieux pour les victimes de harcèlement, les aidant à développer leurs compétences d'autodéfense et leur confiance en soi, ainsi qu'à améliorer leur forme physique et mentale.

10. Capoeira : La capoeira est un art martial brésilien qui combine des éléments de danse, d'acrobatie et d'arts martiaux. Cela peut être efficace dans des situations qui nécessitent des réponses rapides et flexibles.

La capoeira, art martial brésilien, possède la capacité unique de combiner les aspects physiques et mentaux de l'entraînement. Pour les victimes de harcèlement, ce sport peut être un outil puissant pour modifier leur état psychologique et leur forme physique.

La Capoeira développe la souplesse et la coordination du corps. Cela est non seulement bénéfique pour améliorer la condition physique globale, mais aide également les victimes de harcèlement à mieux se préparer aux situations de conflit où des réponses rapides et précises sont nécessaires.

De plus, la pratique de la capoeira permet de développer la confiance en soi. Les étudiants apprennent non seulement à effectuer des mouvements complexes, mais également à prendre des décisions dans des environnements au rythme rapide, ce qui renforce leur confiance en eux et leur capacité à agir efficacement dans des situations stressantes.

Il est également important de noter que la capoeira enseigne le respect de son partenaire et de son adversaire. La formation se déroule dans une ambiance conviviale, où chaque participant soutient et aide l'autre. Cela aide les victimes d'intimidation à établir des relations positives avec les autres et à apprendre à résoudre les conflits de manière pacifique.

Ainsi, la capoeira développe non seulement les compétences physiques, mais contribue également à forger un caractère fort et confiant, ce qui peut être la clé pour réussir à se défendre contre un agresseur et à surmonter les conséquences du harcèlement.

La capoeira, en plus de ses bienfaits physiques et psychologiques, possède plusieurs autres caractéristiques qui en font un outil précieux pour aider les victimes de harcèlement.

Premièrement, la capoeira met l'accent sur l'interaction avec l'adversaire, mais en même temps, elle met l'accent sur la force de la communauté. La participation à des entraînements collectifs de capoeira favorise la formation d'amitiés, qui peuvent être une source de soutien pour les victimes de harcèlement. Ils peuvent trouver dans cette communauté compréhension, soutien et motivation pour se développer en tant qu'individus et résister à l'agresseur.

Deuxièmement, la capoeira enseigne les principes du respect et de la tolérance. Lors de la formation, les étudiants apprennent non seulement les techniques de lutte, mais aussi les principes de respect de l'adversaire et de ses limites personnelles. Il s'agit d'un aspect important pour les victimes d'intimidation, qui peuvent ne pas être sûres de leurs limites et de leur estime de soi.

Enfin, la capoeira favorise la prise de conscience de son corps et de ses capacités. Cela permet aux victimes d'intimidation de se sentir plus fortes et plus confiantes, et d'acquérir un nouveau niveau de conscience d'elles-mêmes. Ils apprennent à écouter leur corps, à lui faire confiance et à utiliser ses ressources pour se protéger.

Tous ces aspects font de la capoeira non seulement un sport, mais aussi un outil puissant pour changer l'état mental et physique des victimes de harcèlement, les aidant à devenir plus fortes, plus confiantes et capables de combattre l'agresseur.

La capoeira combine des éléments de danse, d'acrobatie et d'arts martiaux. Cela crée un style unique d'autodéfense qui convient à ceux qui préfèrent des réactions rapides et flexibles.

La capoeira est un art martial brésilien qui combine de manière unique des éléments de danse, d'acrobaties et de techniques de combat. Le sport n'est pas seulement une méthode d'autodéfense, mais aussi une forme d'expression de soi et un héritage culturel.

La capoeira diffère des autres types d'arts martiaux en ce qu'elle implique l'utilisation active de mouvements de musique, de rythme et de danse. Les pratiquants de capoeira développent souplesse, coordination et réflexes tout en maîtrisant des mouvements complexes et des prouesses acrobatiques. En même temps, la capoeira enseigne des techniques de défense et d'attaque, ce qui en fait un moyen d'auto-défense efficace dans des situations réelles.

Pour les victimes de harcèlement, la capoeira peut être particulièrement bénéfique car ce sport développe des réponses rapides et flexibles aux situations. Les pratiquants apprennent à s'adapter rapidement aux conditions changeantes et à utiliser leurs mouvements pour se défendre et échapper aux attaques. De plus, la capoeira favorise la confiance en soi et l'autodiscipline, ce qui aide les victimes de harcèlement à se sentir plus fortes et plus confiantes en leurs propres capacités.

11. Wushu (Kung Fu) : Le Wushu est un art martial chinois qui comprend une variété de techniques de frappe, de blocage, de lancer et même d'utilisation d'armes. Il favorise le développement des habiletés physiques et de l'autodéfense.

Le Wushu, ou Kung Fu, est un système profond d'arts martiaux qui inclut non seulement des compétences physiques, mais également des aspects spirituels et philosophiques. Ce sport peut avoir un impact significatif sur les victimes d'intimidation, en les aidant à changer tant mentalement que physiquement.

L'un des aspects clés du Wushu est sa philosophie d'auto-amélioration. La pratique du Wushu aide à développer la volonté, l'endurance et la confiance en soi, ce qui est particulièrement important pour les victimes de harcèlement. Le Wushu apprend à ses pratiquants à contrôler leurs émotions, à prendre des décisions dans des situations stressantes et à développer une force intérieure qui les aide à résister aux agressions.

Un aspect important du Wushu est également l'accent mis sur l'autodéfense. Les pratiquants de ce type d'arts martiaux sont formés à diverses techniques et techniques qui peuvent être utiles dans des situations de conflit et d'attaque. Cela donne aux victimes de harcèlement la possibilité d'apprendre à se défendre et à lutter contre l'intimidateur, augmentant ainsi leur confiance en elles.

De plus, le Wushu enseigne aux pratiquants à développer la flexibilité, la coordination et l'équilibre, qui sont essentiels à une autodéfense efficace et à la prévention des blessures. La pratique du Wushu améliore également la santé physique globale, ce qui peut aider les victimes de harcèlement à se sentir plus confiantes et plus fortes.

Ainsi, le Wushu n'est pas seulement un moyen d'entraînement physique, mais aussi un outil puissant pour changer l'état mental des victimes de harcèlement. La pratique de ce sport peut les aider à développer leur confiance, leur maîtrise de soi et leurs capacités d'autodéfense, ce qui leur permettra de cesser d'être victime d'une agression et de lutter contre l'agresseur.

Le Wushu, en plus de ses bienfaits physiques et psychologiques, favorise également le développement des compétences relationnelles, ce qui peut être particulièrement bénéfique pour les victimes de harcèlement. La pratique de cet art martial implique généralement de travailler en binôme ou en groupe, où les pratiquants apprennent à coopérer, à communiquer et à résoudre les conflits.

Le Wushu enseigne à ses pratiquants non seulement des techniques de combat, mais également des principes et des valeurs éthiques. Grâce à la formation, les étudiants apprennent le respect de leurs partenaires, la tolérance des différences et une compréhension de l'importance de la maîtrise de soi et de la résolution pacifique des conflits.

Cet aspect du Wushu est particulièrement important pour les victimes de harcèlement, car il les aide à développer leur intelligence émotionnelle et leur capacité à interagir efficacement avec les autres. En conséquence, ils peuvent apprendre à construire des relations saines avec les autres, à fixer des limites et à faire valoir leurs droits sans recourir à la violence.

De plus, le Wushu enseigne également aux pratiquants à contrôler leur peur et leur stress dans des situations stressantes. Cela permet aux victimes d'intimidation de faire face et de gérer les événements traumatisants sans stress ni panique excessifs.

Ainsi, pratiquer le wushu pour les victimes de harcèlement les aide non seulement à développer leur force physique et leurs compétences d'autodéfense, mais également à développer leur résilience mentale et émotionnelle, ainsi qu'à améliorer leurs relations interpersonnelles. Ces compétences peuvent être essentielles pour passer du statut de victime à celui de participer activement à votre propre défense et de prévenir de nouvelles intimidations.

Le Wushu (Kung Fu) est un art martial chinois diversifié qui comprend divers styles et techniques de frappe, de blocage et de lancer.

Le Wushu (Kung Fu) est un art martial chinois diversifié qui combine de nombreux styles différents, des techniques de frappe, de blocage et de lancer. Ce sport se caractérise par sa polyvalence et ses profondes racines historiques qui remontent à plusieurs siècles.

Le Wushu est l'un des arts martiaux et disciplines sportives les plus diversifiés au monde. Ses styles et méthodes peuvent varier considérablement selon la région, l'école et la tradition. Dans le Wushu, vous pouvez trouver à la fois des frappes et des blocages puissants, ainsi que des mouvements gracieux et gracieux, et ces éléments peuvent être combinés dans un système harmonieux de compétences de combat.

Pour les victimes de harcèlement, le Wushu peut être très bénéfique car ce sport développe la force physique, la flexibilité, la coordination et les réflexes. La pratique du Wushu aide également à développer l'autodiscipline, la concentration et l'attention, ce qui peut aider les victimes de harcèlement à améliorer leur confiance en elles et leur capacité à faire face à des situations agressives. De plus, le Wushu enseigne le respect de soi et des autres, ce qui est un aspect important dans le processus permettant de surmonter les conséquences du harcèlement et de développer des relations positives avec les autres.

12. Krav Maga : Le Krav Maga est un système de combat rapproché israélien qui met l'accent sur l'autodéfense efficace dans des situations réelles. Il comprend des techniques de défense contre les frappes, les étranglements et les scénarios d'attaque.

Le Krav Maga n'est pas seulement un système d'arts martiaux, c'est une méthodologie de formation complète visant à développer des compétences pratiques d'autodéfense et à gérer des situations stressantes. Dans le contexte de la lutte contre le harcèlement, le Krav Maga présente de nombreux avantages et peut être un outil puissant pour les victimes.

La première chose qui rend le Krav Maga important pour les victimes de harcèlement est l'enseignement de véritables compétences d'autodéfense. La pratique de ce sport apprendra à la victime des techniques efficaces pour repousser les attaques, se défendre contre les frappes, ainsi que des techniques d'étouffement et de lutte. Cela permettra à la victime de harcèlement de se sentir plus en confiance et protégée en cas de situation conflictuelle.

De plus, la formation au Krav Maga comprend souvent des scénarios d'attaque, qui aident les pratiquants à développer leur réponse aux situations stressantes. Ceci est particulièrement important pour les victimes de harcèlement, qui peuvent souffrir de troubles de stress post-traumatique ou avoir une faible estime de soi en raison d'expériences négatives passées.

Un aspect important du Krav Maga est également l'accent mis sur l'efficacité dans des situations réelles. Contrairement à d'autres formes d'arts martiaux, qui peuvent se concentrer sur la forme et la technique, le Krav Maga est conçu pour enseigner des compétences pratiques pouvant être utilisées dans le monde réel. Cela le rend particulièrement utile pour les victimes d'intimidation qui ont besoin de solutions rapides et efficaces.

De cette façon, le Krav Maga peut aider les victimes de harcèlement à changer physiquement et mentalement. En enseignant des compétences pratiques d'autodéfense, en gérant des situations stressantes et en augmentant la confiance en soi, ce sport peut aider une victime d'intimidation à cesser d'être une victime et à devenir capable de lutter contre l'intimidateur.

Une information supplémentaire sur le Krav Maga pour les victimes de harcèlement est sa méthode de travail avec l'état émotionnel. Dans le processus d'entraînement du Krav Maga, l'attention est portée non seulement à l'entraînement physique, mais également au renforcement de la stabilité mentale.

Les victimes d'intimidation éprouvent souvent du stress, de l'anxiété et une faible estime de soi en raison d'une exposition à long terme à l'agression. Le Krav Maga les aide à surmonter ces émotions négatives, étant donné qu'une autodéfense efficace dépend en grande partie de la confiance en soi et de la capacité à contrôler ses émotions dans des situations stressantes.

La formation Krav Maga enseigne aux étudiants des techniques de respiration et de relaxation pour aider à gérer le stress et améliorer la concentration. Cela permet aux victimes de harcèlement de se sentir plus équilibrées et en contrôle dans les situations de conflit.

De plus, l'entraînement au Krav Maga permet de développer la volonté et la confiance en soi. Les victimes d'intimidation, apprenant ce sport, commencent progressivement à prendre conscience de leur propre force et de leur capacité à résister à l'agression. Cela les aide à changer leur état d'esprit intérieur de « victime » à « combattant », ce qui est essentiel pour surmonter l'intimidation.

Ainsi, le Krav Maga enseigne non seulement des techniques d'autodéfense efficaces, mais aide également les victimes de harcèlement à renforcer leur résilience émotionnelle, leur confiance et leur volonté, ce qui en fait un outil précieux pour lutter contre l'agression et changer l'état mental des victimes.

Le Krav Maga est un système de combat rapproché israélien axé sur l'autodéfense efficace dans des situations réelles. Il comprend des techniques de défense contre les frappes et les étranglements.

Le Krav Maga est un système de combat rapproché israélien conçu pour une légitime défense efficace dans des situations réelles. Ce sport se distingue par son pragmatisme et sa facilité d'apprentissage, le rendant accessible à un large public.

L'objectif principal du Krav Maga est d'enseigner aux gens des méthodes efficaces pour se défendre contre les attaques, quels que soient leur forme physique ou leur âge. Le programme de formation comprend des techniques de protection contre les coups, des techniques d'étouffement, ainsi que des méthodes de contrôle et de neutralisation de l'agresseur.

Pour les victimes de harcèlement, les cours de Krav Maga peuvent être particulièrement bénéfiques car le sport enseigne non seulement l'autodéfense physique, mais développe également la force mentale et la confiance en soi. Grâce à la formation Krav Maga, les victimes de harcèlement peuvent apprendre à réagir efficacement aux situations agressives, à améliorer leur confiance en elles et à gérer leur stress dans des situations stressantes.

De plus, le Krav Maga ne nécessite pas d'entraînement physique particulier, ce qui le rend accessible à un large public, y compris à ceux qui n'ont aucune expérience en sport ou en arts martiaux. Cela permet aux victimes d'intimidation de participer facilement à la formation et de commencer à développer leurs compétences d'autodéfense et leur confiance en elles.

13. Autodéfense pour femmes : Il ne s'agit pas tant d'un sport à part entière que de programmes de formation visant à enseigner aux femmes une autodéfense efficace dans diverses situations. Ils comprennent des éléments de techniques de boxe, de karaté, de sambo et de lutte contre le harcèlement.

Les programmes d'autodéfense destinés aux femmes enseignent non seulement des techniques de défense physique, mais ont également un impact significatif sur le bien-être mental et l'estime de soi. Il est important de comprendre que les victimes d'intimidation, y compris les femmes, peuvent éprouver des sentiments d'impuissance, de peur et une faible estime de soi en raison d'une exposition prolongée à l'agression.

Les programmes d'autodéfense destinés aux femmes offrent une occasion unique de redéfinir leurs propres capacités et forces. Grâce à une formation systématique, les femmes apprennent non seulement des techniques d'autodéfense efficaces, mais développent également leur confiance en leurs capacités. Ceci est particulièrement important pour les victimes de harcèlement, qui souffrent souvent d'une perte d'estime de soi et de confiance en elles.

Grâce à l'entraînement, les femmes améliorent leur forme physique, leur coordination et leur flexibilité. Cela les aide à se sentir plus forts et prêts à se défendre en cas d'attaque.

Cependant, outre l'entraînement physique, un programme d'autodéfense destiné aux femmes se concentre également sur la préparation mentale. Les formateurs aident les femmes à développer des stratégies de prévention des conflits et leur apprennent à gérer leurs émotions et leurs situations stressantes.

Ainsi, les programmes d'autodéfense destinés aux femmes leur donnent non seulement la force physique et les compétences nécessaires pour se défendre, mais améliorent également leur état mental, leur confiance et leur estime de soi. Cela les rend plus capables de résister à l'agresseur et de changer leur statut de victime à celui de participant actif à leur défense.

Il est important de noter que la participation à des programmes d'autodéfense destinés aux femmes peut également contribuer à développer un environnement et un réseau social favorables, ce qui est d'une grande importance pour les victimes d'intimidation. Les participants à ces programmes peuvent partager leurs expériences, se soutenir mutuellement et se sentir partie intégrante d'une communauté, ce qui les aide à se sentir moins isolés et vulnérables.

En outre, une partie importante des programmes d'autodéfense destinés aux femmes consiste à s'entraîner non seulement à l'autodéfense physique, mais également à gérer les situations de conflit et à les résoudre sans recourir à la violence. Les victimes d'intimidation apprennent à communiquer efficacement avec des intimidateurs potentiels, à fixer des limites et à prévenir les conflits.

Ainsi, le programme d'autodéfense pour femmes constitue une

approche globale pour aider les victimes de harcèlement, comprenant non seulement un entraînement physique, mais également un soutien psychologique, une intégration sociale et une formation aux compétences d'interaction en cas de conflit. Cela permet aux femmes non seulement de devenir plus fortes physiquement et mentalement, mais également d'accroître leur confiance, leur estime de soi et leur capacité à réagir efficacement aux menaces potentielles.

Les hommes peuvent également suivre des cours d'auto-défense pour femmes. Bien que ces programmes s'adressent souvent aux femmes et soient conçus en pensant à elles, les hommes peuvent également bénéficier d'une participation.

Les programmes d'autodéfense destinés aux femmes se concentrent généralement sur des techniques d'autodéfense qui peuvent bénéficier à tous, quel que soit leur sexe. La plupart des exercices incluent des éléments de boxe, de karaté, de sambo et d'autres arts martiaux, qui peuvent être utiles à quiconque cherche à apprendre à se défendre.

De plus, la participation des hommes à de telles formations peut contribuer à créer un environnement plus inclusif et diversifié dans lequel chacun peut se sentir accueilli et soutenu. Cela peut également contribuer à une meilleure compréhension du harcèlement et de la violence dans la société dans son ensemble et créer un environnement plus tolérant et plus convivial pour toutes les personnes impliquées.

14. Aérobic et fitness : Bien que l'aérobic et le fitness ne soient pas des formes directes d'arts martiaux, ils peuvent aider à améliorer la forme physique, à augmenter le niveau de confiance et à développer la maîtrise de soi. Cela peut également être bénéfique pour maintenir la santé et la forme physique en général.

L'aérobic et le fitness, bien qu'ils ne soient pas directement liés aux arts martiaux, peuvent être très bénéfiques pour les victimes d'intimidation, tant sur le plan physique que psychologique. Commençons par le physique. Des cours réguliers d'aérobic et de fitness aident à renforcer les muscles, à augmenter l'endurance et à améliorer la santé globale. Cela peut être particulièrement utile pour les victimes d'intimidation qui peuvent être physiquement faibles ou se sentir vulnérables en raison d'un manque de forme physique.

Il est également important de noter que l'aérobic et le fitness peuvent contribuer à améliorer l'estime de soi et la confiance en soi. L'exercice régulier vous aide à développer un sentiment de dignité et de contrôle sur votre propre corps. Cela peut être particulièrement important pour les victimes de harcèlement, qui peuvent se sentir impuissantes ou indignes en raison des effets psychologiques du harcèlement.

De plus, l'aérobic et le fitness peuvent aider à développer les compétences de maîtrise de soi et d'autorégulation, qui sont importantes pour une légitime défense efficace. L'amélioration de la coordination motrice, de l'équilibre et de la réaction aux situations peut donner à la victime d'intimidation les outils nécessaires pour réagir efficacement à l'intimidateur. En fin de compte, la confiance en soi et la capacité de réagir efficacement à des situations stressantes peuvent aider les victimes d'intimidation à cesser de se sentir sans défense et à devenir capables de lutter contre l'agresseur.

De plus, l'aérobic et le fitness peuvent favoriser non seulement le bien-être physique mais aussi émotionnel des victimes d'intimidation. L'exercice régulier peut aider à réduire le stress et l'anxiété que ressentent souvent les victimes d'intimidation. L'activité physique libère des endorphines, des analgésiques naturels et des antidépresseurs, qui peuvent améliorer l'humeur et le bien-être mental général.

De plus, la participation à des cours d'aérobic et de fitness en groupe peut aider les victimes d'intimidation à se sentir partie intégrante d'une communauté, à obtenir le soutien des autres participants et à établir de nouveaux liens sociaux. Ceci est particulièrement important étant donné que le harcèlement conduit souvent à l'isolement social et à un sentiment de solitude.

De plus, l'aérobic et le fitness peuvent aider les victimes d'intimidation à apprendre des stratégies de gestion des conflits et à développer leurs compétences en communication. Grâce à la formation, les participants peuvent apprendre à résoudre des problèmes, à travailler en équipe et à interagir efficacement avec les autres, ce qui peut être utile pour résoudre les conflits et prévenir de nouveaux incidents d'intimidation.

Ainsi, l'aérobic et le fitness contribuent non seulement à améliorer la forme physique, mais jouent également un rôle important dans le soutien psychologique et l'adaptation sociale des victimes de harcèlement. La pratique de ces sports peut les aider non seulement à surmonter les effets négatifs du harcèlement, mais aussi à devenir plus forts, plus confiants et plus capables de faire face aux défis de la vie quotidienne.

Ces sports ont leurs propres caractéristiques et avantages, mais ils peuvent tous être appris relativement rapidement et aider la victime d'intimidation à développer ses compétences d'autodéfense et sa confiance en soi.

Chacun de ces sports possède ses propres fonctionnalités et applications. Le choix d'un sport particulier peut dépendre des objectifs, de la forme physique et des préférences de chacun. Par exemple, pour ceux qui souhaitent apprendre les techniques de frappe et de blocage, la boxe ou le karaté peuvent être des options appropriées, tandis que pour ceux qui préfèrent.

Il est important d'en choisir un qui correspond à vos préférences. Ces sports ont des caractéristiques différentes et conviennent à différents types de personnalité. Le choix du bon sport dépend de vos objectifs, de vos capacités physiques et, bien sûr, de vos préférences. Il est important d'en choisir un qui vous motive et vous inspire pour réussir personnellement dans la lutte contre le harcèlement.

Chapitre 11.
Moyens de légitime défense autour de vous.

La Déclaration universelle des droits de l'homme, adoptée par l'Assemblée générale des Nations Unies en 1948, est un document international reconnu et appliqué dans de nombreux pays développés. Elle consacre les libertés et droits humains fondamentaux, notamment le droit à la vie, le droit à la protection contre la violence et la détention arbitraire, ainsi que le droit à la protection.

Ces droits constituent la base des lois et des politiques dans divers pays, y compris le droit de légitime défense en cas de menace pour la vie ou la santé. Dans ce contexte, le concept de légitime défense est considéré dans le cadre de la législation et des normes juridiques qui déterminent les méthodes et méthodes de protection autorisées, ainsi que les restrictions et responsabilités liées à leur utilisation.

Ainsi, dans les pays développés, les lois sur la légitime défense sont généralement fondées sur les principes consacrés dans la Déclaration universelle des droits de l'homme, ainsi que sur d'autres législations nationales et régionales garantissant la protection et la sécurité des citoyens. Conformément à ce document, le droit de légitime défense est inscrit à l'art. 3, qui stipule : « Toute personne a droit à la vie, à la liberté et à la sécurité de sa personne. »

Cet article est l'un des principes fondamentaux sur lesquels reposent les droits de l'homme. Il affirme que toute personne a le droit de protéger sa vie et sa liberté contre la violence et les menaces.

En plus de la Déclaration universelle des droits de l'homme, différents pays peuvent avoir des lois et réglementations différentes concernant le droit de légitime défense. Ces lois peuvent varier selon les juridictions et les circonstances, mais le principe général reste le même : toute personne a droit à la protection de sa vie et de son intégrité personnelle.

Selon les documents internationaux relatifs aux droits de l'homme, toute personne a le droit de se défendre en cas de menace pour sa vie ou sa santé. Ce droit ne se limite pas à certaines méthodes ou moyens, mais couvre toutes les possibilités de protection disponibles.

En matière de légitime défense, il est important de comprendre qu'une personne a le droit d'utiliser tous les objets disponibles autour d'elle pour assurer sa sécurité. Qu'il s'agisse de clés, d'un stylo, d'un crayon, ou encore d'objets du quotidien comme un sac ou une chaise, ils peuvent être un moyen de protection efficace dans certaines situations.

Par exemple, les clés peuvent être utilisées pour frapper un agresseur aux yeux ou au visage, ainsi que pour protéger son propre corps. Un stylo ou un crayon peut devenir une arme improvisée pour frapper la gorge ou d'autres points vulnérables. Le sac peut être utilisé pour créer une barrière entre l'agresseur et la victime, ainsi que pour détourner les coups ou protéger la tête.

Il est important de rappeler que la légitime défense n'est pas toujours synonyme de résistance physique. Parfois, éviter le danger ou appeler à l'aide sont également des méthodes de défense efficaces. Toute personne a droit à la sécurité et à la protection, et utiliser les moyens disponibles pour se protéger est une décision légale et raisonnable dans une situation de menace.

Avant d'utiliser des méthodes d'autodéfense active, il est important de faire tout son possible pour éviter les conflits. Cela peut inclure de s'éloigner du danger, d'appeler à l'aide ou même d'essayer de résoudre la situation verbalement. Toutefois, si le conflit ne peut être évité et que la vie ou la santé d'une personne est en danger, celle-ci a droit à la protection.

Pour se protéger, une personne peut utiliser diverses méthodes, notamment l'utilisation d'objets environnementaux disponibles ou de compétences en arts martiaux, si disponibles. Il est important de se rappeler que le but de la légitime défense n'est pas de causer du tort, mais de protéger sa propre vie et sa santé. Par conséquent, il est important de ne pas dépasser le niveau de légitime défense et d'utiliser uniquement les moyens nécessaires pour neutraliser la menace.

Si possible, l'objectif devrait être de neutraliser l'agresseur et de prévenir de nouvelles violences, plutôt que de lui infliger de graves dommages. En cas de défense réussie et de neutralisation de la menace, il est recommandé de demander immédiatement l'aide des forces de l'ordre et de leur transférer la situation pour une enquête plus approfondie.

Il est important de rappeler que la légitime défense n'est pas seulement un moyen légitime de se protéger en cas de menace, mais aussi un moyen important de restaurer un sentiment de confiance et de sécurité. Pour de nombreuses victimes d'agression et d'intimidation, l'idée de se protéger peut sembler effrayante et déroutante, surtout si elles se sentent vulnérables et incertaines de leurs propres capacités. Cependant, comprendre qu'ils ont les ressources et la capacité de se défendre peut grandement accroître leur sentiment de contrôle sur la situation et réduire leur peur de l'agresseur.

Jusqu'à ce que vous acquériez les compétences nécessaires en pratiquant des sports de combat pour l'autodéfense complète que vous avez choisie pour vous-même, l'utilisation des objets environnants pour vous protéger est l'une des méthodes qui peuvent être accessibles à tous. Cette approche permet à une personne d'utiliser ce qu'elle a sous la main pour se sécuriser davantage en cas d'attaque. Par exemple, un crayon, des clés, un stylo ou un sac peuvent être des outils efficaces d'autodéfense dans une situation critique.

Il est important de rappeler que la légitime défense n'est pas toujours synonyme de résistance physique. Parfois, le simple fait d'être capable d'évaluer le danger, d'éviter les conflits et d'utiliser votre intelligence et votre jugement peut être la meilleure défense. Cependant, lorsque la situation devient menaçante, savoir comment utiliser son environnement pour se protéger peut être crucial pour rester en sécurité.

Par conséquent, il est important d'acquérir des compétences d'autodéfense, notamment en utilisant les objets environnants pour se protéger. Cela augmente non seulement la confiance en soi, mais crée également un sentiment de contrôle sur son propre destin. De plus, cela aide à comprendre que chaque personne a droit à la protection et à la sécurité et que recourir à la légitime défense est quelque chose de tout à fait normal et légal.

Quand on parle des principes de self-défense, il est important de comprendre qu'il ne s'agit pas seulement d'un ensemble de techniques ou d'exercices physiques. Il s'agit d'une approche globale pour maintenir votre propre sécurité, qui inclut à la fois les aspects physiques et psychologiques. Pour les victimes d'intimidation qui peuvent se sentir vulnérables et peu sûres d'elles-mêmes, connaître les principes de base de l'autodéfense peut être un outil puissant pour accroître la confiance en soi et réduire la peur de l'intimidateur.

1. Conscience de la situation : La première et la plus importante étape de l'autodéfense est la conscience de la situation. Cela signifie être conscient de votre environnement, détecter les menaces potentielles et évaluer les risques possibles. Afin d'éviter tout danger, il faut être prudent et vigilant, même si la situation semble sécuritaire.

La connaissance de la situation est la pierre angulaire d'une légitime défense efficace, en particulier pour ceux qui éprouvent de la peur et de l'incertitude. Lorsque nous parlons des victimes d'agression, qui peuvent être extrêmement sensibles et peu sûres d'elles, il est important de comprendre que la conscience de la situation permet de contrôler sa propre sécurité.

Pour commencer, la conscience de la situation signifie être attentif à son environnement même dans les moments où il semble que rien de dangereux ne se passe. Cela ne signifie pas être paranoïaque ou s'attendre constamment à une menace, mais plutôt être conscient de son environnement et être capable de reconnaître les dangers potentiels.

Pour ceux qui ont peur de l'intimidateur ou qui ne se sentent pas en sécurité, prendre conscience de la situation peut être un moyen de retrouver un sentiment de contrôle. Lorsque vous êtes conscient de ce qui se passe autour de vous, vous pouvez mieux évaluer les risques possibles et prendre les mesures nécessaires pour assurer votre sécurité.

Cela vous donne également la possibilité d'agir de manière proactive plutôt que de réagir à une menace à la dernière minute. Lorsque vous comprenez la situation à l'avance, vous pouvez élaborer un plan d'action et vous préparer à toute menace possible. Cela contribue à réduire le stress et l'anxiété qui peuvent survenir dans des situations de conflit ou de danger.

Plus important encore, la conscience de la situation vous donne la capacité de contrôler votre propre comportement et vos réactions. Cela vous permet de prendre des décisions éclairées en fonction de votre évaluation des risques et de votre compréhension de vos propres forces et capacités. Cela peut être particulièrement important pour ceux qui éprouvent de la peur ou de l'incertitude, car cela leur donne un sentiment de confiance et de contrôle dans des situations qui peuvent sembler menaçantes ou dangereuses.

2. Prévention des conflits : Il est important de pouvoir prévenir les conflits si possible. Cela peut inclure l'utilisation de la communication non verbale, l'évitement de la confrontation et l'apprentissage d'exprimer avec assurance ses limites et de refuser les situations qui semblent dangereuses ou menaçantes.

La prévention des conflits est un puissant moyen d'autodéfense, en particulier pour ceux qui souffrent d'un sentiment d'impuissance et de peur de l'agresseur. Même le plus petit conflit peut avoir des conséquences graves, il est donc important de pouvoir les éviter autant que possible.

Pour ceux qui éprouvent un sentiment d'impuissance et d'incertitude, la prévention des conflits offre la possibilité de prendre le contrôle de la situation avant qu'elle ne devienne incontrôlable. Cela peut être particulièrement utile dans les situations où l'agresseur tente de provoquer ou de provoquer un conflit. La capacité de reconnaître les signes de tension croissante et d'empêcher son escalade peut vous éviter des conséquences négatives.

Une façon de prévenir les conflits consiste à utiliser la communication non verbale. Des indices non verbaux tels qu'une marche confiante, un regard direct et des expressions faciales calmes peuvent envoyer un message clair de votre confiance et de vos intentions. Cela peut contribuer à prévenir les conflits en montrant à l'agresseur que vous ne céderez pas à ses provocations.

De plus, il est important pour ceux qui se sentent vulnérables face à un agresseur d'apprendre à s'éloigner de la confrontation et à trouver des moyens convaincants d'exprimer leurs limites et leur refus. Savoir refuser de participer à une situation dangereuse ou menaçante, sans recourir à l'agressivité ou à la violence, contribue à préserver sa dignité et sa sécurité.

La prévention des conflits peut également impliquer d'apprendre à choisir des endroits et des situations plus sûrs tout en évitant les situations potentiellement dangereuses. Cela peut inclure le choix de zones très fréquentées, de zones publiques bien éclairées ou de zones sécurisées.

3. Éviter le danger : Si une situation devient menaçante ou dangereuse, il est important de savoir comment échapper au danger. Cela peut impliquer de se déplacer rapidement et en toute sécurité vers un endroit sûr, d'utiliser l'environnement comme refuge ou simplement de s'éloigner d'une personne ou d'un lieu potentiellement dangereux.

Éviter le danger est un aspect important de l'autodéfense, en particulier pour ceux qui souffrent d'un sentiment d'impuissance et de peur d'un agresseur. Lorsqu'une situation commence à menacer votre sécurité, la capacité de réagir rapidement et de vous éloigner du danger peut vous épargner de graves conséquences.

Pour ceux qui se sentent vulnérables face à un agresseur, il est important de reconnaître que s'éloigner du danger ne signifie pas fuir ou être faible, mais plutôt une stratégie pour maintenir sa propre sécurité et son bien-être. La capacité d'évaluer rapidement une situation et de décider de la meilleure façon de s'éloigner d'une menace démontre votre protection et votre confiance en vous.

Il est important de savoir utiliser l'environnement comme moyen d'abri ou de protection. Cela peut aller de la recherche d'un abri dans une foule de personnes à la recherche d'un abri derrière des barrières ou dans des bâtiments. La capacité de trouver et d'utiliser rapidement un endroit sûr peut vous aider à éviter les dangers et à prévenir les agressions.

De plus, éviter le danger peut impliquer simplement de s'éloigner d'un endroit ou d'une menace dangereux. Cela peut signifier se déplacer rapidement vers un autre endroit ou même simplement s'éloigner d'un endroit où la situation commence à menacer votre sécurité. Il est important de se rappeler qu'éviter le danger n'est pas un signe de faiblesse, mais plutôt un signe de préoccupation pour sa propre sécurité et son bien-être.

4. Protection physique : Si vous ne pouvez pas échapper au danger, il est parfois nécessaire d'utiliser une protection physique. Cependant, cela devrait être un dernier recours et n'être utilisé qu'en cas d'absolue nécessité. Il est important de n'utiliser que la force nécessaire pour neutraliser la menace et de demander immédiatement de l'aide dans les plus brefs délais.

La défense physique est un dernier recours lorsque d'autres méthodes d'autodéfense se révèlent inefficaces ou indisponibles. Pour de nombreuses personnes, en particulier celles qui souffrent d'un sentiment d'impuissance et d'incertitude, l'idée de recourir à la force physique peut susciter peur et doute. Il est toutefois important de comprendre que le recours à la protection physique doit être limité aux situations où la menace devient immédiate et écrasante.

Pour les victimes d'agression qui se sentent vulnérables et ont peur de recourir à la force physique, il est important de comprendre que le but de la défense physique n'est pas de nuire à l'agresseur, mais de neutraliser la menace et d'assurer sa propre sécurité. Cela signifie utiliser le minimum de force nécessaire pour arrêter l'attaque et demander immédiatement de l'aide.

Lorsque vous utilisez la défense physique, il est important de rester calme et concentré. Souvent, la réaction à une situation stressante peut être imprévisible. Il est donc important d'apprendre des techniques d'autodéfense qui vous permettent de rester calme et de prendre des décisions basées sur des actions rationnelles plutôt que sur des émotions.

Il est également important de rappeler que le recours à la force physique doit être proportionné à la menace. Cela signifie que le recours à la force doit être proportionné au niveau de menace et ne doit pas dépasser le niveau nécessaire pour mettre fin à l'attaque. Une fois la menace neutralisée, il est important de demander immédiatement de l'aide et de fournir toutes les preuves nécessaires de l'incident.

5. Préparation psychologique : Enfin, il est extrêmement important d'être mentalement préparé à la situation. Cela implique d'avoir confiance en vos capacités, de connaître vos droits et d'être capable de réagir efficacement aux situations stressantes. La préparation mentale comprend également la capacité à rester calme et lucide dans des situations stressantes, ce qui permet de prendre des décisions réfléchies et efficaces.

La préparation psychologique joue un rôle crucial dans la capacité à faire face à une situation agressive. Pour les victimes de harcèlement qui peuvent se sentir faibles ou insécurisées, la formation psychologique devient un outil important pour améliorer l'estime de soi et accroître la confiance en soi.

Premièrement, la préparation psychologique inclut la confiance en soi. Cela signifie comprendre vos capacités et être prêt à agir en cas de menace. Les victimes d'intimidation peuvent bénéficier d'une formation ou de conseils en matière d'autodéfense pour les aider à développer leur confiance en leurs capacités et à accroître leur estime de soi.

Deuxièmement, la préparation psychologique implique de connaître ses droits. De nombreuses victimes d'intimidation ne connaissent pas leurs droits ou n'ont aucune expérience en matière de recherche d'aide. Il est donc important de vous renseigner sur vos droits et de savoir comment les utiliser efficacement pour vous protéger.

De plus, la préparation psychologique inclut la capacité à réagir efficacement à des situations stressantes. Les victimes d'intimidation peuvent ressentir des émotions fortes et du stress pendant un conflit, et apprendre à contrôler leurs émotions et à rester calmes peut les aider à prendre des décisions réfléchies et efficaces.

Il est également important d'apprendre à rester calme et lucide dans les situations stressantes. Cela aidera les victimes d'intimidation à prendre des décisions réfléchies et rationnelles plutôt que d'agir sous l'effet de l'émotion ou de la peur. Pratiquer régulièrement la méditation, la respiration profonde ou d'autres techniques de relaxation peut vous aider à améliorer votre capacité à rester calme dans des situations stressantes.

Comprendre ces principes d'autodéfense peut aider les victimes d'intimidation à se sentir plus confiantes et préparées à faire face à diverses situations. Cela leur donne la possibilité de contrôler leur propre sécurité et de prendre des mesures efficaces pour se protéger en cas de menace.

La pratique consistant à utiliser des objets du quotidien pour se défendre peut être très utile pour ceux qui ont été victimes d'une agression. C'est l'occasion d'apprendre à utiliser efficacement et en toute sécurité les différents objets qui peuvent être disponibles en cas de conflit ou d'attaque.

S'entraîner avec différents objets de l'environnement permet également de développer la confiance en ses propres capacités et d'augmenter son sentiment de contrôle sur la situation. Lorsqu'une personne sait qu'elle peut utiliser des objets ordinaires pour se protéger, elle se sent plus en confiance et capable de faire face à un danger potentiel.

Par conséquent, il est important de s'entraîner régulièrement avec divers objets environnementaux, de réaliser des simulations de situations de conflit et d'apprendre à les utiliser efficacement. Cela aidera non seulement à acquérir les compétences d'autodéfense nécessaires, mais également à se préparer à d'éventuelles menaces et à accroître la confiance en soi.

Self-défense avec des objets du quotidien :

I - Crayon/stylo :

- Frapper des points vulnérables : Un crayon ou un stylo peut être utilisé pour frapper des points vulnérables du corps de l'attaquant, tels que les yeux, le nez, la gorge, la clavicule et l'aine. Par exemple, lors d'une attaque, vous pouvez frapper l'attaquant à l'œil ou à la gorge avec un crayon pour affaiblir son attaque et créer une opportunité de fuite.

- Bloquer les coups : Un crayon ou un stylo peut également être utilisé pour bloquer les coups dirigés vers la victime. Par exemple, une personne peut utiliser une poignée pour protéger sa tête en la levant devant elle lors d'une attaque pour éviter un coup.

- Maintien de la distance : Un crayon ou un stylo peut être utilisé pour créer une distance entre la victime et l'agresseur. Une personne peut tendre la main avec un crayon ou un stylo devant elle pour repousser un agresseur ou créer un obstacle temporaire entre elle et l'agresseur.

- Appeler à l'aide : En cas d'agression, un crayon ou un stylo peut également être utilisé pour attirer l'attention des autres. La victime peut crier ou agiter un stylo ou un crayon pour attirer l'attention et l'aide.

Ces méthodes peuvent être efficaces pour se défendre dans des situations critiques et elles sont accessibles à presque tout le monde, puisqu'un crayon ou un stylo est généralement à portée de main. Cependant, il est important de se rappeler que l'utilisation de ces objets à des fins d'autodéfense doit être limitée aux situations critiques où il n'y a pas d'autres options, et que l'objectif doit être de créer une opportunité de s'échapper et d'appeler à l'aide.

II - Sac :

- Créer de la distance : Si vous vous trouvez dans une situation où vous devez créer de la distance entre vous et l'agresseur, le sac peut être utilisé comme barrière temporaire. Vous pouvez étendre le sac devant vous et l'utiliser pour repousser votre attaquant et créer un espace de retraite.

- Coups de poing déviateurs : Le sac peut également être utilisé pour dévier les coups de poing. Vous pouvez tenir le sac devant vous et l'utiliser pour bloquer les coups d'un attaquant. Il est important d'essayer de réduire les dégâts que vous subissez jusqu'à ce que vous ayez la possibilité de vous échapper ou d'appeler à l'aide.

- Utilisation comme arme : Dans des cas extrêmes, lorsqu'il n'y a pas d'autres options, le sac peut être utilisé comme arme. Vous pouvez frapper votre agresseur avec un sac ou le lancer dans sa direction pour le distraire et créer une opportunité de s'échapper.

- Maintien de la distance : Le sac peut également être utilisé pour maintenir la distance lors des déplacements. Vous pouvez tenir le sac devant vous et l'utiliser pour repousser un attaquant s'il tente de s'approcher de vous.

Il est important de se rappeler que l'utilisation d'un sac pour l'autodéfense doit être limitée aux situations critiques où il n'y a pas d'autres options, et que l'objectif doit être de créer une opportunité de s'échapper et d'appeler à l'aide. N'oubliez pas non plus que votre sécurité passe avant tout et que votre objectif est de vous éloigner d'une situation dangereuse le plus rapidement possible.

III - Clés :

- Frapper : Vous pouvez tenir les clés entre vos doigts de manière à ce qu'elles dépassent de votre poing et les utiliser pour frapper des points vulnérables du corps d'un attaquant, comme les yeux, le nez, la gorge ou l'aine. Cela peut provoquer un choc douloureux et vous donner la possibilité de partir.

- Défense contre attaque : Si un attaquant vous attaque par derrière ou sur le côté, vous pouvez utiliser des touches pour vous défendre. En saisissant les clés avec une prise ferme, vous pouvez les utiliser pour frapper ou frapper votre attaquant pour le distraire et créer une opportunité de vous échapper.

- Empaler : Dans des situations extrêmes, lorsque votre vie est en danger, vous pouvez essayer d'empaler ou de poignarder l'attaquant avec des clés. Cela doit être fait dans une situation critique, lorsqu'il n'y a pas d'autres options et que votre objectif est de survivre.

- Utiliser comme arme d'étranglement : Si vous êtes au corps à corps avec un attaquant, vous pouvez utiliser les touches pour appliquer une pression sur les points sensibles du cou ou de la tête afin de l'affaiblir et de vous permettre de vous échapper.

Il est important de se rappeler que l'utilisation des clés comme arme d'autodéfense doit être un dernier recours et ne doit être utilisée que dans des situations extrêmement dangereuses lorsqu'il n'y a pas d'autres options. Votre objectif est de créer une opportunité de vous échapper et d'appeler à l'aide. N'oubliez pas également que votre sécurité est la plus importante et que vous devez faire tout votre possible pour vous protéger en cas d'attaque.

IV - Parapluies :

- Dévier les attaques : Le parapluie peut être utilisé pour dévier les attaques d'un attaquant. Vous pouvez rapidement faire pivoter votre parapluie, en le tenant devant vous, pour détourner les coups de vos mains ou des objets qui pourraient être lancés vers vous. Cela peut vous donner plus de temps pour réagir ou vous échapper.

- Créer un abri temporaire : En cas d'attaque ou d'attaque, des parapluies peuvent être utilisés pour créer un abri temporaire. Vous pouvez lever le parapluie au-dessus de vous ou le tenir devant vous pour créer une barrière entre vous et votre agresseur. Cela peut vous aider à vous protéger des chocs et vous donner le temps de planifier vos prochaines étapes.

- Utilisation comme arme : Le parapluie peut être utilisé comme une arme improvisée pour repousser ou attaquer un attaquant. Vous pouvez utiliser la pointe du parapluie pour frapper les points vulnérables du corps d'un attaquant ou pour l'effrayer. Cependant, n'oubliez pas que l'utilisation d'un parapluie comme arme ne doit être utilisée qu'en dernier recours et uniquement en cas d'absolue nécessité.

-Distraction : Même si le parapluie n'est pas une arme puissante, son utilisation peut distraire l'attention de l'attaquant et vous donner la possibilité de vous échapper ou d'appeler à l'aide. Ramasser un parapluie et le présenter peut amener votre agresseur à faire une pause et à le dérouter pendant quelques instants, ce qui peut suffire pour que vous puissiez vous échapper en toute sécurité.

Il est important de se rappeler que l'utilisation d'un parapluie pour se défendre doit être effectuée avec prudence et uniquement dans des situations extrêmes où votre vie ou votre sécurité est en danger. L'objectif principal est de se protéger et d'appeler à l'aide.

V- Stylo à bille :

- Frapper les points vulnérables : Un stylo à bille possède une pointe qui peut être utilisée pour frapper les points vulnérables du corps d'un attaquant. Par exemple, vous pouvez viser un coup sur les yeux, le nez, la gorge, le menton ou d'autres zones molles et sensibles pour provoquer une douleur et une altération temporaire des fonctions de l'attaquant.

- Défense contre les attaques : Si un attaquant s'approche de vous, vous pouvez utiliser le stylo à bille comme une arme de fortune pour repousser ou dévier ses attaques. Vous pouvez par exemple effectuer un mouvement rapide de votre poignée vers un attaquant pour dévier son coup ou détourner son attention.

- Utiliser comme griffe : Si vous n'avez pas la possibilité d'utiliser le bout du manche pour frapper, vous pouvez l'utiliser comme griffe pour gratter ou agripper votre attaquant. Cela peut également être un moyen efficace d'effrayer un agresseur et de créer une barrière temporaire entre vous et lui.

- Utilisation comme arme de grappin : Si nécessaire, un stylo à bille peut être utilisé pour effectuer des techniques de grappin ou de contention sur un attaquant. Par exemple, vous pouvez saisir une poignée dans votre main et l'utiliser pour appliquer une pression sur des points sensibles du corps de votre agresseur afin de le forcer à vous relâcher ou à perdre le contrôle.

Quelle que soit la méthode d'utilisation, il est important de rappeler qu'un stylo à bille ne doit être utilisé qu'en cas d'absolue nécessité pour se protéger des attaques. Il s'agit d'une mesure d'autodéfense de dernier recours et ne doit être utilisée qu'en cas de menace réelle pour votre vie ou votre sécurité.

VI -Points :

- Protection des yeux : Les lunettes peuvent servir de protection temporaire pour vos yeux en cas d'agression. Si un agresseur tente de vous attaquer au visage ou à la tête, vous pouvez rapidement baisser la tête ou presser vos lunettes contre votre visage pour protéger vos yeux des coups.

- Création de distance : les points peuvent être utilisés pour créer une distance temporaire entre vous et votre attaquant. Par exemple, vous pouvez rapidement retirer vos lunettes et les lancer en direction d'un attaquant pour détourner son attention et créer une opportunité de fuite.

- Utilisation comme arme : Si les lunettes ont un bord fort ou tranchant, elles peuvent être utilisées comme une arme improvisée. Par exemple, vous pouvez utiliser le bord de vos lunettes pour frapper un agresseur au visage ou à d'autres endroits vulnérables afin de l'effrayer et de lui donner le temps de s'échapper.

- Menace pour l'attaquant : Le simple fait de montrer vos points à l'attaquant peut servir de menace et d'avertissement indiquant que vous êtes prêt à vous défendre. Cela peut le faire réfléchir à ses actes et vous donner le temps de prendre des mesures de protection.

Il est important de se rappeler que l'utilisation de lunettes pour se défendre ne doit être qu'un dernier recours et ne doit être utilisée que s'il existe une menace réelle pour votre sécurité. Gardez également à l'esprit que les lunettes peuvent être endommagées lors de l'autodéfense, alors soyez prêt à les remplacer après un incident.

VII - Appareils électroménagers :

- Impact : De nombreux appareils électroménagers sont suffisamment lourds et solides pour être utilisés en cas d'impact. Par exemple, vous pouvez prendre un sèche-cheveux ou un fer à repasser et l'utiliser comme marteau de fortune pour frapper votre agresseur. Cela peut causer suffisamment de douleur pour distraire votre agresseur, vous donnant ainsi le temps de vous échapper ou d'obtenir de l'aide.

- Créer une barrière temporaire : Certains articles ménagers peuvent être utilisés pour créer une barrière temporaire. Par exemple, si vous disposez d'un micro-ondes ou d'une bouilloire électrique, vous pouvez le placer sur le chemin de l'attaquant pour créer un obstacle temporaire et gagner du temps pour vous échapper ou appeler à l'aide.

- Utilisation de fils : si les articles ménagers comportent des fils ou des cordons électriques, ils peuvent être utilisés pour enrouler autour des mains ou créer un nœud primitif pour capturer ou maîtriser un attaquant. Cela peut vous aider à garder le contrôle de la situation et à assurer votre sécurité jusqu'à l'arrivée des secours.

- Protection improvisée : certains articles ménagers, tels qu'un fer à repasser ou un sèche-cheveux, peuvent être utilisés pour créer une protection temporaire ou un abri contre les attaques. Vous pouvez les utiliser pour vous protéger contre les coups ou les attaques jusqu'à ce que vous puissiez agir ou appeler à l'aide.

Il est important de se rappeler que l'utilisation d'articles ménagers pour se défendre ne doit être qu'un dernier recours et ne doit être utilisée que s'il existe une menace réelle pour votre sécurité. Veillez également à vous assurer que votre utilisation de ces articles est conforme aux lois de votre région.

VIII - Vêtements :

- Créer une couverture temporaire : Si vous avez une veste ou un manteau, vous pouvez l'utiliser pour créer une couverture temporaire contre une attaque. Vous pouvez par exemple déplier votre veste et l'utiliser comme bouclier pour vous protéger des coups ou des attaques avec des armes. Cela vous donnera plus de temps pour évaluer la situation et décider d'autres actions.

- Utiliser les vêtements comme obstacle : Vous pouvez également utiliser vos vêtements pour créer un obstacle temporaire entre vous et votre attaquant. Par exemple, vous pouvez enlever votre veste ou votre chemise et la jeter au visage de votre agresseur pour le confondre et lui donner le temps de s'échapper ou d'appeler à l'aide.

- Protection contre l'étranglement : Certains vêtements, tels que des foulards ou des ceintures, peuvent être utilisés pour se protéger contre l'étranglement. Si votre agresseur essaie de vous étouffer, vous pouvez utiliser un foulard ou une ceinture pour créer une barrière temporaire entre ses mains et votre cou, vous donnant ainsi la possibilité de vous libérer ou de contrôler la situation.

- Protection impromptue contre les impacts : Vos vêtements peuvent également servir de protection impromptue contre les impacts ou les traumatismes contondants. Par exemple, vous pouvez retrousser votre veste ou votre chemise et l'utiliser comme oreiller pour absorber les chocs ou vous protéger des objets pointus.

Cependant, il est important de garder à l'esprit que l'utilisation de vêtements d'autoprotection ne doit être utilisée qu'en dernier recours et uniquement en cas d'absolue nécessité. Sachez que votre utilisation de vêtements de protection peut être temporaire et nécessiter des mesures supplémentaires pour assurer votre sécurité.

IX - Téléphone portable :

- Frappe : Le téléphone portable peut être utilisé pour frapper en cas d'attaque. Vous pouvez saisir le téléphone par la coque et l'utiliser comme un objet lourd pour frapper l'agresseur. Cependant, n'oubliez pas que cela peut causer de graves dommages, vous ne devez donc utiliser cette méthode qu'en dernier recours lorsqu'il n'y a pas d'autres options.

- Distraction : En cas d'attaque, vous pouvez lancer le téléphone vers l'agresseur pour détourner son attention et lui laisser le temps de s'enfuir. Cela peut vous donner quelques secondes supplémentaires pour appeler à l'aide ou trouver un endroit sûr.

- Appeler à l'aide : En cas de menace ou d'attaque, le téléphone mobile permet d'appeler rapidement à l'aide. Vous pouvez appeler le 911 ou la police pour signaler la situation et demander de l'aide.

- Enregistrez ce qui se passe : Le téléphone mobile peut également être utilisé pour enregistrer ce qui se passe. Vous pouvez activer l'enregistrement vidéo ou audio sur votre téléphone pour capturer les détails de l'attaque ou de la menace. Cela peut être une preuve utile lorsque vous vous adressez à la police ou au tribunal.

- Envoi de messages d'aide : Si vous ne parvenez pas à parler au téléphone, vous pouvez envoyer un SMS ou utiliser la fonction « SOS » de votre téléphone mobile pour alerter automatiquement vos contacts de votre situation et demander de l'aide.

- Utilisation du GPS : de nombreux téléphones portables disposent d'une fonction GPS intégrée qui peut aider les services d'urgence à déterminer votre position. Ceci est particulièrement utile si vous ne parvenez pas à localiser votre position par téléphone.

- Utilisation d'applications de sécurité : Il existe des applications mobiles de sécurité dédiées qui vous permettent d'envoyer des signaux de détresse ou d'appeler à l'aide en appuyant simplement sur un bouton. Ces applications peuvent être utiles en cas de menace ou d'attaque.

- Alerte de détresse : si votre téléphone a la capacité d'envoyer une alerte de détresse ou d'appeler à l'aide en appuyant simplement sur un bouton, vous pouvez utiliser cette fonctionnalité en cas de menace ou d'attaque. Les programmes et applications de sécurité disponibles sur le marché peuvent également inclure des fonctionnalités permettant d'envoyer automatiquement des alertes de détresse dans certaines conditions.

- Alarme sonore : Certaines applications mobiles proposent une fonction d'alarme sonore qui peut être utilisée pour attirer l'attention des personnes autour de vous en cas d'attaque. Cela peut aider à attirer l'attention sur votre situation et à appeler à l'aide.

Même si un téléphone cellulaire peut être un outil d'autoprotection utile dans certaines situations, il est important de se rappeler que votre sécurité personnelle doit être votre objectif principal. Utilisez votre téléphone pour appeler à l'aide et assurez votre sécurité avant tout. Il est important de se rappeler qu'un téléphone cellulaire peut être un outil puissant d'autoprotection, mais il doit également être utilisé judicieusement et avec précaution. Essayez de garder votre téléphone chargé et accessible en cas de besoin, et rappelez-vous que votre sécurité passe toujours avant les choses matérielles.

X - Briquet :

- Comme objet de frappe ou comme arme improvisée de défense dans une situation critique.

- Création de fumée : Dans certains cas, un briquet peut être utilisé pour créer de la fumée. Pour ce faire, vous pouvez appuyer sur le bouton du briquet sans l'ouvrir et le pointer vers l'agresseur. La fumée peut créer un rideau temporaire qui cache votre emplacement ou rend difficile la visibilité d'un agresseur.

- Feu : Si la situation est critique et nécessite l'utilisation du feu pour se défendre, vous pouvez utiliser un briquet pour créer du feu. Par exemple, vous pouvez mettre le feu à un loup-garou contre un agresseur si cela est nécessaire pour votre protection.

Il est important de se rappeler que l'utilisation d'un briquet ou d'une clé USB pour se défendre demande de la prudence et doit être justifiée par la situation. L'objectif étant votre sécurité, l'utilisation de ces objets doit être justifiée et envisagée en dernier recours en cas de situation critique.

XI - Foulard ou ceinture :

- Lier ou immobiliser l'agresseur : Dans une situation critique, un foulard ou une ceinture peut être utilisée pour lier les mains de l'agresseur, permettant de l'immobiliser temporairement et de créer une opportunité de s'échapper ou d'appeler à l'aide.

- Créer une barrière temporaire : Un foulard ou une ceinture peut être agité pour créer une barrière temporaire entre vous et l'agresseur. Cela peut vous donner plus de temps pour évaluer la situation ou prendre d'autres mesures d'autoprotection.

- Armes de légitime défense : En cas d'attaque, un foulard ou une ceinture peut être utilisée pour frapper l'agresseur. Ils peuvent être utilisés comme pétard ou, s'ils sont suffisamment longs, comme fouet pour repousser une attaque et se défendre.

- Créer un abri temporaire : Si vous êtes en danger, vous pouvez utiliser un foulard ou une ceinture pour créer un abri temporaire, par exemple pour étouffer les bruits, vous protéger de la pluie ou vous cacher d'un agresseur.

N'oubliez pas que ces mesures ne doivent être prises qu'en cas d'absolue nécessité et dans le respect de la loi. La légitime défense doit être proportionnée à la menace et la violence inutile doit être évitée.

XII - Bouteille en plastique :

- Frapper : Une bouteille en plastique remplie d'eau ou d'un autre liquide peut être utilisée pour frapper l'agresseur. Vous pouvez frapper la bouteille pour repousser une attaque ou vous protéger de la violence physique.

- Créer une protection temporaire : Si vous n'avez pas d'autre moyen de protection, vous pouvez utiliser une bouteille en plastique pour créer une protection temporaire. Par exemple, vous pouvez tenir une bouteille devant vous comme bouclier pour dévier ou vous protéger des coups.

- Asperger l'attaquant : En cas d'attaque, vous pouvez éclabousser l'attaquant avec de l'eau provenant d'une bouteille en plastique. Cela peut créer du temps et des opportunités supplémentaires pour s'échapper ou appeler à l'aide, et peut distraire ou désorienter l'agresseur.

N'oubliez pas que l'utilisation d'une bouteille en plastique pour se défendre doit être proportionnelle au niveau de menace et que vous devez vous efforcer d'éviter la violence si possible. Gardez également à l'esprit que l'efficacité de cette méthode peut dépendre de votre situation et des circonstances spécifiques.

XIII – Portefeuille ou sac à main :

- Créer de la distance : Vous pouvez utiliser votre portefeuille ou votre sac à main pour créer une distance entre vous et l'agresseur. Vous pouvez les agiter devant vous pour effrayer un attaquant ou le rendre méfiant, pendant que vous reculez ou vous éloignez du danger.

- Distraction : Vous pouvez lancer un portefeuille ou un sac à main vers un attaquant pour détourner son attention et lui donner plus de temps pour s'échapper ou appeler à l'aide. Cela peut créer un moment de surprise et vous donner l'occasion de prendre d'autres mesures.

- Protection temporaire : Si vous ne disposez pas d'autres moyens de protection, vous pouvez utiliser votre portefeuille ou votre sac à main pour vous couvrir ou vous protéger des chocs. Par exemple, vous pouvez les tenir devant vous comme bouclier ou les utiliser pour adoucir les coups.

Il est important de se rappeler qu'un portefeuille ou un sac à main ne constitue pas un moyen de protection parfait et que son utilisation doit être proportionnée au niveau de menace. Essayez d'éviter la violence si possible et efforcez-vous toujours de résoudre la situation en toute sécurité.

XIV - Journal ou magazine :

- Créer une protection temporaire : Vous pouvez utiliser un journal ou un magazine pour vous protéger des coups ou des attaques. Pliez le journal en deux ou en quatre et tenez-le devant vous comme bouclier temporaire. Cela peut aider à adoucir les coups et vous donner le temps de réagir ou de vous échapper.

- Distraction : Lancer un journal ou un magazine vers un agresseur peut détourner son attention pendant quelques instants, ce qui peut vous donner l'occasion de réaliser d'autres actions. Cela peut être utile si vous n'avez aucun autre moyen de défense ou aucun moyen de vous échapper.

- Utiliser comme arme : Dans certaines situations, vous pouvez utiliser un journal ou un magazine comme arme temporaire. Par exemple, vous pouvez le faire tournoyer et l'utiliser comme bâton pour vous défendre. Cependant, cela devrait être un dernier recours et n'être utilisé qu'en cas d'absolue nécessité.

Il est important de se rappeler qu'un journal ou un magazine n'est qu'une solution temporaire et que votre objectif principal doit être d'éviter la violence et d'assurer votre sécurité. Essayez toujours d'utiliser l'autodéfense à bon escient et uniquement lorsque cela est absolument nécessaire.

XV - Chapeau ou casquette : peut être utilisé pour protéger la tête des coups ou pour créer une distance supplémentaire face à une attaque.

- Protection de la tête : Un chapeau ou une casquette peut servir de protection temporaire de la tête contre les impacts. Bien que cela n'offre aucune protection, cela peut légèrement adoucir le coup et éviter des blessures graves.

- Créer de la distance : Vous pouvez utiliser un chapeau ou une casquette pour créer un espace supplémentaire entre vous et votre attaquant. Si un attaquant tente de s'approcher de vous, vous pouvez agiter votre casque devant vous pour l'effrayer ou rendre son approche plus difficile.

- Distraction : Lancer un chapeau ou une casquette vers un attaquant peut temporairement distraire son attention et vous donner plus de temps pour effectuer d'autres actions. Cela peut être utile si vous essayez de partir ou d'appeler à l'aide.

Un chapeau ou une casquette ne sont certainement pas le moyen de légitime défense le plus efficace, mais dans une situation critique, ils peuvent vous aider à gagner de précieuses secondes pour prendre des décisions ou entreprendre d'autres actions visant à assurer votre sécurité.

L'entraînement et la préparation à l'utilisation d'objets du quotidien pour l'autodéfense sont essentiels pour augmenter vos chances de survie et assurer votre sécurité personnelle. Voici quelques aspects à considérer :

1. Connaître les capacités des objets : Il est important de comprendre quels objets de votre environnement peuvent être utilisés pour l'autodéfense et quelles actions spécifiques ils peuvent effectuer. Sachez par exemple qu'un crayon peut être utilisé pour frapper des points vulnérables ou que des clés peuvent servir d'arme de défense en cas d'attaque.

2. Techniques d'utilisation : Il est important de suivre une formation au cours de laquelle vous apprendrez à utiliser efficacement ces objets dans diverses situations d'autodéfense. Cela peut impliquer de pratiquer des coups de poing, des blocages, des esquives et d'autres techniques en utilisant des objets disponibles dans votre environnement.

3. Réaction aux situations stressantes : La préparation comprend également l'entraînement de votre réponse aux situations stressantes. Lors d'une attaque réelle, votre comportement peut être sérieusement inhibé et il est important de posséder des compétences pratiques qui peuvent être activées automatiquement.

4. Confiance accrue : Pratiquer l'utilisation d'objets du quotidien pour l'autodéfense contribue à augmenter votre confiance en vous et votre volonté d'agir. Plus vous pratiquez, plus ces compétences deviennent habituelles, ce qui vous prépare à réagir efficacement à une menace.

5. Pratique régulière : Il est important non seulement de maîtriser les compétences, mais aussi de les entretenir et de les améliorer régulièrement. Des entraînements réguliers et des simulations pratiques vous aident à garder vos réactions vives et à améliorer vos compétences d'autodéfense.

S'entraîner à utiliser des objets du quotidien pour se défendre nécessite de la discipline, de la cohérence et de l'autodiscipline. Cependant, il s'agit d'un investissement dans votre sécurité et votre capacité à vous protéger en cas de menace.

L'entraînement et la préparation à l'utilisation d'objets du quotidien pour l'autodéfense sont essentiels pour augmenter vos chances de survie et assurer votre sécurité personnelle. Voici quelques aspects à considérer :

1. Connaître les capacités des objets : Il est important de comprendre quels objets de votre environnement peuvent être utilisés pour l'autodéfense et quelles actions spécifiques ils peuvent effectuer. Sachez par exemple qu'un crayon peut être utilisé pour frapper des points vulnérables ou que des clés peuvent servir d'arme de défense en cas d'attaque.

2. Techniques d'utilisation : Il est important de suivre une formation au cours de laquelle vous apprendrez à utiliser efficacement ces objets dans diverses situations d'autodéfense. Cela peut impliquer de pratiquer des coups de poing, des blocages, des esquives et d'autres techniques en utilisant des objets disponibles dans votre environnement.

3. Réaction aux situations stressantes : La préparation comprend également l'entraînement de votre réponse aux situations stressantes. Lors

d'une attaque réelle, votre comportement peut être sérieusement inhibé et il est important de posséder des compétences pratiques qui peuvent être activées automatiquement.

4. Confiance accrue : Pratiquer l'utilisation d'objets du quotidien pour l'autodéfense contribue à augmenter votre confiance en vous et votre volonté d'agir. Plus vous pratiquez, plus ces compétences deviennent habituelles, ce qui vous prépare à réagir efficacement à une menace.

5. Pratique régulière : Il est important non seulement de maîtriser les compétences, mais aussi de les entretenir et de les améliorer régulièrement. Des entraînements réguliers et des simulations pratiques vous aident à garder vos réactions vives et à améliorer vos compétences d'autodéfense.

S'entraîner à utiliser des objets du quotidien pour se défendre nécessite de la discipline, de la cohérence et de l'autodiscipline. Cependant, il s'agit d'un investissement dans votre sécurité et votre capacité à vous protéger en cas de menace.

La maîtrise des compétences d'autodéfense à l'aide des objets environnants joue un rôle clé pour assurer la sécurité personnelle :

- Défense accrue : Savoir utiliser votre environnement pour vous défendre augmente votre capacité à répondre aux menaces et à vous défendre dans diverses situations.

- Autonomisation : utiliser les objets disponibles comme outils d'autodéfense élargit votre arsenal de capacités, vous permettant de répondre efficacement aux menaces même si vous n'avez aucune formation particulière en arts martiaux ou en autodéfense.

- Confiance accrue : savoir que vous pouvez utiliser des objets dans votre environnement pour vous protéger augmente votre confiance et votre sentiment de contrôle dans des situations potentiellement dangereuses.

- Préparation proactive : acquérir des compétences d'autodéfense en utilisant votre environnement vous permet d'être proactif quant à votre propre sécurité plutôt que de dépendre uniquement de facteurs externes ou de votre volonté.

- Pratique et accessible : La plupart des objets pouvant être utilisés pour l'autodéfense se trouvent généralement à portée de main dans la vie quotidienne, ce qui les rend pratiques et accessibles en cas de besoin.

Ainsi, maîtriser les compétences d'autodéfense en utilisant les objets environnants est un élément important pour assurer la sécurité personnelle. Cela permet d'accroître la protection, d'accroître la confiance et d'assurer une préparation proactive aux menaces possibles.

Chapitre 12.
Développer la force et la confiance. Conseils pratiques.

Pour développer force et confiance, il est conseillé aux victimes d'intimidation de :

1. Activité physique : L'exercice régulier, comme le sport ou le fitness, contribuera à renforcer votre corps et à accroître votre confiance en vous. Choisissez des sports que vous aimez et pratiquez-les régulièrement.

L'activité physique est non seulement un aspect clé des soins de santé, mais aussi un outil puissant pour renforcer la confiance et l'estime de soi, en particulier pour ceux qui ont été victimes d'intimidation et qui se sentent vulnérables et insécurisés. Voici quelques façons dont l'activité physique peut être particulièrement bénéfique pour les victimes d'intimidation :

- Santé physique : L'exercice régulier contribue à améliorer la santé globale, à renforcer les muscles et les os, à améliorer la santé cardiovasculaire et à augmenter l'endurance. Cela crée un sentiment de force physique et de vitalité, qui peut vous aider à vous sentir plus en confiance dans la vie de tous les jours et à faire face aux défis.

- Bien-être émotionnel : L'activité physique libère des endorphines, les hormones du bien-être qui peuvent améliorer votre humeur, réduire le stress et l'anxiété et améliorer le sommeil. Pour les victimes de harcèlement qui souffrent d'anxiété et de dépression, cela peut être particulièrement utile.

- Amélioration de l'estime de soi : la pratique d'exercices physiques peut aider à renforcer l'estime de soi. Lorsque vous obtenez de nouveaux résultats, améliorez vos compétences ou constatez des progrès dans votre condition physique, cela valide votre capacité à atteindre vos objectifs et améliore votre estime de soi.

- Aspects sociaux : Les activités sportives ou de fitness se déroulent souvent sous forme de groupe, ce qui offre des opportunités de communication et de renforcement du lien social. Cela peut être particulièrement important pour ceux qui se sentent isolés ou en insécurité en raison d'expériences d'intimidation.

- Gestion des émotions : L'activité physique peut être une expression et une manière de gérer les émotions négatives. L'exercice peut servir à évacuer le stress, la colère ou la frustration, en l'empêchant de s'accumuler et en réduisant son impact sur votre état mental.

- Augmentation de l'énergie et de la concentration : L'activité physique contribue à augmenter les niveaux d'énergie et à améliorer la concentration, ce qui peut vous aider à mieux vous concentrer sur les tâches quotidiennes et à surmonter les défis.

En tant que telle, l'activité physique est un outil puissant pour améliorer l'estime de soi, la confiance et le bien-être général, ce qui la rend particulièrement bénéfique pour les victimes d'intimidation qui cherchent des moyens d'améliorer leur sécurité psychologique et émotionnelle.

2. Formation d'autodéfense : Suivre un cours d'autodéfense ou une formation d'arts martiaux peut non seulement vous apprendre les bases de l'autodéfense, mais également augmenter votre confiance en vous.

L'autodéfense est une compétence qui peut être importante dans diverses situations, notamment lorsqu'il s'agit d'intimidation ou d'autres formes d'agression. Suivre un cours d'autodéfense ou pratiquer les arts martiaux vous donnera non seulement les compétences physiques nécessaires pour vous défendre, mais peut également augmenter considérablement votre confiance en vos propres capacités et votre capacité à gérer des situations similaires.

L'un des éléments clés de l'autodéfense est la conscience de sa propre force et de ses capacités. De nombreuses victimes de harcèlement ou d'agression se sentent souvent impuissantes et effrayées par leurs agresseurs. L'entraînement à l'autodéfense contribue à changer cette attitude en donnant aux gens la confiance nécessaire pour se protéger si nécessaire.

De plus, l'entraînement d'autodéfense permet de développer la forme physique et la coordination. Non seulement il est bénéfique pour une légitime défense efficace, mais il favorise également la santé et le bien-être en général. L'activité physique peut également réduire le stress et améliorer l'estime de soi, ce qui est particulièrement important pour ceux qui sont victimes d'intimidation ou d'agression.

Cependant, l'autodéfense ne concerne pas seulement l'entraînement physique, mais aussi le développement de compétences psychologiques. La formation aborde également généralement les stratégies d'évitement des conflits, de gestion du stress et de confiance en soi. Ces compétences peuvent être importantes non seulement pour se protéger en cas d'attaque, mais également pour empêcher l'apparition de conflits ou l'escalade d'une agression.

De plus, l'apprentissage de l'autodéfense peut créer une solide communauté de personnes partageant les mêmes idées qui vous soutiendront et vous guideront tout au long du processus d'apprentissage. Ceci est particulièrement important pour ceux qui sont sensibles à l'agression et qui ont peur des agresseurs. Savoir que vous bénéficiez du soutien de vos entraîneurs et de vos pairs vous aidera à vous sentir plus confiant et préparé à relever le défi.

En fin de compte, l'apprentissage de l'autodéfense peut être non seulement un moyen d'apprendre à se protéger, mais aussi un moyen d'accroître l'estime de soi, la confiance en soi et le bien-être général. Il s'agit d'un outil important pour tout le monde, en particulier pour ceux qui sont victimes d'intimidation ou d'autres formes d'agression, et peut les aider à briser le cycle de la violence et à établir des relations plus saines avec eux-mêmes et avec les autres.

3. Développement des compétences en communication : enseignez les compétences nécessaires pour communiquer en toute confiance avec les autres, apprenez à parler de vos limites et à exiger le respect. Cela vous aidera à vous sentir plus confiant et à contrôler les situations.

Le développement des compétences de communication est un élément important non seulement d'une socialisation réussie, mais également pour assurer son propre bien-être et sa protection contre les agressions. Pour les victimes d'intimidation, en particulier celles qui sont sensibles et qui manquent de confiance en elles, apprendre à communiquer leurs limites et à exiger le respect est essentiel pour surmonter la peur et reconstruire la confiance en soi.

La première étape pour développer la confiance dans la communication consiste à reconnaître votre propre valeur et votre droit au respect. Les victimes de harcèlement ont souvent le sentiment que leur voix n'a pas d'importance ou qu'elles méritent d'être harcelées. Cependant, ce n'est pas le cas. La confiance en vos droits et la capacité de parler de vos besoins et de vos limites sont la base de relations saines et d'une protection contre la manipulation.

Tout d'abord, vous devez apprendre à exprimer clairement et clairement vos pensées et vos sentiments. Cela implique d'apprendre à dire « non » dans des situations où votre bien-être est compromis et de ne pas avoir peur de dire ce que vous pensez, même si celui-ci diffère de celui des autres. La pratique des affirmations et du renforcement personnel positif peut vous aider à renforcer votre confiance en vous et à vous assurer que vous faites la bonne chose.

Un aspect important du développement des compétences en communication est également la capacité à fixer et à maintenir des limites. Cela signifie déterminer ce qui est acceptable pour vous et ce qui ne l'est pas, et le communiquer clairement aux autres. Les limites peuvent concerner à la fois l'espace physique et les aspects émotionnels ou psychologiques de votre vie. Par exemple, si quelqu'un a dépassé vos limites personnelles, il est important d'y répondre et de le communiquer à cette personne, en fixant des limites claires pour les interactions futures.

Cependant, il est important de se rappeler que fixer des limites ne consiste pas à insulter ou à attaquer les autres, mais plutôt à se protéger soi-même et à protéger ses besoins. Cela vous permet de créer des relations saines et mutuellement respectueuses, basées sur la compréhension et le respect mutuels.

Enfin, la formation aux compétences en communication devrait également inclure un travail sur la capacité à réagir efficacement au comportement agressif des autres. Cela peut inclure des techniques de désescalade telles que maintenir un ton calme et éviter la confrontation, ainsi que apprendre à demander l'aide des autorités compétentes ou des personnes qui peuvent aider à résoudre le problème.

Dans l'ensemble, développer des compétences en communication est un processus qui demande du temps, de la patience et de la pratique. Pour les victimes de harcèlement ou d'autres formes d'agression, cela peut être particulièrement difficile en raison des peurs accumulées et des expériences négatives. Cependant, avec une amélioration progressive de soi et le soutien des autres, cela est tout à fait réalisable et peut conduire à des améliorations significatives de l'estime de soi, de la confiance en soi et du contrôle des situations.

4. Pratiquez l'affirmation de soi : Apprenez à vous affirmer plutôt qu'à être agressif ou passif. Apprenez à exprimer vos pensées et vos sentiments clairement et avec assurance sans violer les droits d'autrui.

La pratique de l'affirmation de soi joue un rôle clé dans la formation de relations interpersonnelles saines et efficaces. Pour les victimes d'agression et d'intimidation, en particulier celles qui sont sensibles et peu sûres d'elles, développer des compétences d'affirmation de soi peut être un outil puissant pour protéger et renforcer l'harmonie personnelle.

Il est important de distinguer l'affirmation de soi de l'agressivité et de la passivité. Un comportement assertif implique la capacité d'exprimer clairement et avec confiance ses pensées, ses sentiments et ses besoins tout en respectant les droits et les sentiments des autres. Cela nous permet de fixer des limites, de protéger nos intérêts et de résoudre les conflits sans recourir à la violence ni blesser les autres.

Afin de développer votre assertivité, vous devez commencer par prendre conscience de vos droits et de vos valeurs. Les victimes d'agression ou d'intimidation peuvent souvent se sentir impuissantes ou indignes de respect. Cependant, chaque personne a droit à ses pensées, ses sentiments et ses limites, et les capacités d'affirmation de soi contribuent à protéger ces droits.

Ensuite, vous devriez apprendre à exprimer vos pensées et vos sentiments avec clarté et confiance. Cela implique d'utiliser un langage clair et compréhensible, d'éviter les reproches et les insultes et d'exprimer vos besoins sans agressivité ni soumission. Pratiquer l'empathie et comprendre les sentiments des autres est également un élément important de la communication assertive.

De plus, l'affirmation de soi présuppose la capacité de réagir efficacement aux situations de conflit. Cela implique d'apprendre à gérer vos émotions, à écouter le point de vue des autres et à rechercher des solutions mutuellement acceptables. Par exemple, au lieu de réagir à une agression par l'agressivité, une personne affirmée peut utiliser des techniques de désescalade et de compromis.

Il est important de noter que développer l'affirmation de soi est un processus qui prend du temps et de la pratique. Pour les victimes de harcèlement ou d'agression, cela peut être particulièrement difficile en raison des peurs accumulées et des expériences négatives. Cependant, avec du soutien et une formation, ils peuvent apprendre à défendre leurs droits et à construire des relations saines basées sur le respect et la compréhension mutuels.

En conclusion, développer l'affirmation de soi est non seulement un moyen de se protéger contre les agressions et l'intimidation, mais aussi un élément clé pour bâtir des relations saines et harmonieuses avec les autres. C'est une compétence qui nous aide à nous exprimer avec confiance tout en respectant les autres et en interagissant bien dans la société.

5. Développer la conscience de soi : Apprenez-en davantage sur vous-même, vos forces et vos limites. Comprendre vos propres capacités vous aidera à avoir plus confiance en vous et en vos actions.

Développer la conscience de soi est une étape importante dans le développement personnel de chaque personne. Pour les victimes d'agression et d'intimidation, en particulier celles qui souffrent d'une extrême sensibilité et d'un doute d'elles-mêmes, la compréhension de leurs propres forces et limites joue un rôle fondamental dans le processus de découverte de soi et de développement personnel.

La première étape pour développer la conscience de soi consiste à se reconnaître en tant qu'individu doté de ses propres qualités et caractéristiques. Cela implique d'analyser vos propres forces - ces qualités et capacités qui vous aident à réussir et à surmonter les difficultés. Souvent, les victimes de harcèlement ont tendance à oublier ou à sous-estimer leurs qualités positives à cause d'expériences négatives. Cependant, la conscience de leurs forces les aide à réévaluer leur estime de soi et leur confiance en eux.

En dehors de cela, il est également important de comprendre vos limites et vos faiblesses. Personne n'est sans défauts, et admettre ses faiblesses n'est pas un aveu de défaite, mais un pas vers la croissance et l'amélioration. Les victimes d'intimidation peuvent avoir du mal à admettre leurs faiblesses en raison de la peur d'être vulnérables face à l'intimidateur. Cependant, cela est nécessaire pour commencer à améliorer vos propres compétences et à surmonter les obstacles au développement personnel.

Pour développer la conscience de soi, il est utile de s'engager dans une auto-réflexion régulière. Cela peut inclure la tenue d'un journal dans lequel vous consignez vos pensées, vos sentiments, vos réalisations et vos problèmes. Il peut également être utile de demander l'avis de vos proches qui peuvent vous aider à mieux comprendre vos points forts et les domaines dans lesquels il y a place à la croissance.

De plus, le développement de la conscience de soi peut être amélioré en travaillant sur l'acceptation de soi et l'estime de soi. Cela implique de pratiquer l'amour-propre et de s'accepter tel que l'on est, avec toutes ses forces et ses faiblesses. Les victimes de harcèlement peuvent avoir du mal à s'aimer et à s'accepter en raison d'expériences négatives, mais il s'agit d'une étape importante vers la restauration de la confiance en soi et de la santé mentale.

Enfin, il convient de noter que développer la conscience de soi est un processus qui demande du temps et des efforts. Pour les victimes d'agressions et de harcèlement, cela peut s'avérer particulièrement difficile en raison de l'impact négatif sur leur estime de soi et leur confiance en soi. Cependant, avec une amélioration progressive, le soutien des autres et des opportunités de conseil professionnel, ils peuvent faire des progrès significatifs dans la conscience de soi et l'acceptation, ce qui les aidera à terme à se sentir plus confiants en eux-mêmes et en leurs actions, ainsi qu'à faire face efficacement à l'agression. et l'intimidation.

6. Prise en charge des réseaux sociaux : Se connecter avec des amis, de la famille ou des professionnels peut vous aider à vous sentir plus soutenu et plus confiant. N'hésitez pas à demander de l'aide en cas de besoin.

Le soutien des réseaux sociaux est l'une des ressources les plus importantes pouvant être utilisées pour surmonter l'agression, l'intimidation et d'autres situations difficiles. Pour les victimes de harcèlement, en particulier celles qui sont sensibles et qui manquent de confiance en elles, parler à des amis, à la famille ou à des professionnels peut être une source de soutien dans les moments difficiles, les aidant à se sentir soutenus et confiants.

Vous devez comprendre que la communication avec vos amis et votre famille vous offre l'occasion d'exprimer vos sentiments et vos expériences, ainsi que de recevoir un soutien émotionnel. Le soutien de vos proches peut vous aider à sentir que vous n'êtes pas seul face à vos problèmes, qu'il existe des personnes qui vous comprennent et sont prêtes à vous soutenir dans les moments difficiles.

De plus, les amis et la famille peuvent offrir de nouvelles perspectives et façons de gérer un problème que vous ne voyez peut-être pas en raison de la tension émotionnelle ou du stress. Leur soutien et leurs conseils peuvent vous aider à avoir une vision plus objective de la situation et à trouver la meilleure marche à suivre.

Il est également important de demander l'aide de professionnels tels que des psychologues ou des conseillers en aide aux victimes. Ces professionnels possèdent non seulement les connaissances et l'expérience, mais aussi un point de vue neutre, ce qui leur permet d'apporter un accompagnement de qualité et efficace. Ils peuvent vous aider à comprendre vos sentiments, à apprendre à réagir efficacement à l'agression ou à l'intimidation et à développer des stratégies pour faire face à la peur et à la confiance en soi.

Aussi minime ou grave que puisse paraître votre préoccupation, il est toujours important de rechercher du soutien et de l'aide là où cela est nécessaire. N'hésitez pas à demander de l'aide, même si vous pensez que votre problème est mineur ou ne mérite pas d'attention. Vos sentiments et vos besoins comptent, et obtenir du soutien est la première étape pour résoudre le problème et améliorer votre bien-être.

Enfin, il est important de rappeler qu'entretenir un réseau social vous aide non seulement à faire face aux difficultés actuelles, mais favorise également la santé mentale globale et une confiance en soi accrue. Savoir que vous avez des personnes qui vous soutiennent et sont prêtes à vous aider dans n'importe quelle situation crée un sentiment de sécurité et de confiance, ce qui vous aide à mieux faire face à l'agression, à l'intimidation et aux autres défis auxquels vous pourriez être confronté.

7. Affirmations positives : Répéter des déclarations positives sur vous-même vous aidera à renforcer votre estime de soi et à accroître votre confiance. Essayez de vous concentrer sur vos points forts et vos réalisations plutôt que sur vos pensées négatives.

Les déclarations positives sont un outil puissant pour renforcer l'estime de soi et accroître la confiance en soi. Pour les victimes d'agression et d'intimidation, en particulier celles qui sont très sensibles et peu sûres d'elles, l'utilisation d'affirmations positives peut être essentielle pour recadrer les expériences négatives et construire des défenses psychologiques.

La première étape pour utiliser des affirmations positives est de reconnaître vos forces et vos réalisations. Les victimes d'agression ont souvent tendance à oublier leurs qualités positives en raison d'expériences négatives et de critiques. Cependant, se concentrer sur ses forces et ses réalisations permet de changer cette façon de penser négative et de renforcer son estime de soi.

Ensuite, il est important de formuler des déclarations positives de manière précise et claire. Par exemple, au lieu de dire : « Je ne pourrai jamais faire face à cette situation », il vaut mieux dire : « Je suis une personne forte et habile, et je trouverai un moyen de surmonter ces difficultés ». De telles déclarations visent au soutien et à la motivation, et non à l'autocritique et au désespoir.

Il est également important de répéter régulièrement et systématiquement les déclarations positives. Plus vous les répétez souvent, plus ils influenceront votre réflexion et votre comportement. Cela peut être une routine matinale au cours de laquelle vous vous dites quelques affirmations positives avant de commencer la journée, ou pendant la journée lorsque vous vous sentez particulièrement vulnérable ou stressé.

De plus, il est important de développer une attitude positive envers vous-même et vos réalisations. Au lieu de vous comparer aux autres ou de vous concentrer sur vos défauts, vous devriez vous concentrer sur votre croissance et vos progrès. Les affirmations positives peuvent vous aider à passer des pensées négatives aux aspects positifs de votre personnalité et de votre vie.

Enfin, il est important de comprendre que l'utilisation d'affirmations positives n'est pas une panacée, mais constitue un outil puissant pour développer la force mentale et augmenter la confiance en soi. Cela peut être particulièrement important pour les victimes d'agressions et d'intimidations, car elles font souvent l'objet de critiques et d'évaluations négatives. Les déclarations positives les aident à créer une barrière protectrice contre l'impact négatif de l'agresseur et à restaurer la confiance en leurs propres forces et capacités.

8. Fixer et atteindre des objectifs : Fixez-vous de petits objectifs et atteignez-les progressivement. Cela vous aidera à vous sentir plus efficace et plus confiant en vos capacités.

Fixer et atteindre des objectifs n'est pas seulement la clé d'une productivité accrue, mais aussi un moyen de renforcer l'estime de soi et la confiance en soi. Pour les victimes d'agressions et de harcèlement, en particulier celles qui sont très sensibles et manquent de confiance en elles, se fixer de petits objectifs et les atteindre progressivement peut être un outil puissant pour redéfinir ses propres capacités et renforcer sa résilience mentale.

La première étape pour fixer des objectifs consiste à identifier les résultats spécifiques et mesurables que vous aimeriez atteindre. Il est important que vos objectifs soient réalistes et réalisables afin que vous puissiez progressivement les atteindre. Par exemple, si votre objectif est d'améliorer vos compétences en communication, vous pourriez vous mettre au défi d'entamer une conversation avec un inconnu chaque jour.

Ensuite, vous devez diviser vos grands objectifs en étapes plus petites et plus spécifiques. Cela contribue à rendre le processus visant à atteindre votre objectif plus gérable et plus motivant à mesure que vous constatez des progrès à chaque étape. Par exemple, si votre grand objectif est d'obtenir un nouvel emploi, de petites étapes pourraient être : mettre à jour votre CV, rechercher des postes vacants, préparer des entretiens, etc.

Il est également important de trouver des sources de soutien et de motivation dans le processus d'atteinte des objectifs. Il peut s'agir du soutien d'amis, de membres de la famille ou de professionnels qui peuvent vous aider à rester sur la bonne voie pour atteindre vos objectifs et vous garder confiant et motivé. Partagez vos objectifs avec vos proches et demandez-leur de vous soutenir dans cette démarche.

Des difficultés et des revers surviennent inévitablement sur le chemin pour atteindre vos objectifs, et il est important de pouvoir y faire face. Considérez l'échec comme une opportunité de croissance et d'apprentissage, plutôt que comme une source d'autocritique et de désespoir. Analysez vos erreurs, tirez des leçons et vivez de nouvelles expériences.

Enfin, il est important de célébrer chaque petit succès tout au long du chemin vers l'atteinte de votre objectif. Récompensez-vous pour chaque progrès et chaque pas en avant, même si cela semble insignifiant. Cela vous aidera à maintenir votre motivation et votre confiance en vous, ce qui mènera finalement à la réussite de vos objectifs.

Dans l'ensemble, fixer et atteindre des objectifs constitue un outil puissant pour renforcer l'estime de soi et la confiance en soi des victimes d'agression et d'intimidation. Ce processus les aide à se sentir plus efficaces et plus confiants dans leurs capacités, ce qui contribue à leur bien-être psychologique et à leur capacité d'adaptation réussie.

9. Demander de l'aide : N'hésitez pas à demander de l'aide si vous sentez que vous ne pouvez pas gérer une situation seul. Contactez vos amis, votre famille ou des professionnels qui peuvent vous aider à comprendre votre situation et à trouver une solution.

Demander de l'aide n'est pas un signe de faiblesse, mais une manifestation de force et de conscience de vos besoins. Pour les victimes d'agression et d'intimidation, en particulier celles qui sont sensibles et peu sûres d'elles, cela peut être la clé pour recadrer la situation et trouver des solutions.

Premièrement, il est important de comprendre que demander de l'aide n'est pas un signe de faiblesse ou de manque de capacité. Personne ne peut résoudre tous les problèmes seul, et il arrive parfois que l'aide des autres puisse être nécessaire. Le soutien des autres aide non seulement à résoudre le problème, mais donne également un sentiment de soutien et de compréhension, ce qui est particulièrement important pour ceux qui souffrent d'agression ou d'intimidation.

Il est également important de choisir les bonnes personnes vers qui se tourner pour obtenir de l'aide. Les amis, la famille ou les professionnels peuvent tous être utiles dans différentes situations. Les amis et la famille peuvent apporter un soutien émotionnel et des conseils basés sur leur expérience personnelle, tandis que des professionnels tels que des psychologues ou des conseillers possèdent les connaissances et les compétences nécessaires pour aider dans les situations difficiles.

N'hésitez pas à partager vos ressentis et vos expériences avec ceux en qui vous avez confiance. Souvent, le simple fait de parler du problème peut soulager les tensions et vous aider à voir la situation plus clairement.

Cela peut aussi être la première étape vers la recherche d'une solution.

De plus, la recherche d'aide peut inclure la recherche d'une aide professionnelle. Un soutien ou des conseils psychologiques peuvent vous aider à comprendre vos sentiments, à apprendre à faire face efficacement à l'agression ou à l'intimidation et à développer des stratégies pour faire face à la peur et à la confiance en soi.

Enfin, n'oubliez pas que demander de l'aide est un acte de souci de vous-même et de votre bien-être. N'hésitez pas à utiliser cette ressource lorsque vous estimez qu'il est difficile, voire impossible, de gérer une situation seul. Votre bien-être et votre confiance en vous méritent le soutien et l'aide dont vous avez besoin.

Des conseils pour développer votre force et votre confiance vous aideront à devenir plus confiant et plus fort, ce qui vous aidera à faire face aux situations d'intimidation et à améliorer votre qualité de vie.

Chapitre 13.
Votre masque de la bête.

Dans un monde où l'agression et l'intimidation sont de plus en plus courantes, il est important de disposer d'outils et de stratégies pour vous protéger et maintenir votre confiance en vous. Dans ce chapitre nous parlerons du concept de « masque de la bête » et comment il peut devenir votre allié dans la lutte contre les influences négatives.

Le masque de la bête est une représentation métaphorique de la capacité d'une personne à changer sa pensée et son comportement en réponse à diverses situations, notamment dans les cas où il est nécessaire de se protéger de l'agression et de la pression des autres. Imaginez que vous avez une bête intérieure – un symbole de force, de détermination et de confiance. Lorsque vous sentez que vous faites face à une menace ou à un comportement agressif, vous pouvez enfiler ce masque de bête pour renforcer votre position et vous protéger.

Le Masque de la Bête vous permet de changer votre état d'esprit intérieur et votre approche d'une situation afin que vous puissiez réagir avec plus de confiance et d'efficacité. Cela ne veut pas dire que vous perdez votre authenticité ou que vous adoptez un comportement agressif. Au contraire, c'est un moyen de maintenir votre propre intégrité et de vous protéger des influences négatives sans perdre vos valeurs et principes personnels.

Le masque de la bête est nécessaire pour vous aider à garder le contrôle sur vous-même et sur la situation dans les moments où vous vous sentez vulnérable ou sous la pression des autres. C'est un outil d'autodéfense et de renforcement de la confiance qui vous aide à rester ferme et émotionnellement stable en toutes circonstances.

Lorsqu'il s'agit de « revêtir » le masque de la bête, il ne s'agit pas seulement d'un acte physique, mais aussi avant tout d'un processus psychologique. Il est important d'apprendre à adopter le bon état d'esprit afin de réagir efficacement aux situations agressives. Voici quelques étapes qui vous aideront à « enfiler » le masque de la bête et à changer votre comportement :

1. Préparation mentale : Commencez par un entraînement mental. Imaginez-vous dans le rôle d'un animal : puissant, fort, confiant et prêt à vous défendre. Visualisez cette image avec rage, mépris et haine envers votre agresseur. Cela vous permettra d'activer les bonnes émotions et de vous préparer à une situation de lutte.

2. Entraînement avec des sentiments de rage et de compassion : Pendant l'entraînement, concentrez-vous sur l'évocation de sentiments de rage et de compassion envers votre agresseur. Cela vous aidera à activer le masque de la bête et à passer au mode émotionnel souhaité. Il est important d'apprendre à contrôler ces émotions et à les utiliser comme source de force et de motivation.

3. Entraînement pratique : organisez des entraînements réguliers au cours desquels vous créez des situations de conflit ou d'attaque de la part de l'agresseur. Imaginez-vous comme une bête, repoussant les attaques de votre adversaire avec intelligence, force et fureur. Cela vous aidera à pratiquer vos réponses à l'agression et à améliorer vos compétences de défense.

4. Devenez comme lui, mais plus intelligent, plus fort et plus en colère : N'oubliez pas que votre objectif n'est pas seulement de repousser les attaques de l'agresseur, mais aussi de vous protéger et de maintenir votre intégrité. Devenez comme lui dans le sens où vous activez votre masque de bête et montrez-lui que vous ne vous laisserez pas intimider ou détruire. Soyez intelligent, utilisez votre force intellectuelle et émotionnelle pour trouver des moyens efficaces de vous protéger. Soyez plus fort, montrez votre résilience physique et émotionnelle. Et soyez plus méchant, dans le sens où vous ne permettez pas à l'agresseur de vous manipuler et de violer votre estime de soi et vos limites.

Porter un masque de bête ne signifie pas se transformer en bête à plein temps. Cela signifie apprendre à activer les bons états d'esprit et les bonnes émotions au bon moment pour se protéger et conserver sa confiance en soi. Entraînez-vous, pratiquez et croyez en vous.

Utiliser le masque de bête pour se protéger contre l'intimidation nécessite de comprendre comment il peut changer l'état mental d'une personne et comment le « mettre » efficacement dans des situations de conflit. Voici quelques façons d'utiliser le masque de la bête et son effet sur l'état mental de la victime :

1. Activation du masque de la bête avant une situation de conflit :

- Avant d'attendre une attaque de l'agresseur, la victime peut effectuer un entraînement mental et une visualisation, en activant son masque de bête.

- Visualiser une bête puissante, forte et confiante aidera la victime à se sentir plus en sécurité et prête à faire face à la situation.

2. Changer la concentration mentale :

- En enfilant le masque de la bête, la victime passe d'un sentiment de vulnérabilité et de peur à un sentiment de force et de détermination.

- Le Masque de la Bête vous aide à vous concentrer sur la réponse à l'agression avec confiance et détermination plutôt que sur la panique ou l'impuissance.

3. Utiliser les émotions comme source de force :

- Le Masque de la Bête active les émotions de rage, de mépris et de détermination, qui peuvent être utilisées comme source de force et de motivation pour se protéger.

- Ces émotions aident la victime à surmonter sa peur et son incertitude, lui permettant ainsi de faire face plus efficacement à l'agresseur.

4. Formation d'un comportement confiant :

- En portant le masque de la bête, la victime change de comportement, devenant plus confiante et décisive.

- Elle peut utiliser des expressions faciales, une voix et des gestes vifs et énergiques pour montrer sa confiance et sa fermeté face à un agresseur.

5. Afficher une défense agressive des frontières :

- Le masque de la bête aide la victime à adopter une position agressive pour protéger ses limites et ses droits personnels.

- La victime peut exprimer clairement et avec confiance ses limites et exiger le respect, montrant à l'agresseur qu'elle ne va pas céder à sa domination.

Porter le masque de la bête ne signifie pas devenir un agresseur ou recourir à la violence. Cela signifie accepter sa force et sa confiance en soi pour se protéger des agressions et du harcèlement. De plus, l'utilisation du masque de bête aide la victime à maintenir son intégrité psychologique et son bien-être émotionnel en situation de conflit.

Le rôle du masque de bête dans la protection contre l'agression et l'intimidation est d'aider la victime à faire face plus efficacement aux situations négatives et à maintenir sa confiance et son intégrité psychologique. Voici les principaux aspects du rôle du masque de bête :

1. Activer les émotions et le pouvoir : Le Masque de la Bête aide à activer des émotions telles que la rage, la détermination et la charité. Ces émotions constituent une source de force et de motivation pour la victime, lui permettant de réagir avec plus de confiance à l'agression et au harcèlement.

2. Changement d'orientation psychologique : En enfilant le masque

de la bête, la victime change son état mental de sentiments de vulnérabilité et d'impuissance à force et détermination. Cela lui permet de garder le contrôle de la situation et de prendre des décisions plus confiantes.

3. Protéger les limites personnelles : Le Masque de la Bête aide la victime à établir et à protéger ses limites personnelles. Il vous permet d'exprimer vos besoins et vos demandes de manière claire et confiante, sans permettre de violations de la part de l'agresseur.

4. Manifestation d'affirmation de soi : Le masque de la bête aide la victime à démontrer un comportement assertif, c'est-à-dire à exprimer avec confiance et clairement ses pensées, ses sentiments et ses besoins. Cela lui permet de se protéger des influences négatives et de fixer des limites saines dans ses relations avec les autres.

5. Augmentation de l'estime de soi et de la confiance : L'utilisation du masque de bête aide la victime à se sentir plus confiante et plus puissante. Cela contribue à augmenter l'estime de soi et l'estime de soi, ce qui la rend moins sensible à l'influence de l'agresseur et à l'intimidation.

En général, le masque de la bête joue un rôle important dans la protection de la victime contre l'agression et le harcèlement, en l'aidant à activer ses ressources internes et à faire face plus efficacement aux situations négatives. Elle permet à la victime de conserver sa force, sa dignité et sa confiance en elle malgré les défis et les épreuves auxquelles elle est confrontée.

Maîtriser le masque de la bête implique non seulement de comprendre le concept de cette métaphore, mais aussi d'être capable d'identifier les situations où son utilisation devient nécessaire. Regardons de plus près:

1. Comprendre le masque de la bête : Tout d'abord, maîtriser le masque de la bête commence par comprendre ce qu'il représente. Le masque de bête est un symbole de force, de détermination et de confiance qu'une victime peut activer pour se protéger de l'agression et de l'intimidation. Ce n'est pas seulement un masque, mais aussi un outil psychologique qui aide à changer l'état mental et le comportement.

2. Identifier les situations : Afin de maîtriser le Masque de Bête, la victime doit apprendre à identifier les situations où son utilisation peut être utile. Il peut s'agir de moments où elle est confrontée à un comportement agressif ou à des menaces de la part d'autres personnes, où elle se sent vulnérable ou sous pression. De telles situations peuvent inclure des conflits au travail ou à l'école, des rencontres désagréables avec des personnes agressives ou même des luttes internes contre des pensées et des émotions négatives.

3. Répondre aux défis : Une fois que la victime a identifié les situations dans lesquelles il est nécessaire de « mettre le masque de la bête », elle doit apprendre à répondre aux défis avec confiance et détermination. Cela peut inclure l'utilisation d'un langage et d'un langage corporel

affirmés, la définition de limites et d'attentes claires et l'affirmation de soi dans les relations avec les autres.

4. Formation et pratique : Maîtriser le masque de bête nécessite une formation et une pratique. La victime peut effectuer des exercices de visualisation, en s'imaginant dans le rôle d'un animal fort et confiant. Elle peut également mettre en pratique ses compétences dans des situations réelles, en commençant par les plus faciles et en passant progressivement aux plus difficiles.

5. Évaluer et adapter : Il est important que la victime évalue régulièrement l'efficacité de l'utilisation du masque de bête et adapte ses approches si nécessaire. Elle peut apprendre quelles stratégies fonctionnent le mieux dans différentes situations et apprendre à mieux reconnaître et gérer ses émotions.

Maîtriser le masque de bête demande du temps, de la patience et de la pratique, mais il peut être un puissant outil de protection et de confiance pour les victimes d'agression et d'intimidation. Cela leur permet de se sentir plus en confiance et de faire face aux situations négatives avec force et détermination.

La formation et le développement des compétences de régulation émotionnelle sont une partie importante de l'utilisation du Beast Mask. Lorsqu'une victime de harcèlement enfile le masque de la bête, elle a besoin de contrôler ses émotions afin de rester calme et confiante lors des situations conflictuelles. Voici quelques façons de mettre en pratique et de développer ces compétences :

1. Conscience de vos émotions : La première étape vers la régulation émotionnelle est la conscience de vos propres émotions. La victime doit apprendre à reconnaître quelles émotions surviennent dans différentes situations et comment elles affectent son comportement.

2. Techniques de respiration : Les exercices de respiration aident à réduire le stress et l'anxiété, ce qui permet de mieux contrôler ses émotions. La victime peut pratiquer des respirations profondes ou d'autres techniques de relaxation pour se calmer lors des moments de tension.

3. Pratiquez la méditation et la visualisation : La méditation et la visualisation aident à améliorer la concentration et à se concentrer sur le moment présent, ce qui aide à contrôler les émotions. La victime peut effectuer de courtes séances de méditation ou utiliser la visualisation pour s'imaginer calme et forte tout en enfilant le masque de la bête.

4. Gestion des pensées : La victime peut apprendre à recadrer ses pensées et à les faire passer du négatif au positif. Cela vous aide à modifier votre réponse émotionnelle à une situation et à rester plus calme et plus équilibré.

5. Développer la conscience de soi : La victime doit être consciente de ses forces et de ses faiblesses, ainsi que de ses éléments déclencheurs qui peuvent provoquer des réactions émotionnelles. Cela lui permet de

contrôler plus efficacement ses émotions et d'y répondre en fonction de ses objectifs et de ses besoins.

6. Pratique en situations réelles : La victime doit pratiquer activement la régulation émotionnelle dans des situations réelles dans lesquelles elle se sent vulnérable ou susceptible d'être agressée. Peu à peu, elle développera des compétences lui permettant de contrôler ses émotions et de devenir plus calme et plus confiante.

L'entraînement et le développement des capacités de régulation émotionnelle sont des aspects importants de l'utilisation du masque de bête pour se protéger contre l'agression et l'intimidation. Ces compétences permettent à la victime de rester calme et confiante dans toutes les situations, ce qui l'aide à faire face efficacement aux défis et à maintenir son intégrité psychologique.

Utiliser efficacement le masque de bête dans des situations d'intimidation peut être la clé de la protection et de l'autodéfense. Voici quelques conseils pratiques pour utiliser efficacement le masque bête :

1. Préparation et formation :

- Avant d'entrer dans une situation de conflit potentiel, effectuez une préparation et une formation. Imaginez-vous comme un animal fort et confiant, prêt à se défendre.

- Pratiquez des techniques de régulation émotionnelle et de relaxation pour gérer vos émotions lors d'une situation d'intimidation.

2. Comportement confiant :

- Faites preuve de confiance dans votre comportement et vos expressions faciales. Maintenez une posture droite, maintenez un contact visuel et utilisez une voix claire lorsque vous communiquez avec l'agresseur.

- N'oubliez pas que votre confiance peut aider à réprimer l'agressivité et à convaincre l'agresseur que vous n'êtes pas une cible facile.

3. Fixer des limites :

- Soyez prêt à exprimer clairement vos limites et à exiger le respect. N'hésitez pas à indiquer que vous êtes mal à l'aise ou que vous n'êtes pas d'accord avec le comportement de l'agresseur.

- Maintenez inébranlablement vos limites, même si l'agresseur tente de les violer.

4. Communication assertive :

- Utilisez des compétences de communication affirmées pour exprimer vos pensées et vos sentiments clairement et avec confiance sans être agressif.

- Si nécessaire, pratiquez des phrases ou des réponses préparées à l'avance à des scénarios d'intimidation typiques.

5. Ne réagissez pas aux provocations :

- N'oubliez pas que l'agresseur essaie peut-être de vous provoquer afin de provoquer une réaction négative. Tenez-vous au-dessus de ces tentatives et restez calme.

- Ignorez les insultes et les menaces, concentrez-vous sur votre objectif : vous protéger et rester calme.

6. Trouver du soutien :

- N'hésitez pas à demander de l'aide si la situation devient incontrôlable. Contactez vos amis, votre famille ou des professionnels qui peuvent vous soutenir et vous aider à trouver une solution au problème.

- Notez ou mémorisez les coordonnées des organismes qui offrent de l'aide aux victimes de harcèlement pour obtenir un soutien et des conseils supplémentaires.

7. Restez calme et en contrôle :

- Il est important de rester calme et maître de ses émotions lors de situations d'intimidation. Utilisez le masque de la bête pour apaiser la peur et l'incertitude et restez concentré sur votre protection.

Utiliser un masque de bête demande de la pratique et des compétences, mais cela peut constituer une puissante défense contre l'agression et l'intimidation. N'oubliez pas que votre sécurité et votre bien-être sont de la plus haute importance et que vous avez le droit de vous protéger de toute forme de violence et de domination.

Répondre selon le Masque de la Bête implique de comprendre les différents types de comportements agressifs et des stratégies efficaces pour répondre à chacun. Voici un aperçu des types de comportements agressifs et des stratégies de réponse appropriées :

1. Agression physique : Cela comprend les attaques physiques, les coups, les coups de pied, les bousculades et autres formes de violence physique. Stratégies de réponse :

- Éloignez-vous de l'agresseur et éloignez-vous de la situation dangereuse.

- Si possible, appelez à l'aide ou demandez de l'aide aux autres.

- Utilisez des techniques d'autodéfense si nécessaire pour vous protéger.

2. Agression verbale : Cela comprend les insultes, les menaces, le ridicule, l'humiliation et d'autres formes de violence verbale. Stratégies de réponse :

- Restez calme et ne vous disputez pas avec l'agresseur.

- Exprimez vos limites et exigez le respect de manière claire et confiante.

- Ignorez les insultes et les menaces, sans permettre à l'agresseur de voir votre réaction.

3. Agression psychologique : Cela comprend l'humiliation, la manipulation, l'isolement, la pression psychologique et d'autres formes de violence psychologique. Stratégies de réponse :

- Maintenez votre estime de soi et votre confiance en vous en rejetant les tentatives de l'intimidateur de miner votre estime de soi.

- Utilisez vos compétences en communication affirmée pour exprimer vos sentiments et vos besoins de manière claire et confiante.

- Recherchez le soutien de vos amis, de votre famille ou de professionnels si vous sentez que vous ne pouvez pas vous débrouiller seul.

4. Agression sociale : Cela inclut l'exclusion du groupe, la propagation de ragots, la destruction des relations et d'autres formes de violence sociale. Stratégies de réponse :

- Entretenez vos liens sociaux et vos relations avec ceux qui vous soutiennent et vous respectent.

- Ignorez les commérages et les calomnies, n'entrez pas en conflit et ne réagissez pas aux provocations.

- Demandez l'aide de groupes ou d'organisations sociales si vous êtes confronté à des formes systématiques de violence sociale.

Il est important de se rappeler que pour réagir efficacement à une agression, il faut combiner maîtrise de soi, confiance et réflexion stratégique.

Maintenir confiance et force en portant le masque de la bête peut se faire avec les stratégies suivantes :

1. Affirmation positive : Répétez des déclarations positives sur vous-même. Assurez-vous de concentrer vos pensées sur vos forces et vos réalisations plutôt que sur des pensées négatives à votre sujet. Cela vous aidera à renforcer votre confiance et votre force.

2. Visualisation du succès : Visualisez-vous comme une personne forte et confiante, prête à vous protéger des agressions. Imaginez-vous dans diverses situations d'intimidation où vous réussissez à surmonter les défis et à garder le contrôle de la situation.

3. Assistance sur les réseaux sociaux : connectez-vous avec vos amis, votre famille ou d'autres personnes de confiance qui peuvent vous soutenir et affirmer votre confiance et votre force. Recevoir le soutien des autres aide à maintenir le bien-être émotionnel.

4. Activité physique : pratiquez une activité physique que vous appréciez et qui renforce votre corps. La force physique et la santé peuvent vous garder confiant et fort.

5. Développement des compétences d'auto-défense : Maîtrisez les compétences d'auto-défense et apprenez à vous défendre efficacement en cas d'agression. Savoir que vous pouvez vous protéger renforce votre confiance et votre force.

6. Pratiquez la préparation mentale : Consacrez du temps à la préparation mentale en vous imaginant fort et confiant. L'entraînement mental vous aide à rester concentré et prêt pendant les moments critiques.

7. Acceptez vos limites et vos besoins : Ayez confiance en vos limites et vos besoins, et n'hésitez pas à les exprimer clairement et avec assurance. Connaître et accepter vos besoins aide à maintenir votre force et votre confiance en vous.

En conservant confiance et force lorsque vous portez le masque de la bête, vous devenez plus à même de vous protéger des agressions et du harcèlement tout en préservant votre intégrité psychologique.

Voici quelques exemples de scénarios et de réussites qui démontrent comment l'utilisation du masque de la bête peut aider d'autres victimes d'intimidation :

Exemple 1 : Scénario : Jane souffre d'intimidation à long terme à l'école. Elle est souvent victime d'intimidation et d'humiliation devant les autres étudiants.

Success Story : Jane commence à utiliser le masque de la bête, se présentant comme forte et confiante. Elle a appris à exprimer ses limites et à exiger le respect. En conséquence, le harcèlement a nettement diminué et certains anciens intimidateurs ont arrêté leurs attaques.

Exemple 2 : Scénario : Mark a été la cible d'intimidation mentale au travail. Son patron critique constamment son travail et tient des propos désobligeants devant ses collègues.

Histoire de réussite : Mark décide d'utiliser un masque de bête au travail. Il prend plus confiance en lui et commence à défendre ses intérêts. Bientôt, le patron remarque un changement dans le comportement de Mark et cesse de l'humilier. Mark commence à recevoir plus de respect de la part de ses collègues.

Exemple 3 : Scénario : Anna est victime d'intimidation en ligne. Elle reçoit souvent des menaces et des insultes de la part d'anonymes sur les réseaux sociaux.

Success story : Anna commence à porter un masque de bête dans le monde virtuel. Elle cesse de réagir aux provocations et aux menaces et commence à exprimer ses pensées et ses sentiments avec assurance et confiance. Cela amène les agresseurs à se désintéresser et à cesser de la poursuivre.

Ces exemples démontrent comment l'utilisation du masque de la bête peut aider les victimes d'intimidation à changer de mentalité et de comportement, ce qui entraîne une diminution de l'agressivité et une amélioration de leur qualité de vie. Ils soulignent l'importance de la confiance et de la force dans les situations d'intimidation et montrent que cela peut être réalisé avec une bonne préparation mentale et des stratégies de défense appropriées.

L'utilisation du Beast Mask peut rencontrer un certain nombre d'obstacles susceptibles de nuire à son efficacité. Voici quelques-uns des principaux obstacles et comment les surmonter :

1. Peur et incertitude : Les victimes d'intimidation éprouvent souvent de la peur et du doute, ce qui peut interférer avec l'utilisation du masque de bête. Ils peuvent craindre une réaction négative de la part des autres ou craindre que cela ne fasse qu'empirer la situation.

- Surmonter : Pour vaincre la peur et l'incertitude, il est important de s'habituer progressivement à utiliser le masque de la bête. Cela peut être fait en pratiquant la régulation émotionnelle et l'affirmation de soi. La formation et les jeux de rôle peuvent aider à améliorer les compétences de contrôle émotionnel et à accroître la confiance en soi.

2. Manque de soutien des autres : Certaines personnes peuvent ne pas comprendre ou approuver l'utilisation du masque de la bête, ce qui peut causer des difficultés à ceux qui tentent de l'utiliser.

- Faire face : Il est important de trouver le soutien d'amis proches, de membres de la famille ou de professionnels qui comprennent votre situation et sont prêts à vous aider. Se connecter avec des personnes qui vous soutiennent peut vous aider à renforcer votre confiance en vous et votre confiance dans l'utilisation du masque de la bête.

3. Manque de pratique et de formation : L'utilisation du Beast Mask nécessite de la pratique et de la formation pour devenir un outil anti-intimidation efficace. Cela peut être difficile à maintenir pour certains sur une base régulière.

- Vaincre : Une pratique et un entraînement réguliers sont essentiels pour réussir à utiliser le masque de la bête. Développez vos capacités de régulation émotionnelle et de confiance en vous en répétant des affirmations positives et en participant à des scénarios de formation avec le soutien d'amis ou de professionnels.

4. Persévérance de l'agresseur : Parfois, les agresseurs peuvent être persistants et poursuivre leurs actions malgré l'utilisation du masque de la bête.

- Surmonter : Dans de telles situations, il est important de rester persévérant et cohérent dans l'utilisation du masque de la bête. Utilisez des stratégies de communication assertive et de stabilité émotionnelle pour faire face efficacement à un agresseur.

Surmonter ces obstacles demande du temps, des efforts et du soutien, mais avec de la pratique et de la persévérance, vous pouvez maîtriser l'utilisation du Masque de Bête et vous défendre efficacement contre l'intimidation.

Maintenir la motivation et la confiance en soi tout en utilisant le masque de bête est la clé pour lutter efficacement contre le harcèlement. Voici quelques conseils qui peuvent vous aider :

1. Déterminez vos objectifs et vos motivations : Déterminez pourquoi vous souhaitez utiliser le masque de bête et quels objectifs vous souhaitez atteindre. Gardez vos objectifs devant vos yeux et souvenez-vous-en lorsque des difficultés surviennent.

2. Entraînez-vous régulièrement : une pratique et un entraînement réguliers vous aideront à devenir plus confiant dans l'utilisation du masque de bête. Passez du temps chaque jour à pratiquer la régulation émotionnelle et la communication assertive.

3. Apprenez de vos erreurs : si quelque chose ne fonctionne pas, ne

désespérez pas. Essayez plutôt d'apprendre de vos erreurs et de comprendre comment vous pouvez améliorer vos compétences. Chaque échec vous rapproche du succès si vous êtes prêt à apprendre.

4. Recherchez de l'aide : N'hésitez pas à demander de l'aide à vos amis, à votre famille ou à des professionnels si vous avez besoin d'aide ou de conseils. Parlez-leur de votre expérience d'utilisation du masque de bête et demandez des commentaires.

5. Maintenez un état d'esprit positif : Concentrez-vous sur vos forces et vos réalisations plutôt que sur vos échecs et vos difficultés. N'oubliez pas que vous pouvez surmonter n'importe quel obstacle si vous croyez en vous.

6. Récompensez-vous pour votre réussite : Récompensez-vous pour vos réalisations en utilisant le masque de la bête. Récompensez-vous après chaque défi que vous surmontez ou petit objectif que vous atteignez.

7. Tenir un journal de progrès : Tenir un journal de vos progrès vous aidera à suivre vos progrès et vos améliorations. Cela vous aidera également à voir jusqu'où vous avez déjà parcouru.

8. Restez flexible et patient : N'oubliez pas que développer des compétences demande du temps et des efforts. Préparez-vous au fait que tout ne sera pas parfait dès le début et continuez à avancer même dans les moments difficiles.

Restez motivé et confiant en suivant ces conseils et rappelez-vous que chaque pas en avant vous rapproche de vos objectifs.

Utiliser un masque de bête peut être un moyen efficace de vous protéger du harcèlement, mais il est important d'avoir le soutien des autres et de demander l'aide d'un professionnel si nécessaire. Voici quelques sources de soutien sur lesquelles vous pouvez compter lorsque vous utilisez le masque de la bête :

1. Famille et amis : Les personnes proches comme la famille et les amis peuvent constituer votre première ligne de défense. Ils peuvent vous apporter un soutien émotionnel, vous aider à décompresser et vous donner des conseils pour faire face à l'intimidation.

2. Enseignants et employeurs : Si vous êtes victime d'intimidation à l'école, à l'université ou au travail, demandez de l'aide à vos enseignants ou à votre direction. Ils peuvent suggérer des stratégies pour résoudre le problème et prendre des mesures pour prévenir de nouveaux incidents.

3. Psychologues et conseillers : Les psychologues, conseillers et thérapeutes professionnels possèdent les compétences et l'expérience nécessaires pour aider à faire face aux difficultés émotionnelles, y compris l'intimidation. Ils peuvent vous apporter un soutien émotionnel, vous aider à développer des stratégies d'adaptation et vous proposer des recommandations spécifiques.

4. Groupes de soutien : Rejoindre des groupes de soutien pour les victimes d'intimidation peut vous offrir l'occasion de partager des

expériences avec des personnes confrontées à des problèmes similaires. Dans ces groupes, vous pouvez obtenir du soutien, de la compréhension et des conseils pratiques.

5. Ressources en ligne : Il existe de nombreuses ressources en ligne disponibles pour aider à lutter contre l'intimidation et à apporter un soutien aux victimes. Il peut s'agir de sites Web, de forums, de communautés de médias sociaux ou d'applications de soutien en matière de santé mentale.

6. Lignes d'assistance : dans certains pays, des organisations proposent des lignes d'assistance téléphonique aux personnes confrontées au harcèlement et à d'autres problèmes. Vous pouvez les contacter pour obtenir une assistance et des conseils confidentiels.

Il est important de rappeler que demander de l'aide n'est pas un signe de faiblesse, mais au contraire une manifestation de force et de confiance en soi. Trouvez des personnes en qui vous avez confiance et n'hésitez pas à les contacter si vous avez besoin d'aide. Ensemble, vous pouvez faire face à toutes les difficultés, y compris le harcèlement.

Chapitre 14.
Comment réagir efficacement au harcèlement.

Vaincre l'intimidation nécessite une combinaison de différentes stratégies et compétences pour aider la victime à réagir efficacement à l'agression. Voici quelques mesures clés que vous pouvez prendre pour vaincre l'intimidation :

1. Maintenir son calme et sa maîtrise de soi : Il est important de rester calme et maître de soi dans une situation d'intimidation. Utilisez des exercices de respiration profonde ou d'autres techniques de relaxation pour réduire le stress et l'anxiété.

Garder son calme et sa maîtrise de soi dans une situation d'intimidation est un aspect clé pour se protéger et protéger son bien-être émotionnel. Pour ceux qui souffrent d'intimidation et éprouvent un sentiment d'impuissance, cela peut être particulièrement difficile. Cependant, avec l'aide de certaines stratégies et pratiques, vous pouvez apprendre à contrôler vos émotions et à rester calme même dans des situations désagréables.

- Comprendre les réactions au stress : La première étape pour rester calme est de comprendre comment vous réagissez au stress. Connaissez vos réactions physiques et émotionnelles typiques face à des situations stressantes. Cela peut inclure un rythme cardiaque rapide, une respiration accélérée, de l'anxiété ou de l'irritabilité.

- Pratiquez des exercices de respiration : les exercices de respiration profonde sont un outil puissant pour gérer le stress et l'anxiété. Essayez la technique de respiration 4-7-8 : inspirez pendant 4 secondes, retenez votre souffle pendant 7 secondes, expirez pendant 8 secondes. Cela aide à réduire le stress et à restaurer un sentiment de contrôle.

- Pratiquez la méditation et la visualisation : La méditation et la visualisation régulières d'un endroit calme peuvent vous aider à renforcer votre calme et à équilibrer vos émotions. Visualisez-vous dans un endroit sûr et confortable où vous vous sentez à l'aise et calme.

- Communication assertive : Apprenez à communiquer avec assurance pour exprimer vos sentiments et vos besoins clairement et avec confiance sans violer les droits et les sentiments des autres. Entraînez-vous à exprimer avec assurance vos limites et vos exigences de respect.

- Éviter les situations toxiques : Si possible, évitez les situations toxiques et les personnes qui peuvent vous causer du stress et de l'anxiété. Cela peut impliquer de limiter le temps passé dans certains endroits ou en présence de certaines personnes.

- Rechercher du soutien : N'hésitez pas à demander l'aide de vos amis, de votre famille ou de professionnels si vous sentez que vous ne pouvez pas gérer une situation seul. Parlez de vos sentiments et obtenez du soutien et des conseils.

- Pratique d'auto-apaisement : Développez votre propre système d'auto-apaisement qui fonctionne pour vous. Cela peut inclure de marcher dehors, d'écouter de la musique relaxante, de pratiquer un passe-temps ou d'autres activités qui vous aident à vous détendre et à rassembler vos pensées.

- Pensée positive : Concentrez-vous sur les aspects positifs de votre vie et de vos capacités. Pratiquez la gratitude et récompensez-vous pour chaque petit pas en avant.

Ces stratégies peuvent vous aider à maintenir votre calme et votre maîtrise de soi dans une situation d'intimidation, à prévenir les réactions émotionnelles et à réagir efficacement aux situations négatives.

2. Fixer des limites et exiger le respect : Exprimez vos limites clairement et avec confiance. N'hésitez pas à exiger le respect et à défendre vos droits. Par exemple, vous pourriez dire : « Je ne suis pas d'accord avec la façon dont vous me traitez. S'il vous plaît, arrêtez.

Fixer des limites et exiger le respect sont des aspects importants pour vous protéger contre l'intimidation et assurer votre propre bien-être. Pour de nombreuses victimes d'intimidation, en particulier celles qui sont très sensibles et peu sûres d'elles, devoir défendre leurs limites peut être extrêmement difficile. Cependant, avec de la pratique et le soutien des autres, vous pouvez apprendre à exprimer vos limites avec confiance et efficacité.

- Comprendre vos propres limites : Tout d'abord, il est important de comprendre où se trouvent vos limites personnelles, c'est-à-dire les limites au-delà desquelles vous n'êtes pas prêt ou capable de franchir. Cela peut inclure l'espace physique, émotionnel, personnel et d'autres aspects de votre vie.

- Exprimer ses limites avec confiance : Une fois que vous comprenez vos limites, il est important d'apprendre à les exprimer avec confiance. Utilisez des déclarations claires et précises pour expliquer aux autres que vous n'êtes pas d'accord avec la façon dont ils vous traitent. Par exemple : « Je ne me sens pas à l'aise quand tu me parles comme ça. Je te demande d'arrêter.

- Pratiquez la confiance : la confiance est un élément clé pour réussir à exprimer ses limites. Pratiquez la confiance en répétant des poses confiantes, en travaillant sur votre discours intérieur et en reconnaissant votre valeur en tant que personne.

- Le soutien des autres : N'hésitez pas à solliciter le soutien de vos amis, de votre famille ou de professionnels. Parlez-leur de vos inquiétudes et de vos difficultés à exprimer vos limites et demandez de l'aide à cet égard.

- Préparez-vous aux réactions possibles : Préparez-vous à différentes réactions face à l'expression de vos limites. Certaines personnes peuvent se montrer compréhensives et respectueuses, tandis que d'autres peuvent essayer de vous ignorer ou même de vous attaquer pour cela. Préparez-vous à cela et restez fidèle à vos armes.

- Pratique constante : exprimer des limites est une compétence qui nécessite une pratique constante. N'ayez pas peur de répéter vos limites dans différentes situations et avec différentes personnes. Plus vous le faites, plus vous devenez confiant et efficace.

Fixer des limites et exiger le respect est votre droit et votre responsabilité de protéger vos intérêts et votre bien-être. Commencez petit, engagez-vous dans la pratique et bénéficiez de soutien, et vous êtes sûr de réussir à exprimer vos limites.

3. Demander de l'aide : N'hésitez pas à demander de l'aide à vos amis, à votre famille, à vos enseignants ou à d'autres personnes de confiance. Parlez-leur de la situation d'intimidation et demandez de l'aide et des conseils.

Demander de l'aide est une étape importante pour vaincre l'intimidation et retrouver votre bien-être. Pour ceux qui sont victimes d'intimidation et qui se sentent en insécurité ou ont peur, demander de l'aide peut être difficile. Cependant, il s'agit d'une étape importante vers la résolution du problème et l'obtention de l'assistance dont vous avez besoin. Voici quelques conseils supplémentaires pour demander de l'aide en cas d'intimidation :

- Choisissez un confident : Trouvez une personne de confiance qui pourra vous offrir soutien et conseils. Il peut s'agir d'un ami, d'un membre de la famille, d'un enseignant, d'un conseiller scolaire ou d'un professionnel de la santé mentale.

- Préparez-vous à la conversation : avant de demander de l'aide, réfléchissez à ce que vous voulez dire et aux questions que vous vous posez. Préparez-vous à ce qu'on vous pose des questions sur vos expériences d'intimidation, alors essayez d'être honnête et ouvert.

- Soyez calme et confiant : Essayez de rester calme et confiant pendant la conversation. Cela vous aidera à exprimer vos pensées et vos sentiments plus clairement et plus efficacement.

- Demandez un accompagnement spécifique : Dites à votre confident exactement de quelle aide vous avez besoin. Cela peut être aussi simple que quelqu'un qui vous écoute et vous soutient émotionnellement, ou quelqu'un qui peut vous aider à développer des stratégies pour faire face à l'intimidation.

- Demander l'aide d'un professionnel : Si vous êtes confronté à un cas grave d'intimidation ou si vous sentez que vous ne pouvez pas gérer la situation par vous-même, n'hésitez pas à demander l'aide d'un professionnel. Les psychologues scolaires, les conseillers en comportement et les psychothérapeutes peuvent vous offrir le soutien et l'aide dont vous avez besoin pour résoudre votre problème.

Demander de l'aide est une étape courageuse et importante qui peut vous aider à surmonter des situations d'intimidation difficiles et à reprendre le contrôle de votre vie. N'oubliez pas que vous n'êtes pas seul et qu'il y a toujours des gens prêts à vous aider.

4. Éviter l'isolement : essayez de ne pas vous isoler ou d'éviter de socialiser par peur ou par anxiété. Entretenez vos liens sociaux et trouvez le soutien de vos amis et de votre famille.

Éviter l'isolement est un aspect important pour se protéger des effets négatifs de l'intimidation et maintenir son bien-être psychologique. Pour de nombreuses victimes d'intimidation, en particulier celles qui sont très sensibles et peu sûres d'elles, les situations de conflit peuvent provoquer une peur intense et un désir de s'isoler. Cependant, l'isolement ne fait souvent qu'aggraver le problème. Il est donc important de maintenir activement vos liens sociaux et de trouver le soutien de vos amis et de votre famille. Voici quelques conseils supplémentaires pour éviter l'isolement en cas d'intimidation :

- Rechercher du soutien : contactez des personnes en qui vous avez confiance et partagez vos préoccupations avec elles. Il peut s'agir d'un ami, d'un parent, d'un enseignant ou d'un conseiller scolaire. Parlez ouvertement avec eux de vos sentiments et de vos problèmes et demandez-leur soutien et conseils.

- Rejoindre des groupes et des clubs : essayez de rejoindre des groupes ou des clubs qui vous intéressent. Il peut s'agir d'une équipe sportive, d'un club d'art, d'un club de théâtre ou de toute autre activité générale. Participer à de tels groupes vous aidera à vous sentir partie intégrante d'une communauté et à établir de nouveaux liens sociaux.

- Passer du temps avec des amis : essayez de passer du temps actif avec vos amis et vos proches. Rencontrez-vous, communiquez, participez ensemble à divers événements. Le soutien de vos amis et de votre famille vous aidera à vous sentir protégé et aimé.

- Développer de nouvelles compétences : explorez de nouveaux intérêts ou passe-temps qui peuvent vous aider à élargir votre cercle social et à apprendre quelque chose de nouveau. Il peut s'agir d'étudier la musique, la danse, l'art ou toute autre chose qui vous intéresse.

- Créer un environnement favorable : Offrez-vous un environnement favorable dans lequel vous vous sentez à l'aise et en confiance. Cela peut inclure de créer un espace positif et édifiant à la maison, d'aller dans des endroits qui vous font du bien et d'éviter ceux qui vous apportent de la négativité.

Éviter l'isolement est important non seulement pour votre bien-être émotionnel, mais aussi pour lutter efficacement contre le harcèlement. Plus vous disposez de soutien et d'un réseau social, plus il vous sera facile de faire face aux défis et de surmonter les impacts négatifs de l'intimidation.

5. Utilisez la communication assertive : Exprimez vos sentiments et vos pensées clairement et avec confiance en utilisant des compétences en communication assertive. Soyez calme et décisif dans vos déclarations.

Utiliser une communication assertive est un outil clé pour lutter contre l'intimidation et se protéger. Pour les victimes d'intimidation, en particulier celles qui sont très sensibles et peu sûres d'elles, faire face à l'intimidateur peut susciter peur et anxiété. Cependant, apprendre à s'affirmer et à exprimer clairement et avec confiance ses pensées et ses sentiments peut grandement améliorer la situation et contribuer à prévenir de nouvelles violences. Voici quelques conseils supplémentaires pour utiliser la communication assertive afin de vous protéger contre l'intimidation :

- Préparez-vous à l'avance : Avant d'engager une conversation avec un agresseur, réfléchissez à ce que vous voulez dire et à la manière dont vous allez le dire. Tenez-vous-en aux faits et utilisez des déclarations claires et précises.

- Exprimez vos sentiments : Soyez ouvert dans l'expression de vos émotions. Par exemple, dites : « Je me sens très contrarié par la façon dont vous me traitez ». Cela aidera l'intimidateur à comprendre comment ses actions vous affectent.

- Soyez confiant : parlez avec confiance et détermination. Maintenez un regard droit et une posture ferme. Cela montrera à l'agresseur que vous prenez vos paroles au sérieux et que vous n'êtes pas prêt à succomber à son influence.

- Fixez des limites : soyez prêt à fixer des limites et à défendre vos droits. Par exemple, dites : « Je ne suis pas d'accord avec ce traitement. Je vous demande d'arrêter.

- Évitez l'agressivité : rappelez-vous que l'affirmation de soi ne signifie pas l'agressivité. Essayez d'éviter les insultes et les provocations. Votre objectif est d'exprimer vos pensées et vos sentiments sans violence ni menaces.

- Limites de pratique : commencez par fixer des limites dans votre vie quotidienne et mettez en pratique vos compétences en communication affirmée dans diverses situations. Plus vous utiliserez ces compétences, plus il vous sera facile de résister à l'intimidation.

Utiliser une communication assertive vous aidera à vous protéger contre l'intimidation et à fixer des limites saines dans vos interactions avec les autres. N'oubliez pas que votre droit au respect et à la sécurité est indéniable et que vous avez le droit de vous protéger contre toute forme de violence et de discrimination.

6. Répondre à une agression avec humour ou l'ignorer : Parfois, ignorer ou répondre à une agression avec humour peut aider à adoucir la situation et à réduire les tensions. Cependant, utilisez cette approche avec précaution et seulement si vous estimez qu'elle convient à votre style et à votre situation.

Répondre à une agression avec humour ou l'ignorer peut être un outil efficace pour atténuer une situation de conflit et réduire les tensions. Cependant, il est important de comprendre que cette approche n'est pas toujours adaptée à tous les cas de harcèlement et doit être utilisée avec prudence.

- Utiliser l'humour : Utiliser l'humour peut être utile lorsque l'agression n'est ni grave ni physique. Vous pouvez par exemple essayer de répondre aux insultes ou aux remarques désobligeantes avec humour pour désamorcer les situations tendues. Cependant, il est important de garder à l'esprit que les répliques amusantes ne sont pas toujours efficaces et peuvent aggraver les choses si elles ne sont pas adaptées au contexte spécifique.

- Ignorer : Ignorer l'agression peut être utile lorsque vous avez la possibilité d'échapper à la situation ou lorsque l'agression ne constitue pas une menace immédiate pour votre sécurité. Ignorer un agresseur peut le priver de l'attention et de la satisfaction de votre réponse, ce qui peut l'amener à cesser de vous prêter attention.

Cependant, pour les victimes d'intimidation qui sont très sensibles et peu sûres d'elles, utiliser l'humour ou être ignoré peut être difficile. Certains peuvent craindre que leurs blagues soient mal interprétées, ce qui ne fera qu'augmenter l'agressivité. De plus, essayer d'ignorer un agresseur peut provoquer de la peur et de l'anxiété, surtout si la situation semble menaçante.

Il est important de se rappeler que répondre à une agression avec humour ou l'ignorer n'est qu'une des nombreuses approches possibles pour résoudre les conflits. Il n'existe pas de recette universelle qui convienne à tout le monde. Il est donc important de choisir des stratégies adaptées à votre personnalité, votre situation et vos objectifs. Si vous n'êtes pas sûr de la meilleure marche à suivre, demandez l'aide de personnes ou de professionnels de confiance qui peuvent vous aider à trouver la manière la plus appropriée de réagir à une agression.

7. Enregistrez les incidents et contactez l'assistance : Tenez un registre des incidents d'intimidation afin de disposer d'informations documentées sur ce qui se passe. Si nécessaire, contactez le service d'assistance de votre école, université ou lieu de travail pour obtenir de l'aide et des conseils.

Tenir un registre des incidents d'intimidation et contacter les services d'assistance sont des étapes importantes pour se protéger et obtenir de l'aide dans les situations de conflit. Pour les victimes d'intimidation, en particulier celles qui sont très sensibles et peu sûres d'elles, la collecte d'informations documentées et la recherche d'aide peuvent être difficiles en raison de la peur ou de l'anxiété. Cependant, ces actions peuvent jouer un rôle clé pour mettre fin à l'intimidation et assurer votre sécurité et votre bien-être.

Voici quelques directives supplémentaires sur la façon d'utiliser cette approche :

- Tenir des registres : Il est important de documenter chaque incident d'intimidation, y compris la date, l'heure, le lieu et la description des événements. Cela vous aidera à avoir une idée claire de ce qui se passe et vous fournira des preuves documentées si vous avez besoin d'aide. Les enregistrements peuvent également vous aider à suivre les comportements de l'intimidateur et à comprendre la meilleure façon d'y répondre.

- Contacter les services de lutte contre l'intimidation ou la police : Si vous sentez que vous ne pouvez pas faire face seul à la situation, contactez les services de lutte contre l'intimidation de votre école, université, lieu de travail ou communauté, ou la police pour obtenir de l'aide. Des professionnels sauront vous apporter conseils, accompagnement et ressources pour résoudre le problème. N'hésitez pas à demander de l'aide ; cela ne signifie pas de faiblesse, mais plutôt du courage et la capacité de prendre soin de soi.

- Construisez un réseau de soutien : parlez de votre situation à des amis proches, des membres de votre famille ou des collègues de confiance. Gardez à l'esprit que vous avez des personnes qui vous soutiennent et sont prêtes à vous aider. Ensemble, vous pouvez élaborer des stratégies pour répondre à l'intimidation et surmonter les défis.

- Prendre des mesures de sécurité : Si vous estimez que votre sécurité est en danger, informez-en immédiatement les personnes responsables ou les services de sécurité. N'hésitez pas à prendre des mesures pour vous protéger.

Dans l'ensemble, tenir des registres et contacter l'assistance sont des étapes importantes pour lutter contre le harcèlement et se protéger. N'ayez pas peur de demander de l'aide, votre bien-être est important et vous méritez soutien et protection.

8. Développer des compétences d'autodéfense : Apprenez et pratiquez des compétences d'autodéfense qui peuvent vous aider à vous défendre en cas d'agression physique. Contactez des formateurs professionnels ou des organisations qui proposent des cours d'autodéfense.

Développer des compétences d'autodéfense est un aspect important du maintien de votre propre sécurité et de votre confiance en vous, en particulier pour les victimes d'intimidation qui peuvent se sentir vulnérables et insécurisées. L'entraînement d'autodéfense fournit non seulement des compétences pratiques de défense physique, mais améliore également la préparation mentale et la confiance en soi, ce qui peut faire toute la différence dans une situation réelle d'intimidation.

Voici quelques aspects clés de l'entraînement d'autodéfense :

- Maîtriser les techniques de base : les entraîneurs professionnels et les organisations proposant des cours d'autodéfense enseignent une variété de techniques de défense physique telles que le blocage, la frappe, le grappling et comment se libérer du grappling. Ces compétences peuvent être utiles pour vous défendre en cas d'attaque.

- Confiance et maîtrise de soi : L'apprentissage de l'autodéfense permet également de développer la confiance et la maîtrise de soi. Savoir que vous possédez les compétences nécessaires pour vous protéger vous aide à vous sentir plus en confiance dans diverses situations, y compris d'éventuels incidents d'agression.

- Réaction aux situations stressantes : L'entraînement à l'autodéfense permet également d'améliorer la capacité à réagir aux situations stressantes. Participer à des situations d'entraînement simulées vous permet de vous habituer à l'adrénaline et à la tension, ce qui peut vous aider à contrôler vos émotions et vos actions dans une situation réelle.

- Surmonter la peur : Pour de nombreuses victimes d'intimidation, l'un des principaux obstacles à l'autodéfense est la peur. Participer à une formation d'autodéfense aide à surmonter cette peur en démontrant qu'il est possible de faire face à l'agression et qu'ils disposent des compétences et des outils pour le faire.

Il est important de comprendre qu'apprendre l'autodéfense ne signifie pas appeler à la violence ou provoquer des conflits. Il s'agit plutôt d'un moyen d'assurer la sécurité et la protection des personnes en cas de menace réelle. Il est donc important de choisir des cours et des formateurs qui mettent l'accent sur ces aspects et encouragent une utilisation intelligente des compétences acquises.

9. Protection active à l'aide d'objets environnementaux, de « masques de bêtes » et de compétences acquises lors d'entraînements dans des clubs sportifs à vocation combative.

L'utilisation d'objets environnementaux, du « masque de bête » et des compétences acquises lors des entraînements dans les clubs de sports de combat constituent un aspect important de la défense active contre les agressions et le harcèlement. Cette approche aide les victimes d'intimidation à se sentir plus confiantes et en sécurité dans diverses situations où il peut y avoir une menace.

- Utiliser des objets environnementaux : Cet aspect de l'autodéfense consiste à utiliser des objets qui se trouvent autour de vous pour vous protéger ou échapper à un agresseur. Cela peut aller d'un sac ou d'un sac à dos à des meubles, des pierres ou même du sable. Savoir comment utiliser les objets environnementaux à votre avantage peut vous donner un avantage et augmenter vos chances de réussir à éviter une attaque ou à vous défendre.

- Masque de la Bête : Le Masque de la Bête est un concept qui consiste à changer sa pensée et son comportement en situation d'agression. Le « masque de la bête » fait référence à l'activation de la force intérieure et de la détermination, qui vous permet de réagir avec plus de confiance et d'efficacité à une menace. Les victimes de harcèlement sont encouragées à s'imaginer dans le rôle d'un être fort et déterminé, capable de se défendre. Cela aide à réduire les sentiments d'impuissance et à accroître la confiance.

- Compétences acquises à l'entraînement : La participation à des entraînements dans des clubs sportifs à dominante combat, comme le karaté, le jiu-jitsu ou la boxe, enseigne diverses techniques de défense physique, et développe également l'endurance physique et psychologique. Ces compétences peuvent être utiles en cas d'agressivité.

Il est important de se rappeler que l'utilisation de la protection active doit être limitée aux situations où les autres méthodes sont inefficaces et où il existe une menace réelle pour votre sécurité. Il est également important de recevoir une éducation et une formation appropriées de la part de professionnels pour utiliser ces méthodes de manière sûre et efficace. De plus, la préparation mentale joue un rôle important dans l'utilisation de ces techniques pour vous aider à rester calme et à prendre des décisions judicieuses dans des situations stressantes.

Vaincre l'intimidation est un processus long et difficile, mais avec le soutien des autres et l'utilisation de stratégies de réponse efficaces, vous pouvez surmonter les difficultés et reprendre le contrôle de votre vie.

Vaincre le harcèlement est un processus complexe qui peut nécessiter du temps, des efforts et du soutien. Lorsque vous êtes victime d'agression de la part des autres, cela peut avoir de graves conséquences sur votre bien-être émotionnel et psychologique. Cependant, il est important de se rappeler que vous n'êtes pas seul et qu'il existe de nombreuses façons de surmonter cette situation difficile.

1. Soutien des autres : Il est important de demander l'aide d'amis proches, de membres de la famille, d'enseignants, de psychologues ou d'autres professionnels. Ces personnes peuvent vous apporter un soutien émotionnel, des conseils et vous aider à élaborer des stratégies pour faire face à l'intimidation. Discuter de vos inquiétudes et de vos préoccupations avec une personne de confiance peut rendre votre situation moins solitaire et plus gérable.

2. Utiliser des stratégies de réponse efficaces : Élaborer un plan d'action pour répondre à l'intimidation peut vous aider à vous sentir plus en confiance et en contrôle de la situation. Cela peut inclure de fixer des limites, d'utiliser une communication affirmée, de rester calme, de demander l'aide d'adultes ou de figures d'autorité et de documenter les incidents pour un examen ultérieur.

3. Autosuffisance et renforcement de l'estime de soi : Il est important de travailler au renforcement de votre estime de soi et de votre confiance en vous. Pratiquer des affirmations positives, se récompenser pour ses réalisations, poursuivre des passe-temps et faire des activités qui vous apportent joie et satisfaction peuvent vous aider à vous sentir valorisé et puissant, peu importe ce que disent ou font les autres.

4. Demandez l'aide d'un professionnel : Si l'intimidation affecte gravement votre santé mentale ou physique, il peut être nécessaire de demander l'aide d'un psychologue ou d'un autre professionnel qualifié. Ils peuvent vous proposer des stratégies efficaces pour faire face à l'intimidation, vous aider à comprendre vos sentiments et vos émotions et vous apporter soutien et compréhension.

Vaincre le harcèlement est un processus qui demande de la patience, de la détermination et du soutien. Il est important de vous rappeler que vous méritez le respect et la sécurité et qu'il existe de nombreuses ressources et stratégies qui peuvent vous aider à surmonter ces défis. N'hésitez pas à demander de l'aide et du soutien, vous méritez de vivre dans un environnement sécuritaire et bienveillant.

Chapitre 15.
Comment intervenir si vous êtes témoin d'intimidation.

Si vous êtes témoin d'une situation d'intimidation, il est important de ne pas rester indifférent et de prendre des mesures pour venir en aide à la victime. Si vous n'avez pas confiance en vos capacités, vous pouvez appeler à l'aide et documenter l'acte d'agression. Et si l'entraînement aux sports de combat a déjà commencé à montrer ses résultats, alors vous pouvez intervenir directement. Voici quelques façons d'intervenir :

1. Demandez de l'aide : si une situation devient incontrôlable ou si vous ne sentez pas que vous pouvez la gérer par vous-même, demandez l'aide d'enseignants, de parents ou d'autres adultes. Faites-leur savoir ce qui se passe et demandez-leur d'agir.

Demander de l'aide en cas d'intimidation est l'une des mesures les plus importantes que vous puissiez prendre pour mettre fin à cette situation désagréable. Pour ceux qui souffrent de harcèlement, cela peut être une décision difficile en raison de la peur des conséquences possibles ou parce qu'ils ne sont pas sûrs que quelqu'un veuille ou puisse les aider. Cependant, il est important de comprendre que demander de l'aide n'est pas un signe de faiblesse, mais plutôt un signe de force et de détermination à résister au harcèlement.

Avant toute chose, si vous vivez une situation d'intimidation qui devient incontrôlable ou si vous sentez que vous ne pouvez pas la gérer seul, il est important d'essayer de trouver un adulte en qui vous avez confiance. Il peut s'agir d'un enseignant, d'un conseiller scolaire, d'un parent ou de tout autre adulte que vous connaissez et avec qui vous vous sentez à l'aise. Les adultes peuvent immédiatement appeler la police et demander de l'aide en décrivant la situation.

Lorsque vous demandez de l'aide, il est important d'être prêt à décrire la situation de manière aussi détaillée que possible. Décrivez ce qui se passe, quand et où cela se produit, qui est impliqué et comment cela vous affecte. Plus vous pourrez décrire la situation avec précision, mieux ils pourront vous aider.

N'hésitez pas à demander du soutien et de l'action. Les adultes ont le devoir de veiller à la sécurité et au bien-être des enfants et des jeunes et doivent prendre des mesures pour mettre fin au harcèlement et protéger la victime. Ils peuvent également vous offrir des conseils et un soutien sur la manière de gérer le harcèlement à l'avenir.

L'adulte peut analyser lui-même la situation, appeler à l'aide et, si la condition physique de la personne le permet, même intervenir dans la situation.

N'oubliez pas que demander de l'aide vous aidera non seulement à faire face à votre situation d'intimidation actuelle, mais peut également contribuer à créer un environnement sûr et favorable dans votre école ou dans votre communauté dans son ensemble.

2. Documentez l'incident : si vous pouvez le faire en toute sécurité, notez les détails de l'événement, y compris la date, l'heure, le lieu et les noms des témoins. Cela peut être utile à l'avenir si vous devez fournir des informations sur ce qui s'est passé.

Documenter les incidents d'intimidation est une étape importante non seulement pour la victime, mais aussi pour ceux qui peuvent aider à résoudre le problème. L'enregistrement des détails des incidents fournit une base documentée et objective pour les actions ultérieures et peut être utile dans diverses situations.

Premièrement, il est important de comprendre que la documentation des incidents d'intimidation est nécessaire non seulement pour assurer la sécurité de la victime, mais également pour prévenir de nouveaux incidents. L'enregistrement des détails d'un événement, tels que la date, l'heure, le lieu et la description de ce qui s'est passé, permet de créer une image objective de ce qui s'est passé et fournit des informations importantes pour enquêter sur la situation.

Il est important de noter que la documentation des incidents ne doit être effectuée que dans un environnement sécurisé pour éviter de mettre la victime en danger. Si la victime estime qu'elle est en danger ou que sa sécurité peut être compromise en documentant l'incident, elle doit demander l'aide d'un adulte ou d'une autre personne de confiance.

Il est également important d'inclure les noms des témoins dans la documentation s'ils sont disponibles. Les témoignages peuvent être importants pour confirmer ce qui s'est passé et aider à prendre des décisions sur les prochaines étapes.

Enfin, documenter les incidents de harcèlement contribue à créer une base pour prendre des mesures visant à prévenir de nouveaux actes de harcèlement et à protéger les droits de la victime. Ces dossiers peuvent être utilisés dans divers contextes, par exemple pour contacter les autorités scolaires, les forces de l'ordre ou les autorités judiciaires, si nécessaire.

Dans l'ensemble, la documentation des incidents d'intimidation joue un rôle important pour assurer la sécurité de la victime, prévenir de nouveaux incidents et garantir la justice.

3. Interrompez la situation : Si vous voyez quelqu'un se faire intimider, essayez d'interrompre la situation en dirigeant l'attention de l'intimidateur vers autre chose ou en engageant une conversation avec la victime pour détourner son attention.

Lorsque l'on est confronté à une situation d'intimidation, l'interrompre peut être un moyen efficace d'aider la victime et de changer le cours des événements. L'intervention peut contribuer à réduire les tensions et à empêcher une nouvelle escalade du conflit. Voici quelques détails sur la façon dont vous pouvez interrompre une situation d'intimidation et pourquoi c'est important.

- Intervention directe : si vous voyez quelqu'un être victime d'intimidation, l'intervention directe peut être la plus efficace. Vous pouvez vous adresser à l'intimidateur et interrompre son comportement, par exemple en disant : « S'il vous plaît, arrêtez, ce n'est pas la bonne façon de communiquer avec d'autres personnes. Cela peut fonctionner, surtout si vous êtes déterminé et confiant.

- Distraire l'intimidateur : Parfois, le simple fait de détourner l'attention de l'intimidateur peut aider à mettre fin à la situation d'intimidation. Vous pouvez entamer une conversation avec l'intimidateur sur un autre sujet ou l'inviter à vous rejoindre dans une autre activité. Cela peut l'aider à changer d'orientation et à réduire son désir de poursuivre son comportement agressif.

- Accompagner la victime : Il est également important d'être attentif à la victime et de lui apporter son soutien. Faire preuve de compassion et de compréhension peut faire une grande différence en permettant à une victime de se sentir protégée et soutenue. Le simple fait de parler à la victime ou d'exprimer votre soutien peut l'aider à se sentir moins seule et plus en confiance.

- Demander de l'aide : Si vous n'êtes pas sûr de la meilleure façon de mettre fin à une situation d'intimidation, ou si vous n'avez pas la capacité de le faire vous-même, demandez l'aide d'autres adultes ou du personnel éducatif. Ils peuvent offrir leur soutien et prendre les mesures nécessaires pour mettre fin au harcèlement.

Interrompre une situation d'intimidation peut être une étape difficile, mais il est important de créer un environnement sûr et favorable pour chacun. L'intervention peut contribuer à modifier le cours des événements, à protéger la victime et à empêcher une nouvelle escalade du conflit.

4. Montrez votre soutien : approchez-vous de la victime et montrez votre soutien. Faites preuve de gentillesse et de compassion, dites clairement que vous voyez ce qui se passe et que vous êtes prêt à aider.

Montrer son soutien à la victime d'intimidation est une étape importante qui peut avoir un impact significatif sur son bien-être émotionnel et sa capacité à y faire face. Voici un aperçu plus approfondi de cette stratégie :

- Abordez avec gentillesse et compassion : Lorsque vous approchez une victime, il est très important d'être gentil et compatissant. Utilisez des mots gentils et une expression corporelle confiante pour montrer que vous

vous intéressez à son bien-être et que vous êtes prêt à l'aider.

- Comprendre la situation : Il est important de montrer à la victime que vous êtes conscient de ce qui se passe et que vous la soutenez dans son combat. Vous pourriez dire quelque chose comme : « Je t'ai vu traverser une situatîon difficile et je veux que tu saches que je suis là pour te soutenir. »

- Offrir de l'aide : Après avoir exprimé votre soutien, proposez votre aide. Demandez à la victime ce que vous pouvez faire pour l'aider et lui permettre de communiquer ses sentiments et ses besoins. Cela pourrait être quelque chose comme : « Si vous avez besoin que quelqu'un vous écoute, je suis là. Ou si vous avez besoin d'aide pour résoudre cette situation, faites-moi savoir que je suis disponible pour vous aider.

- Créer un espace sûr : Il est important de créer un espace sûr et favorable pour la victime où elle peut se sentir à l'aise et protégée. Offrez votre soutien et rassurez-vous en lui disant qu'elle n'est pas seule dans son combat. Écoutez-la attentivement, sans jugement, et respectez ses sentiments.

- Un soutien continu : Il est important de continuer à soutenir la victime et de rester proche d'elle sur le long terme. Offrez votre soutien et votre amitié et soyez prêt à la soutenir chaque fois qu'elle a besoin de votre aide.

Faire preuve de gentillesse, de compassion et d'une volonté d'aider une victime d'intimidation peut faire une énorme différence dans sa vie. Cela peut l'aider à se sentir moins seule et plus confiante, et lui apporter le soutien dont elle a besoin pour faire face à une situation difficile.

5. Éducation : Éduquez les autres sur les dangers de l'intimidation et sur la façon d'aider les victimes. Maintenez un environnement convivial et respectueux dans votre environnement où chacun se sent en sécurité.

Éduquer les autres sur les méfaits de l'intimidation et sur la façon d'aider les victimes est une étape importante vers la création d'un environnement sûr et respectueux dans notre communauté. Voici un aperçu plus approfondi de cette stratégie et pourquoi elle peut être efficace :

- Comprendre les méfaits de l'intimidation : la première étape pour éduquer les autres sur l'intimidation est de les informer sur ce qu'est l'intimidation, les formes qu'elle peut prendre et le préjudice qu'elle cause aux victimes. Cela aidera les autres à comprendre la gravité du problème et pourquoi il est important de le combattre.

- Promouvoir les connaissances sur la manière d'aider : Enseigner aux autres comment aider les victimes de harcèlement implique l'enseignement des différentes stratégies de soutien et de plaidoyer qui peuvent être utilisées en cas de harcèlement. Cela peut inclure d'apprendre à reconnaître les signes d'intimidation, de savoir comment réagir efficacement et d'offrir soutien et empathie à la victime.

- Créer une atmosphère conviviale et respectueuse : Enseigner aux autres implique également de créer une culture générale de respect et de soutien dans leur environnement. Cet objectif peut être atteint en favorisant une communication respectueuse, l'entraide et la compréhension entre les personnes. Lorsque les gens savent qu'ils peuvent compter sur le soutien et la protection de leur entourage, il leur est plus facile de faire face aux situations d'intimidation.

- Soutenir les programmes de lutte contre le harcèlement : Il est important de soutenir et de participer à des programmes et activités visant à lutter contre le harcèlement et à soutenir les victimes. Cela peut inclure la participation à des activités de lutte contre l'intimidation, l'éducation dans les écoles et les communautés et le soutien aux œuvres caritatives qui luttent contre le problème.

Éduquer les autres sur les dangers de l'intimidation et sur la manière d'aider les victimes contribue non seulement à sensibiliser l'opinion au problème, mais crée également une société dans laquelle chacun se sent en sécurité et respecté. Il s'agit d'une étape importante vers la création d'un environnement sûr et favorable pour tous les membres.

Il est important de rappeler qu'intervenir dans une situation d'intimidation demande du courage et de la détermination, mais votre soutien peut sauver la victime d'une agression.

Charité .

également vous parler de ma fondation caritative privée « UA Heart », dans laquelle moi et ma femme sommes engagés dans un travail très important et noble. Cette fondation personnelle aide les orphelinats ukrainiens qui hébergent des enfants qui ont perdu leurs parents à cause de la guerre brutale menée par la Russie contre l'Ukraine.

Ces enfants ont besoin de notre soutien et de nos soins. Ils veulent vivre dans la paix et le bonheur, apprendre et se développer, avoir des amis et de la famille. Mais ils n'ont que peur et solitude. Ils attendent notre aide et notre espoir.

Notre fondation personnelle « UA heart » organise divers événements et projets pour améliorer la vie de ces enfants. Il collecte des dons pour acheter des vêtements, des jouets, des livres, des médicaments et d'autres articles nécessaires. Il organise également des événements où les enfants peuvent communiquer avec des bénévoles, des psychologues et d'autres personnes prêtes à partager leur chaleur et leur amour avec eux.

Si vous le souhaitez, vous pouvez rejoindre cette fondation et contribuer à sauver ces enfants en faisant un don sur le site de la fondation dont vous trouverez la liste ci-dessous. Vous pouvez également devenir bénévole et visiter l'un des orphelinats d'Ukraine pour accorder personnellement votre attention et votre sourire aux enfants. Vous pouvez parler du fonds à vos amis et connaissances pour diffuser des informations sur ses activités.

Ne soyons pas indifférents au sort de ces enfants. Montrons-leur que nous ne les avons pas oubliés, que nous sommes avec eux, que nous les aimons et croyons en eux. Donnons-leur la chance d'avoir une enfance heureuse et un avenir radieux. Ouvrons nos cœurs à la fondation « UA heart ».

https://www.buymeacoffee.com/UAheart

https://www.facebook.com/o.nashchubskiy

Aujourd'hui, c'est la guerre en Ukraine, des villes sont détruites, des civils meurent, des familles sont détruites et des enfants perdent leurs parents et restent orphelins. Je suis sûr que vous ne pouvez pas rester indifférents à cette immense tragédie qui se déroule sous nos yeux en Ukraine au cours de notre siècle. Et si vous avez envie de faire quelque chose de bien pour aider ces malheureuses victimes de la guerre qui méritent une vie meilleure, il existe plusieurs façons de montrer votre gentillesse et votre compassion.

Vous pouvez également faire un don à notre fondation privée caritative familiale, qui apporte une aide humanitaire aux orphelins. en Ukraine :

Et il existe également une autre façon d'aider les enfants, qui est facilement accessible à tous, c'est d'acheter un autre exemplaire de ce livre et de l'offrir à qui vous le souhaitez . Vous aiderez ainsi financièrement les auteurs du livre, qui reverseront la moitié des bénéfices pour aider les enfants touchés par la guerre. Après tout, ce sont les enfants, l'avenir de notre planète, et nous ne pouvons pas les laisser sans soutien et sans soins.

Mais la meilleure façon d'aider est d'adopter un enfant ukrainien. De cette façon, vous sauverez une vie détruite et lui donnerez une nouvelle famille, un nouveau foyer, un nouvel espoir. Vous donnerez un avenir dans la vie à une petite âme innocente qui a tant besoin de votre amour et de vos soins. Vous ferez de ce monde un endroit meilleur et plus gentil, et vous recevrez en retour la chose la plus précieuse, c'est la gratitude et le bonheur de l'enfant qui deviendra votre fils ou votre fille.

9 798321 038796